"十二五"国家重点图书出版规划项目　国家图书馆文津出版基金资助项目

版权制度中的公有领域研究：

兼论图书馆对公有领域资源的利用

李华伟　著

哈尔滨工业大学出版社

内容提要

随着经济社会的发展,版权制度中的公有领域问题,特别是版权的扩张不断蚕食公有领域的范围引起学术界和业界关注,对其进行研究有着重要的理论意义和很强的现实意义。本书从版权法的平衡理论、信息公地理论入手,在归纳出广义公有领域概念的基础上,探讨了公有领域的诸多来源,分析了影响公有领域实现的因素,给出了相应解决方案,并梳理了国内外图书馆等文化机构如何促进公有领域资源利用的案例。

本书可为图书馆依法开展相关业务实践提供启发与参考,也可作为高等院校图书馆学、法学等相关学科研究生、教师、科研人员的参考书。

图书在版编目(CIP)数据

版权制度中的公有领域研究:兼论图书馆对公有领域资源的利用 / 李华伟著. —哈尔滨:哈尔滨工业大学出版社,2016.12
ISBN 978 – 7 – 5603 – 5539 – 9

Ⅰ.①版… Ⅱ.①李… Ⅲ.①版权 – 研究 Ⅳ.①D913.04

中国版本图书馆 CIP 数据核字(2015)第 179281 号

责任编辑	田新华
封面设计	思华 高永利
出版发行	哈尔滨工业大学出版社
社　　址	哈尔滨市南岗区复华四道街10号 邮编150006
传　　真	0451 – 86414749
网　　址	http://hitpress.hit.edu.cn
印　　刷	哈尔滨市工大节能印刷厂
开　　本	787mm×960mm 1/16 印张16 字数310千字
版　　次	2016年12月第1版 2016年12月第1次印刷
书　　号	ISBN 978 – 7 – 5603 – 5539 – 9
定　　价	49.00元

(如因印装质量问题影响阅读,我社负责调换)

序

李华伟在大学本科阶段学的是法学,2000年参加工作以后主要岗位职责是从事图书馆知识产权管理。他工作期间坚持继续教育学习,于2006年取得了武汉大学图书馆学专业的管理学硕士学位;2008年,他考入北京大学信息管理系,开始在职攻读图书馆学专业"文献信息资源开发与利用"方向的博士研究生。在完成学校规定的综合考试后,我作为指导教师与他商定博士学位论文选题,建议他结合工作实践进行版权管理方向的研究。

"公有领域"范围内的作品是人类共同的文化遗产,传承着人类的知识、文化和历史,是我们创造新知识和新文化作品的原始资源。拥有一个健康和繁荣的公有领域对于社会发展至关重要。近几年,李华伟的工作内容之一就是带领他的版权团队从事公有领域图书筛查项目,中间还就一些专业问题与我沟通过,可以看出,他已经有了一些认识和心得。我认为,在版权制度框架下开展对公有领域问题的研究,具有理论意义与实用价值。于是,又反复推敲后,吸取了一些专家、学者的意见,就有了《版权制度中的公有领域问题研究》这一选题。2011~2013年,李华伟响应国家号召,参加了中组部组织的中央国家机关与企业第七批次的援疆工作,被委派到新疆维吾尔自治区图书馆担任业务副馆长,历时将近两年。该任务结束后,他加紧了博士学位论文的撰写,终于在2015年上半年完成,其间数易其稿,与我沟通了很多次,由于日常工作比较繁忙,他主要利用下班后与节假日的时间,写得很认真,也很辛苦。由于资料搜集比较充足,专业基础知识扎实,有一定的实践经验,他的论文在经过预答辩、匿名评审后,又做了认真修改,终于顺利通过了答辩。本书基本上是他在博士学位论文的基础上修改完成的。

本书以宽广的视野较全面地论述了公有领域问题,把"公有领域"从以前所谓版权专有权的"对立面"这一相对狭窄的外延扩展到版权法体系内部的诸多渊源,如,国家享有著作权的作品、开放获取的内容、部分孤儿作品、侵权演绎作品、国际公约保留、民间文艺表达、无继承人或无受遗赠人的作品、计算机通用字体,以及因战争与断交等其他因素导致作品进入公有领域的各种情形,从而大大拓宽与延伸了公有领域的范围,并根据一定的标准,归纳出了时间性公有领域、实质性公有领域、政策性公有领域、自愿性公有领域与其他公有领域的分类及各自相应的构成。由此，对版权法意义上广义公有领域的概念进行了定义，从存在形式、与版权法的关系、权利主体和使用方式、内容形态等多重角度揭示了公有领域的特征。鉴于版权立法上的权利扩张、政策障碍、技术壁垒、权利滥用、财产权、隐私权、邻接权以及同族其他知识产权等诸多因素影响着公有领域的认定、揭示与利用，本书还对症下药，尝试从寻求立法与政策支持、技术手段、抑制版权滥用等几个方面给出具体的解决方案。

图书馆等公益性公共文化服务机构在推动公有领域资源建设方面具有制度设计上的当然性与实现上的便利性。eIFL（图书馆电子信息联盟）在 2006 年 12 月发布的《图书馆版权手册》就曾主张："图书馆界应持续地关注公有领域的蚕食问题，公有领域能为著作者创作新作品提供丰富的资源，同时也可以使图书馆通过数字化的形式给公众提供世界上最伟大的艺术和文学作品。因此，公有领域必须被扶持并保护其不受侵蚀。"值得肯定的是，李华伟在提出促进公有领域利用的综合解决方案后，并没有止步不前，而是能够以图书馆为视角，进行有针对性的研究。本书第六章即以较大的篇幅，对国际图联与联合国教科文组织的相关主张及美国、法国、英国、日本、西班牙等国的实践进行了梳理，对所在工作单位中国国家图书馆近年开展的诸如对民国时期起公有领域图书的版权状态筛查与确认、建设公有领域特色专题数据库、以国家许可方式购买数据库使用权以及版权征集与捐赠等相关项目成果进行了总结。实践无疑具有示范作用，相信本书可以对国内图书馆界结合我国国情在资源获取与传播推送方面进行创新有所启迪与参考。

我个人认为，经过十余年的工作实践与理论钻研，李华伟能够将法学和图书馆学很好地结合起来，并能对版权问题进行广泛而深入的研究，其多年来的研究成果具有较好的理论价值和应用效果。本书算是一个例子。

"公有领域"在不同国家有不同的界定，不同的研究者也持有不同的看法，我希望李华伟同志今后能更紧密联系实际，进一步展开对现实问题的研究，从而在图书馆实际工作中发挥更大作用。

吴慰慈
2015 年 7 月于北京大学

目 录

第一章 引 言 1

第一节 版权制度中公有领域的研究背景 1
第二节 版权制度中公有领域研究的意义与价值 8
第三节 版权制度中公有领域研究的理论基础 15
第四节 国内外公有领域研究综述 23
第五节 版权制度中公有领域的研究设计 42

第二章 公有领域的概念与范围 45

第一节 公有领域的概念 45
第二节 公有领域范围与相关权利义务 60

第三章 公有领域来源 64

第一节 不受版权法保护的作品 64
第二节 受版权法保护因各种原因流入公有领域的作品 73
第三节 其他因素导致作品版权进入公有领域 119
第四节 精神权利与公有领域 119

第四章 影响公有领域的因素 121

第一节 立法上的权利扩张影响公有领域 121
第二节 政策障碍——以受公共资金资助项目智力成果为例 132
第三节 技术壁垒 134
第四节 权利人通过合同滥用权利 135
第五节 财产权的消极影响 138
第六节 隐私权与邻接权的消极影响 140
第七节 同族其他知识产权带来的消极影响 142

第五章 排除影响因素的解决方案 ……………………… 146

第一节 寻求立法支持 …………………………………… 146
第二节 寻求政策支持 …………………………………… 152
第三节 建立抑制版权滥用的法律机制 ………………… 157
第四节 技术上的方法 …………………………………… 158

第六章 图书馆的对策 …………………………………… 164

第一节 国外的主张与实践 ……………………………… 164
第二节 中国国家图书馆的相关实践 …………………… 177
第三节 争取相关文化机构的认同并联合行动 ………… 191

第七章 对公有领域内容中不当因素的限制 …………… 193

第一节 国家立法、司法良性干预 ……………………… 193
第二节 公益性传播机构的筛查、清理 ………………… 197
第三节 助力社会上的普法教育 ………………………… 199

附录 十六个国家或地区著作权法中关于公有领域的条款 … 203
参考文献 ……………………………………………………… 232
后　记 ………………………………………………………… 247

第一章 引 言

第一节 版权制度中公有领域的研究背景

在尚未出现版权[①]法以前，人类所创作出的种种丰富作品，存在于一个人人皆可自由使用、称作"公有领域(public domain)"的范围。这些作品可谓人类共同的遗产，传承着人类的知识、文化与历史。这些属于公有领域的前人作品一直以来都是后人创作灵感或是撷取素材的来源，利用这些作品为基础，加入个人风格与思想，发展出崭新的创作。我们可以说，人类大部分的创作皆必须立基于前人的知识，公有领域就如同"巨人的肩膀"，站在巨人的肩膀上让我们看得更广更远；公有领域扮演着文化创造与累积的重要角色，维护了创作自由与消弭原创性争议[1]。

公有领域是我们创造新知识和新文化作品的原始资源。拥有一个健康和繁荣的公有领域对于经济社会的发展至关重要。很多世界上的知识，例如狄德罗的百科全书、莱昂纳多的绘画、牛顿的万有引力都存在于公有领域。社会持续性地反复使用、重新解释和重新复制公有领域的资源从而促成新的想法和创造新的作品。新的理念、发明、文化作品和类似的作品都离不开之前的知识和创作。公有领域为受著作权保护的创造者的权利提供了一个历史性的平衡，这种平衡对于我们社会的文化仓储和知识储备非常重要[2]。

确实，社会需要很多资源处在公有领域，即资源的分配不受财产权限制的领域。"法律的一般规则是人类最高尚的产物——知识、被确证的真理、概念和思想——在被自愿公之于众后就像空气一样，公众都可以免费使用。"[3]艺术、科学和文化的发展像依赖知识产权一样依赖这部分公有领域。

现在的趋势是公有领域正受到越来越多因素的影响，面临着严峻的挑战，同时，也存在着一定的发展机遇。

一、版权保护期限的影响

如果大家在网上浏览过世界上最大的文献收藏机构美国国会图书馆的目

---

① 本书中，版权与著作权为同义语。

录(catalog. loc. gov),就会发现,那里不只有图书和期刊,还有图片、电影和音乐等海量的史料。很多资料——比如大概95%的书,在市场上买不到,散佚过程很快。但是因为版权保护期过长,在许多情况下,版权期甚至长达一个世纪,造成大多数20世纪的作品还在版权保护下——因为有版权所以看不到。没有人再版这些书,放映这些电影或演奏这些歌曲。原因主要是没有人被允许这样做。事实上,我们甚至可能不知道谁拥有版权。情况可能是原来的公司停产或记录耗损失踪。在其他情况下,事情可能更加复杂。比如说,电影的音轨、影像和脚本可能各有版权。这些作品被称为孤儿作品——在市场上买不到,又不知道谁是版权人。在图书馆馆藏里,这些作品所占的比例不容忽视。有学者估计,图书馆馆藏中的大部分电影作品都是孤儿作品。据估测,图书中的孤儿作品比例与电影相仿。一方面,这些书在市场上买不到;另一方面,无法与版权人取得联系以电子书或其他方式使这些书得以流传。

据保守统计,在美国,1923年以前出版的作品一般已经失去了版权保护而进入"公有领域",对于这部分资料,可以免费使用;除去有明确版权人从而可以通过付版权费取得的作品数量之外,仍然有大量20至21世纪的作品在市场上散佚而又受到版权保护。在图书方面,如前文所述,这个比例达到了95%;至于电影和音乐,比例较难估算,但是比例也很高。这当中大部分是孤儿作品。

在很多情况下,考虑到版权专有权,从图书馆外登录网站,只能查到少量作品。从20年代或更早期的电影馆藏中,也只能查到少量的民歌。在图书馆中珍藏有许多珍贵的资料,它们被仔细保管,有时甚至用公费将其数字化,但往往只有一小部分可以在网上获取。

大部分网上的资料都是因为年代久远而不再受版权保护的。以美国为例,版权法在美国首次制订时,版权持续14年,如果作者愿意到期后可另续14年。这使得当时的人们可以读他们同代人写的书并确信它们十年二十年以后进入公有领域。可是现在呢?在世界上大部分地区,版权在作者有生之年存在,再另加50年(在美国,如果是"职务作品"的话,这个期限是到作者死后的第95年)。这个期限长到囊括了几乎历史上一切的动态图像和录制音乐,长到囊括了几乎20世纪的全部文化产品,并且法律的更改使得每个有创造性的作品自动地获得版权。这意味着给创新、图书和档案、教育、学术强加很高的代价。

保护期的长短应当限于足够给人们提供创作的动力。在这之后,作品就进入"公有领域",每个人都可以随心所欲地使用、修改、调整、重构、再版作品。对大部分作品而言,作者一般希望通过对作品一定期限的专属权赚回为作品付出的成本。多出来的时间对于他们而言没有太大的用处。但问题是,公众却为此付出了高昂的代价。他们要么为收费作品付出高价,要么就要承担不能获取作品的代价。

有些作品在出版后很长时间仍然有商业价值。显然,这些作品的作者不希望这些作品在网络上免费公开。这很合理,即便是这些作品的版权也会有终止的一天。但是,实际情形往往是,即使在一个国家的国家图书馆,其收藏的汗牛充栋的图书、图片、歌曲、电影、杂志和报纸里,也只有极其少量的还能创造商业价值的作品。法律本可以使这些作品供大家享用而不是把它们封闭起来。

由于无法确定版权人,很多图书馆选择了不复制馆藏资料,直到他们确定版权已经终止。

在现在的法律体系下,假定所有作者都希望自己对作品享有版权,而且版权期极长,但无法证明这样做对鼓励创造是必要的。法律延长了作者对其作品享有版权的期限。版权保护期的长短对每个人又都是一刀切:作者终身加上死后五十年或七十年。

一个个鲜活的例子就在我们身边。2013 年 5 月,电影《了不起的盖茨比》在美国影院全面上映。它将为数百万人在大屏幕上带来这部被奉为"了不起的美国小说"的文学经典。而不为很多人所知的是:即使这部著作离出版已近 90 年,并且属于我们共有文化遗产历史悠久的一部分,它仍未进入公有领域。是的,即使作者 F. Scott Fitzgerald 已经死去近 75 年,《了不起的盖茨比》仍然受著作权的限制。事实上,直到 2021 年 1 月,这本书才会向美国大众真正开放(即进入公有领域)并且是在著作权没有再次延长的条件下。由于 1998 年的《松尼·波诺著作权延期法案》的限制,现有已出版的美国作品直到 2019 年才能进入公有领域。

更糟的是,2012 年美国最高法庭的一个悲剧性的决议宣布,即使作品进入公有领域,也能由国会决议收回。亚马孙公司关于图书的一份研究表示,自 1923 年——公有领域变化的临界点之后出版的图书处于一个非常低的比例,甚至低于一整个世纪前。由此导致的后果则是书籍历史上"消失的 20 世纪"。问题并不仅限于书籍。另一项由一位麻省理工学院经济学家进行的研究调查了一个棒球类杂志的档案库,其中部分出版物已经进入公有领域,另外一部分则还受著作权的限制。相比之下,来自公有领域中的出版物的图片可以被数字化并被再次传播,它们的有效性也大大改善了维基百科上关于那个时代的棒球球员的文章的质量——也因此扩大了阅读人群并提高了再编辑性。在以保护少数著作权持有人的权益的名义下,我们的文化历史正被遗忘。

一个被削弱了的公有领域不仅会对过去的文化作品进行掠夺,而且会限制未来作品的创作。著作权持有人有权利通过拒绝授权就轻易地禁止衍生产品。而且如果不能查出或是确定著作权持有人的话——这个情况很有可能发生,如果事件中的作品创作于百年前,获得授权的困难可以完全扼杀作品的生产。我们知道,改编著名作品是一个引起熟悉原著角色与故事的读者兴趣的强大的方法,一个强有力的公有领域也能为新作品提供自由发挥的空间。迪士尼的早期影片就曾在公有领域自由发掘,也由此创作出了许多著名童话的经典版本。但迪士尼对拓宽著作权限制的游说也剥夺了其他人的相同可能性。

《了不起的盖茨比》的导演 Baz Luhrmann 本人就曾在其 1996 年导演的电影《罗密欧与朱丽叶》中利用了公有领域。这部电影获得了将近 1.5 亿美元的票房,并在电影世界中发挥了一定作用。这也向好莱坞证明了公有领域作为繁荣创造性文化的关键因素的价值——不仅是在艺术范畴,更是在经济范畴。滥用膨胀了的著作权期限也许保护当年的利益来说是个好方法,但最终它将让好莱坞与公共利益付出巨大代价[4]。

在美国的加利福尼亚,曾发生过视著作权法为无理可笑的激进运动,反对著作权法对知识自由传播的限制。例如,由 James Boyle 领导的"自由文化"运动就主张把著作权法扔进垃圾箱里。基于美国北卡罗来纳州的"公有领域研究中心"的研究,Boyle 相信现行的规则已经过时了,他开始对文学著作权进行客观的审视,主张为"公有领域"的商业模式设置合法性。

大量的 20 世纪的作品被封存起来,只是为保护版权,这不能不说是事倍功半:版权的产生原是为了激励创造并帮助传播,现在却成了实现这两个目标的障碍。

再举一个例子。每年的 1 月 1 日是"公共领域日"①。如果你生活在欧洲,2013 年 1 月 1 日是画家格兰特·伍德、人类学家法兰兹·鲍亚士、作家罗伯特·穆齐尔和其他上百人的作品出现在公共领域的日子——它们可以供任何人使用、再版、翻译和改变。现如今在欧洲,公民可以自由地将成千上万的作品复制、共享或者合并成数字文档。他们可以吸收伍德的作品制作"欧洲哥特式"的版本,他们可以做所有这些甚至更多而不用请求批准或违反法律。

每年的头一天,"公共领域日"庆祝版权失效的那一刻。那些版权到期的电影、照片、书籍、交响乐,用美国大法官路易斯·布兰代斯的话说"像空气一样随取随用"。这些作品版权期限的到头意味着他们完成了版权协议走进了公共领域。版权给予了创作者(作家、音乐家、电影制作人、摄影家)对于他们的作品在

---

① 本书中"公共领域"与"公有领域"是同义语,不作区分。

一定时间内的特权。这促进了创作者的创作和出版者的出版发行。当版权失效时,作品进入公有领域。这是一件好事:有限时间的特权结束,作品进入了自由文化的领域,价格下降,新版本出现,歌曲可以唱,交响乐可以演奏,电影可以放映。更好的是,人们可以合法地在前人作品的基础上发展。

但是,在美国和其他采用过长保护期限国家的情况又是怎样呢?在美国,什么进入了公共领域呢?什么也没有。1月1日这一天,什么都庆祝不了。最高法院甚至在2012年规定国会有权将作品从公共领域收回。总之,不管我们生活在世界的哪个角落,我们都很有可能要等上很长一段时间使所有东西到达公共领域。

从这个意义上来说,我们没有理由庆祝"公共领域日",因为我们的公共领域正在缩水而不是增长[5]。

其实,有关版权期限的问题不过是冰山一角。类似的问题重复出现在专利法、商标法和版权法的其他领域中。这种复杂险恶的趋势导致了知识产权的膨胀和对公有领域的打压。有时候,公有领域甚至被完全漠视。

二、版权法中的公有领域正遭受削弱

版权法寻求不同利益主体间的平衡,特别是作者或其他版权人的利益与作品使用者利益之间的平衡。在数百年的发展中,版权法平衡作品创作者和作品使用者权利始终是其主旋律。但考察版权制度的历史可以看出,版权有不断扩张的趋势。随着各国科学文化事业的发展以及国际版权制度的发展,版权保护水平不断提高是正常的。但是,版权扩张如果是以公有领域的减损为代价,那么就会严重打破版权法中传统的平衡,并影响到版权法宗旨的实现。这是因为,公有领域不仅对作品和使用者十分重要,而且对作品的作者和未来潜在作者同样十分重要,维护和保持丰富的公有领域是实现版权法目的所不可缺少的。在过去的版权领域,出现了以公有领域为代价而对创造性作品过度保护的倾向,立法和司法实践的行为也威胁到版权法中公有领域的生存。例如,美国将版权的保护期限延伸了20年[6]。对版权法中公有领域的削减、漠视已经造成了很多问题。公有领域的倡导者希望找到一种创造性的法律战略避免以牺牲公共利益为代价而过度保护个人的发展趋势,这虽然不易实现但显然很重要。

版权的核心概念其实是由公共利益和个人利益互相交错而成的,这些同时存在于版权之中的利益,当然也会产生利益冲突的情形。当版权权利人要求法律针对侵害版权制订一套应对办法时,中间的冲突益加激烈。多数的版权拥护者所共同强调的重点常常在于,版权保护了著作的"原创性",并且以此作为版权保护的理论基础。对于这样的概念,美国信息法学者 Jessica Litman 就认为,其实原创性并非如想象中一般牢固,若因此过度理想化、美化了原创性这个概念,实易造成与现实之间的脱节。其实不难想见,每部作品的诞生本来就不完全是作者独力创作的成果,创作者多少都会吸收、参考既有的作品或信息;即使被认定为独树一格的作品,使用到些许纯粹数据或事实也是在所难免;即使创作者自己自认为并未从他处获得、取用任何内容,仍然无法排除创作者以前已经阅读过的信息内容会不自觉地在创作者的潜意识中发挥影响。因此,原创性并非现实,多数作品仍然是在不知不觉间以前人的著作为基础或取用前人创作出的素材而创作[7]。美国著名的知识产权学者劳伦斯·莱斯格在其《思想的未来》一书中说:"无论何时何地,自由资源对于创新和创作来说都是至关重要的,缺少它们,创作就会被削弱。"而且,杰西卡·利特曼(Jessica Litman)也认为,"在有力的公有领域缺乏的情况下,大多数创作将是非法的"[8]。因此,如果允许知识产权不断地侵占公有领域的知识,并不见得是在强化知识产权保护,而恰恰会削弱知识产权的客体——各种创新成果产生的基础,并阻碍他人推出创新竞争产品,从而使得社会公众不断获取创新产品的愿望成为泡影。

警惕知识产权扩张以及相应的公有领域空间缩小,应建立在对新颖性、创造性、独创性要求苛刻的专利权与版权的基础上。因为,对专利、版权要求苛刻,就是对科技创新要求苛刻,对专利、版权要求苛刻,就是对思想创作、思辨成果要求苛刻,对专利、版权要求苛刻,可能会减少或者杜绝抄袭、不动脑筋的模仿,但也使公共知识不至于被圈地成私有财产。

因此,我们必须警惕知识产权扩张以及相应的公共领域空间缩小的现象,关注公有领域的知识正在被知识产权所侵占的事实,避免可能出现的公共知识大量成为私有财产的新的"圈地运动"。

三、版权限制与公有领域

权利限制主要包括大家相对熟知的合理使用与法定许可。

可以从版权限制的角度来分析著作权的扩张与公有领域的减弱。

(一)版权扩张使公有领域空间不断被挤压

总体趋向上,在专有权扩张与公有领域建构的博弈中,版权扩张最终占了上风。考察限制版权的历史可以发现,在版权法中使用者的利益始终处于被动接受的状态,该利益被推定转移到了公有领域,结果导致了在版权法中的不适当发展。因此,从严格意义上说,不能认为《安娜女王法》是一部创制公有领域的法律。在整体上看,版权保护的历史代表了被保护版权的持续扩张以及作品中体现的公有领域的不断减少。

在版权的扩张与公有领域的"地盘之争"中,权利限制充当了"调停人"和"平衡器"的角色。从版权法的历史看,版权制度从一开始就存在对版权的限制形式。现代的版权法更是存在越来越多的限制形式。对版权的保护范围和效力施加一些限制,这也是版权法发展变化过程的重要规律。分析表明,这种保护与限制的背后是利益平衡机制在起作用。然而,这种利益平衡机制在运行当中,总体上是倾向于版权的保护与扩张的。版权的扩张与版权的权利限制只有在维持一种平衡状态下才能做到公平合理地调整因版权作品而产生的利益关系,使公有领域维持在一个适当水平上。在权利过度扩张时,版权的限制不足以平衡围绕作品而产生的利益关系,从而会使版权法保障的公有领域受到不适当抑制。考察版权限制的演变史,虽然版权法从最初诞生到现在已经形成了一套相当严密的权利限制系统,但总体上权利限制在版权法的发展中总是居于滞后地位,是对每一次版权扩张的被动回应。在这个意义上,每一次版权限制最终成为版权扩张范围的一部分,是版权扩张和公有领域被减弱的体现。

(二)版权扩张、限制与公有领域互动关系的实证分析——以美国版权法为例

以美国版权法中的合理使用制度为例,在1790年版权法中由于法定著作权范围仅包括印刷、重印、出版和售卖的权利,合理使用的规定在那时的意义并不大,因为除印刷等权能外,其他使用都自动地视为合理使用。只是后来美国版权法保护范围不断扩张,涵盖作品使用的范围越来越大时,才逐渐转变为以合理使用为核心的版权限制原则。如在法定的版权保护范围方面,保护范围扩展到包含了演绎作品的权利、翻译权、表演权等;在可以授予版权的作品方面,扩张到了包含如音乐、雕塑、计算机程序、建筑作品等很多种类的作品,而这些在早期的作品中都没有涵盖。美国版权权法中的强制许可制度也是如此。强制许可的性质是限制版权的一种方法,但它在美国版权法的历史上更主要的却不是限制版权的一种方法,而是著作权扩张到新的领域时一种比较谨慎的协调方法,是伴随着版权扩张到新的领域而采用的限制版权的方法。例如,早期美国最高法院没有将机械复制视为复制,但随着录音技术的发展,随着对录音机械复制的出现引进了录音强制许可。电缆强制许可证制度的建立则旨在为电缆的重新传输提供一些补偿,而美国最高法院在此前审理的案件中并没有将其包含在版权限制中[9]。

(三)版权限制总是被动回应版权扩展

不能简单地将早期版权法的特点概括为限制而不是扩张的原则,在早期《安娜女王法》所实施的版权原则显然与那个时代的作品可以被利用的方法有

限存在直接联系。随着社会的发展,特别是作品传播手段的改进和市场机制的不断完善,版权人通过作品获得效益的空间越来越大,版权扩张响应了这一需要。而技术发展以及市场环境的完善则为保留更大的公有领域空间奠定了基础。权利限制在调整版权人的专有领域和社会公众的公有领域空间时起了关键性作用,但法律的滞后性使得它总是处于被动的地位。权利扩张与权利限制的"时差"不可避免地挤压了公有领域。

(四)权利限制本身并未创造出一个单独的公有领域

在公有领域方面,被普遍确认的观念之一是,公有领域代表了公众可以自由使用的作品。有限使用作品的权利,是版权作品的一个特征,因为该作品是受到版权限制的。公众有权确定什么是对于版权作品的合理使用,但这不是创造出了一个单独的公有领域。它所确认的是对版权作品的公共利益,实现该利益能够通过限制版权人的专有权来实现[10]。应当说,这是从权利限制最终要实现的目的来考虑的,即保障版权法需要实现的公共利益。

总之,版权法的出现不断地缩减了公有领域的范围,使可以自由利用的素材变少。从创作的角度出发,对于创作人就创作行为本身来说,非常容易因为著作的特质导致面临侵害他人的风险。如果说,著作本身所具有的信息本质就是要分享,那么,在新的数字化科技不断地挑战现有版权保护的情形下,可以说,人人都走在可能侵害版权的边缘,这无疑是值得我们警醒并思考的。

第二节 版权制度中的公有领域研究的意义与价值

一、版权法中确立公有领域具有重要意义

现在,对版权法中公有领域的忽视,反映了对公有领域关注不够的现实。同时,对版权法中公有领域的关注和研究,在一定的意义上是对版权保护的扩张以及相应的版权扩张保护理论的一个直觉的反应和应对措施。针对版权保护的急剧扩张,公有领域的保护问题应运而生,以期与专有权的范围获得一种对价与平衡。

其实,公有领域不仅在当代的版权国内立法和国际条约中存在,其在早期版权法中即被确立。基于公有领域不断遭到削弱的现实,版权法中确立公有领域具有重要意义。

(一)有助于实现版权法立法宗旨

大体上,可以将版权法覆盖的"版权世界"分为作者与其他版权人、受到保

护的表达以及以"原始资料"为核心的公有领域。从与权利配置相关的版权法中作品的价值构造看,版权法中的作品主要存在以下几种分类:构成了表达性作品的部分、作品的特定方面、构成了公有领域的部分。由于公有领域是保障公众获得与使用著作权作品的重要保障,也是潜在作者创作作品的重要保障,因而它对于实现版权立法宗旨具有十分重要的意义。

《安娜女王法》之所以被视为世界上第一部版权法,是因为它第一次明确地肯定了作者是第一个对其作品享有无形财产权的主人。然而,这一特点并没有否认该法通过限制受版权保护的期限和确立形式要件等方式在作品版权保护中创立公有领域。

《安娜女王法》对公有领域的创设旨在确保其增进学习等公共利益目标的实现。在该法实施以前,普通法永久性质的版权使得作品可以被特定主体永久性控制。在那时,作品可以永久性地属于某一书商和文具商公司,并且实行图书审查制度。《安娜女王法》的颁布与实施则不但确认了作者在作品版权中的主导地位,而且通过一定的制度设计确立了版权法中的公有领域。这种制度设计主要有:第一,规定版权的有限保护期限,以保证所有的作品最终可以被公众自由地使用以及出版者自由地出版;第二,规定获得版权必须符合创作的要件,以保障获得保护的作品是真正值得保护的东西;第三,规定版权人有限的权利,包括印刷、出版、出租等,以确保作品在被用户获得后不再受到版权人的控制。该法通过限制出版者的出版垄断权和保障公众以合理的价格获得作品并且最终自由获得公有领域的作品,在把版权法作为图书贸易规则的同时也创造了特定的公有领域,保障了版权法所服务的公共利益。

(二)公有领域保护理论对版权法理论框架至关重要

公有领域保护理论并不限于确定版权保护的边界以及在具体的案件中用于确定保护与不保护内容的理论,而是可以以此为基石建立整个版权法理论框架的版权法理论。公有领域理论的建构表明,认为版权法只有在促进新作品创作时才能为其提供正当性,这值得怀疑。公有领域涉及公众的权利,但在公有领域中公众权利几乎不能被赋予财产权。需要找到的一种办法便是——保护公有领域作品使用者的合法利益,而仍然留存作者在那些作品中的权利。

(三)公有领域理论能够比较好地解释版权法的一系列问题

公有领域理论能够比较好地解释版权法的一系列问题。如,就版权法规定的保护期限而言,从公有领域角度看,设立版权保护期限的合理性在于作品对社会公众来说十分重要,他们需要在一定的条件下不受限制地、尽快地接近版权人的作品,而不能永久性地由版权人及其权利继受人控制。再如,就版权法中的思想与表达二分法来说,作品中被表达或体现的思想对公众来说是如此重要,以至于对其授予任何形式的财产权都是不合适的,而只能永久性地留存于公有领域。

二、公有领域本身具有重要价值

公有领域是文学、科技和自我认知的基础。这是我们创作新作品、制造新发明的基础。

对于不受知识产权保护的公有领域的一切资源,那儿的一切都可以像空气一样自由公用。所有人分享同样的信息、发明和文化储备。只需缴纳复制的成本费即可(接近于零),我们共同使用这些信息,又不会打扰彼此。可以想象一下,如果语言、科学知识、基本代数、音阶或四百年前的文学经典都只能通过购买获得的话,这个世界会怎么样?那些认为这些资源有用的人就会购买它们,那些认为这些资源没有用的人就不会购买它。那么这个世界、文化、科学和市场会怎么样?当知识产权过分商业化,我们事实上在破坏社会的创造力——因为我们在提高未来创造的成本——而这些未来创造也将受到知识产权的保护。市场、民主制度、科学、自由言论制度和文学艺术比起受知识产权保护的信息资源,更依赖于能够免费获得的公有领域的资源。事实上,我们文化的大部分都在公有领域,至少,它们曾经在公有领域。

可见,把知识产权延伸到语言、事实、商业方法、科学算法、基本音乐结构和逝世已久的作家作品是多么的没有必要又对社会有害。显然,这么做并不会带来更多的发明、争论、文学艺术和民主制度。

至今尚未被完全认识到重要性的公有领域,其价值体现在以下诸多方面:

(一)公有领域是版权的最终归宿

创造性成果的产生过程可以提供另外一个开阔思路的钥匙。"认识创造性问题的更好方式是,宣称创造性所涉及的个人扮演着双重的互相对立的角色。当创造行为完成时,个人出面承担发明者、先锋派、革新者、天才等诸如此类的角色。但在另一面,传统和创造之间的联系表明,在创造过程中,个人扮演的是另一角色——借用者和复制者。权利人在主张知识财产时,经常忘记他们所扮演角色的双重性,而倾向于只把自己视为创造者,要求保护,不让别人借用和复制。知识财产法,因为它重在个人所有权,实际是帮助在创造性观念中嵌入了个人主义的色彩。"[11]但,任何创造性成果的创造,都是汲取了公有知识的营养,有借用和复制才有创新。赋予知识产品的创造者一定期限的垄断权是社会对其创造性劳动的回报;期满或者无主状态后再回归知识的海洋,为新的智力创造活动再提供营养,这是知识积累的必然规律。正所谓九九归一、叶落归根的道理[12]。

在对版权法解释采取功利主义路径的国家,公有领域甚至被认为是版权法的最终目的,而版权无非是达成这一目标的工具[13]。有学者指出,从美国宪法中的版权条款或者第一部版权法的名字就可以看出,"版权的最终目的是促进学识,作者的权利仅在推进这一目的时才被认识到。公共利益是最为重要的。"[14]被学者们多次引用的美国宪法第1条第8款(8)规定,"(国会有权)保障著作家和发明家对各自著作和发明在一定期限内的专有权利,以促进科学和实用艺术之进步。"[15]显然,这里的科学和艺术的进步是目的,而"专有权利"必须受此限制。事实上,早在美国建国时代,缔造者们就声称,版权法的最终目的并不是给予作者创作的回报,而是通过丰富公有领域促进社会的进步。而美国最高法院的版权理论也认为,保护公有领域远甚于其他的版权利益[16]。不只是美国,即使被认为是典型的具有作者权传统的法国,其著作权法也把保护公有领域放在非常重要的位置。Public domain 这个词最早借用于法语,这本身就说明了一定的问题。而金斯伯格(Jane C. Ginsburg)通过详细的史料耙梳,质疑了传统上文献所坚持的法国著作权法作者权主义的论断。她指出,"通过检省法国大革命时期的文献,可以发现,大革命时期的立法者、法院及著作权法的鼓吹者都把文学产权主要当成了提供公共教育的手段。革命时期的法国和美国制度不仅抱有同样的理论,而且实践中的做法也非常一致。它们保护实用作品(works useful)的主要目的都在于促进公共教育。"[17]而版权法这种促进公共利益的目的在我国著作权法中也可以说得到了体现①。

(二)公有领域能对抗过度的版权保护

思考公有领域背景下的版权具有重要意义,因其能平衡(或对抗)过度的版权强保护。无论媒介如何变换,技术如何进步,任何创新都离不开对前人成果的借鉴吸收。公有领域是创新的源泉,对版权太多太强的保护无异于杀鸡取卵。公有领域已被视为创作过程的必不可少的条件,确保原材料能作为进一步创造和创新的基础而使用。

从国外的许多著名案例也可看到版权法中公有领域的重要性。如在 Sony Corp. of American v. Universal City Studios 案中,法院强调了著作权法中信息公共传播的利益相对于为作者提供激励的利益具有优先性。而在 Sony Computer Entertainment Inc. v. Connectix Corp. 案中,法院则充分考虑了正当的市场竞争

---

① 参见我国著作权法第1条。

以及革新在著作权法保障的公共利益方面的重要性,因而主张被告的行为不构成著作权侵权,并进一步指出合理使用是约束著作权过度扩张的有力工具,否则可能会出现在授予最初著作权基础上的事实垄断[18]。

著作权法寻求不同利益主体间的平衡,特别是作者或其他著作权人的利益与作品使用者利益之间的平衡。在数百年的发展中,著作权法平衡作品创作者和作品使用者权利始终是其主旋律。但考察著作权制度的历史可以看出,著作权有不断扩张的趋势。随着各国科学文化事业的发展以及国际著作权制度的发展,著作权保护水平不断提高是正常的。但是,著作权扩张如果是以公有领域的减损为代价,那么就会严重打破著作权法中传统的平衡,并影响到著作权法宗旨的实现。这是因为,公有领域不仅对作品和使用者十分重要,而且对作品的作者和未来潜在作者同样十分重要,维护和保持丰富的公有领域是实现著作权法目的所不可缺少的。

而在过去的著作权领域,出现了以公有领域为代价而对创造性作品过度保护的倾向,立法和司法实践的行为也威胁到著作权法中公有领域的生存。例如,美国将著作权的保护期限延伸了20年。另外一个例子是在MichelinMan案件中,加拿大的联邦法院对合理使用的原则做了很狭窄的解释[19]。对著作权法中公有领域的削减、漠视已经造成了很多问题。公有领域的倡导者希望找到一种创造性的法律战略避免以牺牲公共利益为代价而过度保护个人的趋向,这虽然不易实现,但显然很重要。

(三)公有领域是人类的知识公地

在英美,18世纪和19世纪的城镇和市区经常有一个叫作公共用地的地方:一个位于中心地带的没有篱笆的所有人可以自由使用的草地。公有领域从本质上讲就是我们智力和艺术的公共用地。这一公地会以多种方式使我们受益。

1. 从公有领域作品中可以创作新的作品

一些有名的作品包括音乐剧如在维克多·雨果的小说的基础上创作的《悲惨世界》和在莎士比亚的《罗密欧和朱丽叶》的基础上创作的《西区故事》;动画片如《白雪公主》《匹诺曹》《美女与野兽》和《小美人鱼》;以及在莎士比亚和简·奥斯汀的作品基础上创作的大量的电影。如果原著仍然受到版权保护,那么创作新版本的代价也许会过高或者原著可能无法获取。

2. 公有领域作品低成本版本的可获得性

当一部作品进入公有领域,它经常会有许多低成本的版本供公众使用。这是可能的,因为版权所有者不会得到版权费。同样,任何人可以出版公有领域的作品,所以竞争的压力促使价格降低。例如,在美国,当1996年弗·斯科特·菲茨杰拉德的第一部小说《尘世乐园》进入公有领域后,9家出版社就发行了9种新的版本,一些只需要花几美元就可买到。

3. 公有领域促进艺术自由

当一部作品被著作权所保护时,作者有权限制它的使用方式。一些著作权持有者严格控制对著名作品的新的表现形式或其他使用方式。例如,爱尔兰剧作家塞缪尔·贝克特的基金对他戏剧演出实行完全的控制。它禁止在爱丁堡、苏格兰演出贝克特的经典戏剧《等待戈多》,仅仅因为流浪汉的角色是由女性来扮演的。对已故作曲家的音乐持有版权的库尔特·魏尔基金会禁止著名的德国卡巴莱歌手尤特·莱姆佩将魏尔的歌曲转换成更适合她嗓音的音调。

多伊利·卡特歌剧公司对吉尔伯特和沙利文的喜歌剧拥有版权,它要求每一次新的舞台演出都要与最初的表演完全相同,哪怕是音乐中的一个音符。然而,吉尔伯特和沙利文的歌剧,还有其他伟大的著作家的作品,如莎士比亚和贝多芬的作品,可以用新的方式表演,赋予新的解释和含义。这可以防止经典作品僵尸化。

4. 学者和其他人可以自由地使用公有领域中的资料

学者、研究人员、历史学家、传记作家等可以自由地引用和使用公有领域中的作品。这不仅丰富了他们的作品,并且使一些受到重要资料的版权所有者——经常是名人后代所阻碍的项目成为可能。

没有人会比作者从公有领域中的受益更多。这是因为新的表达不会凭空产生。所有的作者都会借鉴以前的创作。正如一位版权专家所讲:"转换是创作过程的本质。一个作家将她的记忆、经历、灵感和影响力转换为一部新的作品。这部作品不可避免地会重复之前作品的富有表达力的成分。"[20]如果没有公有领域,这些回音可能不会存在。

(四)建立公有领域是实现公共利益的重要形式

著作权法中存在着重要的公共利益。自建立著作权制度以来,关于公共利益重要性的讨论在很多方面是与其他的讨论一同进行的,特别是在为著作权提供一般的正当性方面。如在关于美国著作权法的早期争端中,詹姆斯·麦迪逊指出"公共产品与在著作权法中的个人主张完全一致"[21]。原因在于,著作权法保护的著作权虽然是一种私权,但这种私权无论在行使还是利用方面都与社会公众利益之间存在十分密切的联系。著作权是一种受限制的权利,而不是一种绝对的权利。在受限制的范围内,著作权有限性原则确保了公共利益的地位。

同时,关于公共利益的讨论又与公有领域紧密地联系在一起。如美国著名著作权学者迈澳勒·尼默所指出的:确认著作权的基本原理典型地表达为一种交易。在这种交易中,作者创作作品的努力通过被赋予有限的垄断权而受到鼓励,而随着最终公共利益的增加被融入公有领域。个人利益和社会利益之间达成平衡,始终是著作权法理论研究中的一个重大问题。这种平衡方面的研究离不开对公共利益保障的重视,而建立公有领域是实现公共利益的重要形式。例如,强调著作权保护社会效用理论的观点认为,通过社会效用,被称为垄断权的著作权正当性在于通过创作作品数量的增加,社会所获得的最终商品,最终服务于公有领域[22]。

著作权保护的经济学观点认为,虽然限制著作权人所获得的利益不会为相应公共产品的增加提供清晰的正当性,但它是留存公有领域从而使作品效用最大化所必需的。从公共利益与公有领域的关系看,公有领域是服务于公共利益所必要的。公有领域的减少将会影响到公共利益。例如,如果人们不能使用作品中的基本的成分,自由表达就会面临严重的威胁。

特别是,在当代信息网络社会,著作权制度面临着来自技术变革的巨大压力,如网络传播技术、数字信息化、计算机技术的发展使传统的著作权法调整的围绕作品产生的利益关系发生了深刻变化。在全新环境下,著作权法需要确保的公共利益仍然需要更广泛的、自由的公共接近,维持适当的公有领域空间是必要的。但是,过犹不及,著作权法在应对信息网络技术的变革当中却不能过于拓展公有领域空间。我们需要做的应是将其归于适当位置。

(五)公有领域可以节省开支

通俗地讲,公有领域可以帮我们省钱。版权所有者一般会从许可使用他们的作品中收取一定的费用。这种许可费会从花几块钱复制一张图片或几页书到支付数百万元将一部作品改编成一部电影或戏剧而不等。

当一部作品进入公有领域,版权许可费是不必要的。例如,你可以免费地使用任何一首欧文·柏林的已进入公有领域的歌曲,如《亚历山大的爵士乐队》。

除此以外,你不必成为一个富有的电视或电影制作者再去利用公有领域。正是由于公有领域的可获得性,使得普通人的创作成为可能。例如,玛丽·贝思是一名儿童作家,她想为在家接受教育的孩子创作一本旧式的插图读物,但是窘于版权所有者对19世纪40年代从教科书中删除的插图(至今仍受版权保护)收取的费用。因而,她使用了公有领域中的插图,节省了那些许可费。现在,她的书对于在家教育孩子的人来说很畅销。

第三节 版权制度中公有领域研究的理论基础

一、版权法的平衡理论

(一)版权应受限制的正当性

权利的例外与限制是利益分配制衡的有效手段。洛克在1690年的政府两论(Two Treatise of Government)中指出,"每个人对自己的劳动拥有所有权","每个人应该给他人留下足够的份额","每个人只取走自己需要消费的份额不应造成浪费"。这段论述一直被知识产权哲学的研究人员作为知识产权权利合理性的重要理论依据和研究对象,它为知识产权的权利归属,为创造者以及这种因智力创造产生的权利应该得到的社会利益和他人利益的限制建立了原始的理论基础[23]。

(二)版权法中体现在公有领域方面的利益平衡

1. 借用先前资料进行创作而产生的著作权需要公有领域的存在

受著作权保护的作品需要具有独创性,即作者在创作过程中投入了创造性智力劳动,对具有独创性的作品给予充分的著作权保护具有正当性,任何人都需要尊重作者在其智力创作成果中的财产权,利用著作权作品应付费也是著作权法的一个基本准则。在这个意义上,著作权法的公有领域限于没有人能够主张是原创的独特资料。然而,在利益平衡的层面上,对作者借用先前的资料的关注值得重视。无疑,由于人类文化的传承性、累积性,任何作品的创作都不能说纯粹是单个人的努力所为之的行为。例如,软件开发者开发新的软件需要借鉴他人软件中的逻辑,建筑师、雕塑家把以其他形式存在的东西改造、改变或者重新建构为自己的作品,作曲家在重组他人作品的基础之上创作自己的作品,都需要利用他人作品。这实际上体现了创作的本质属性。这一属性使得对作者使用的创作原材料与作者独创的内容难以清楚地划分。

2. 相互借鉴的作者之间利益平衡的考虑需要公有领域的存在

有学者主张,包含了原创物的公有领域在事实上是偏向于没有包含原创物的公有领域[24]。从作者创作需要借用先前资料的角度看,对于作品这类"思想的产品"赋予完全的财产权会存在一个问题,即人类智力延续留存的公有领域将在事实上被重新纳入专有领域。这一问题产生的后果将是十分严重的。例如它将严重地阻碍文化的进步,产生文化倒退的后果。授予完全的作者权利,禁止他人对作者作品中的任何借用行为,不仅将出现如何补偿作者利用了先辈成果的问题,而且由于任何作者本身都是后来作品的使用者,也存在一个如何从其他作者那里进行补偿的问题。应当说,补偿问题在实践中不具备可行性,因为在补偿标准和补偿当事人的确立方面都存在缺乏可操作性的困难。例如,即使作者能够识别他所借用资料的来源人,这些被借用的资源是从哪里被借用过来的仍然难以查明。

因此,试图给予作者作品完全的著作权保护缺乏现实性,试图准确地排除作品中不被他人利用的部分也不具有现实性。现实办法则是限制作者对包含在其作品中的原创资料享有财产权。一般说来,一个时代的作者的创作需要利用同时代和先辈人的作品,这些被利用的作品既包含了该作品作者个人创新性的思想和内容,也包括该作品诞生之前他人独创的思想和内容以及思想、事实和信息。就如同绝对真理与相对真理的辩证关系一样,相对真理在发展过程中总是包含了部分绝对真理的"颗粒",这种颗粒就是通过作品等形式长期留存下来的知识、思想、信息、事实等,它不会因为新作品的创作而改变。基于创作的传承性,在建立关于作品著作权制度时,需要从宏观的高度把握。这意味着社会更需要在所有作者之间进行平衡,因为特定作者既需要补偿前代人的智力成果,而他本人也需要由后来者补偿利用其作品的部分,其结果是相互之间形成"连带债务"。解决这些"连带债务"的有效办法即是在著作权法中引入"公有领域"的概念。通过确认公有领域,这些所谓连带债务被相互免除。"免除"的直接效果是每一个作者都能够自由地、不受限制地吸收、借用他人作品,特别是他人作品中体现或附载的思想、知识、事实和信息作为自己作品的有益养料。这种制度的效果还可能是,甚至将原创性的资料也进入到了公有领域,从这一公有领域中,未来的作者能够借用,并且他们也必须对公有领域有所贡献[25]。

在著作权法中引进公有领域的概念,在一定程度上对著作权法中的独创性概念产生了冲击,因为作品性质的确定,使在独创性背后的道德力作为完全的作者权的正当性消失了。引进公有领域概念,无论是在自然法的观念上还是在两代间平等的平衡观念上考虑,都有利于保障授予的著作权被限制在一定范围内,从而避免公有领域资料的私有化并使作品的一些因素永久性地留存于公有领域中,而这些对社会的发展和进步都是很重要的。如果再考虑一下著作权授予的时间性,则可进一步认为作品中的专有部分最终也有进入公有领域的性质。

(三)利益平衡的立法范例——澳大利亚数字版权修订

澳大利亚数字版权修订在一定程度上缓解了技术发展对版权保护带来的压力,体现了信息网络环境中利益重新平衡的需要。这种平衡通过两个方面予以达成:一方面版权修订引入了向公众传播的新权利,对版权作品的数字化传播进行控制,加强了对权利人与权利持有人创造性劳动和经济投资的保护;另一方面传统印刷媒体环境中的合理使用制度以及图书馆档案馆的权利例外规定在数字环境下又得到了适当延伸与扩展,使公众作为版权作品使用者的利益得到了合理的保留。特别是版权法对图书馆馆内传播、馆外传播、相对于公众传播权的某些豁免规定体现了版权修订对技术进步背景下公众自由获取信息权利的认可与尊重。

在版权修订过程中,澳大利亚始终明确版权保持为社会公众利益服务的立场,拒绝仅以权利人的利益来单方面发展和阐述著作权原则,虽然最终通过的修正案是各方利益相互妥协的结果,但其关注公众利益的精神以及为此做出的努力仍然是值得肯定的[26]。

二、自然法理论

知识产权涉及的公有领域,以著作权最为典型。如二分法原则实质上是试图在专有的著作权中区分"公有领域"与"专有领域",它们分别对应的是思想与表达。对上述公有领域的认识,还可以进一步从自然法理论的角度探讨。

可以认为,著作权法与自然法的关系导致了著作权法中思想一类的公有领域的产生,而作者财产权的主张不是恢复著作权的自然法思想的后果。在自然法的观念中,"占有"以能够实际控制为前提,对难以实际占有的东西赋予财产权没有现实意义。就著作权作品中的思想、信息、事实等来说,这些因素尽管包含于受著作权保护的作品中,却具有在实际中难以控制的特点:它们是社会发展所必需的,在进入一部特定的作品后,也会通过进入他人的头脑被他人使用而不断地得到传播和扩散,而且会在一定程度上被他人新创作的作品所吸收。后续作者也会以类似的方式整合、传播、使用这些思想、信息、事实等。这也是智力创作的延续性特点。在这种创造中,无论是先前的作者还是后来的作者,他们一般会忽视这些因素的来源,部分原因在于这些因素具有很强的渗透性,特别是在同类作品的创作和传播方面更是如此。如果要对作品中的思想、信息和事实赋予专有权,则需要追踪这些因素的来源,而这在实践中即使存在可能,也是非常困难的。这足以使我们忽视对其给予财产权保护。另外,将这些因素保留在公有领域则对作者无害,对后来的作者和广大公众则极有益处。因而就著作权法来说,有必要留存一些因素,这种因素受到自由吸收、利用的制约,即使我们能够确定最初的来源时也是如此。

从自然法的观念看,财产权仅仅延伸到非常具体地占有的财产。著作权作品中的思想、信息和事实之所以要抽回到公有领域,是因为其固有的不宜由个人垄断的限制性特征以及难以被实际占有的特点决定了赋予其以个人性质的财产权没有意义。一些著作权学者担心在著作权法的分析中引入自然法的分析会导致著作权的不适当扩张。事实上,上述占有理念上的自然法的引入得出的结论是主张更广的公有领域,而不是专有领域,因而不会得出著作权扩张的结论。

三、信息公地理论

(一)引子——第二次圈地运动与信息公地

从15世纪到19世纪,英国的"公地"被"圈禁"。圈禁包括但不限于用篱笆圈起一定数量的耕地。一般而言,过去的"公地"被变为由一位地主所有的私有财产。

汤玛斯·摩尔在其16世纪的作品中,指出圈地运动不仅本身不义,而且结果有害——它会使社会经济不公正,滋生犯罪和动荡。在一篇散文中,他说羊是盗窃者的目标。

羊儿们原本性格温驯,吃得不多。然而,它们变得野蛮,张开血盆狮口。它们甚至开始吃人了。它们吃掉、毁灭了整片田野、房子和城市。这些是什么羊呀?多莉克隆绵羊?转基因杀手绵羊?不,都不是。摩尔的意思是这些"好先生们"为了从羊毛贸易中获得利润,开始了疯狂的圈地运动。

他们不给村庄留下寸土,一切土地都成了牧场。他们推倒房屋、摧毁村庄,就连教堂也成了"羊房"。这些贪得无厌的白眼狼,他们侵吞了良田上千垧,被赶走的同胞只能去流浪[27]。

羊吞噬了一切,现在"同胞们"手中无钱无粮,为了生存只能去偷去抢。在摩尔眼中,这个道理很简单。贪婪导致了圈地运动,圈地运动打乱了贫苦农民的生活,生活被打乱引发了暴力和犯罪。

400年后,卡尔·波兰依与摩尔表达了相同的观点。他把圈地运动称为"富人对穷人的革命",他认为该运动泯灭天良。"王公贵族们扰乱了社会秩序,颠覆了过去的法律与习惯,有时通过暴力,但更多的是通过施压和恐吓。他们根本就是在抢劫穷人的公地份额……"[28]他们根本就是"流氓和强盗"。圈地运动的批评者们也看到了这一运动的其他危害,尽管这些危害很难说清。他们指责这一运动摧毁了传统的人际关系以及人与自然的关系。基本上,这一运动摧毁了一种生存方式。

许多经济历史专家都会认为这里所说都是一派胡言,重要的是,圈地运动很奏效,它引起了生产力的大发展[29]。通过把管理低下的"公地"变为私有土地,他们成功摆脱了所谓的"公地的悲剧"。该运动刺激了大规模的投资,控制了开发活动,一般情况下,可以保障资源得到最有效的利用。在圈地运动前,封建地主不会投资兴修水利、购买绵羊、庄稼轮种——虽然这些可以提高公地的收成——因为他知道他的成果会被大家瓜分。私有财产权的保护和私人控制使公地摆脱了低投入、滥利用的悲剧:曾经的"公地"上有了更多的作物、更多的绵羊,消费者会因此受益,长此以往,大家都不再会饿肚子。

如果这种社会进步的代价是经济权利的进一步集中,市场进入了之前的禁区,或者是对环境一定程度的破坏——那么,圈地运动的维护者说,那也值了!在他们看来,圈地运动所带来的农业繁荣挽救了因16世纪人口的大量死亡而消瘦的社会。那些只看私有化的负面效果的人应当看到私有化挽救了人类生命。

学术界却对圈地运动有助于提高农业产量这一论点产生了怀疑[30]。一些学者认为公地事实上比圈地运动维护者们所认为的要运转得好[31]。因而,尽管圈地运动改变了财富在社会中的分配,并因此产生了较早一代的批判历史学家,但是,它是否提高了效率、增进了发明却不得而知。饼的分配方式不同了,但是饼本身变大了吗?但是,在经济历史学界以外,这些争论却很罕见。"每个人"都知道公地会引发悲剧,圈地运动无论是在15世纪还是在现在都是对的。假设圈地确实会提高农业产量。易言之,假设将公地变为私产确实可以拯救人类生命。这就是圈地的逻辑。这论据很清晰,但这逻辑并不总是对的。

那么,这和知识产权有什么关系呢?答案显而易见。那就是我们处在第二次圈地运动中。尽管称其为"无形的思想公地的圈地运动"略显浮夸,但也算言符其实。这种新的法定权利的客体是"知识"而非"有形财产",但是,同样都是之前被看作是公共财产或者"不可交易的财产"被变成了新的财产权。

对"圈地运动"争论的焦点在于怎样有利于权利的有效分配。

比如人类基因组。"圈地运动"的支持者们认为国家干预其中并将其纳入知识产权的保护范围实乃明智之举,因为唯有如此,我们才能保证有足够的时间、才智、资金投入其中以产生有用的药物和治疗方法[32]。当被问及"人类基因能享有专利权吗?""圈地运动"的支持者们还是那句老话,私有财产拯救生命[33]。"圈地运动"的反对者说人类基因属于全人类,是全人类的共同遗产,它不应该或者在某种意义上说它不能被拥有,把人类基因组从公有资产转为私人财产是很糟糕的。市场这是在越俎代庖。在干细胞和基因链方面,批评者们批判国家将垄断权赋予少数几个个人和国家的做法,这会导致创作瓶颈和协调成本的增加[34]。

基因组不是第二次圈地运动中唯一被"圈禁"的领域。知识产权的扩张显而易见——从商业方法专利,到美国《新千年数字版权法案》(DMCA),到商标"反淡化"裁决,到欧洲数据库保护指南[35],就连过去对知识产权的限制——公有领域的防火墙——现在也受到冲击。

(二) 两次圈地运动的异同

其实,第一次圈地运动和现在的知识产权扩张——即第二次圈地运动之间有很多相似之处。又一次,"圈地运动"的批评者和赞成者陷入鏖战,他们争论的焦点是彼此的立场对创造、效率、传统价值、市场界限、生命质量、自由丧失的影响。又一次,反对"圈地运动"被认为是有害经济的,"圈地运动"的受益者们声称扩大知识产权有利于促进社会进步。确实,冷战后期签订的"华盛顿共识"说明为了促进经济的增长和高效,只能依靠市场,而财产权是市场存在的必要条件。对于"圈地运动"的信任根植于人们相信资源不是共有就是私有,而共有资产不能受到良好保护和利用。如果所有人都有权利在公地上放牧,那么他们为什么要自行限制这种权利呢?我保护牧场的成果会被其他人滥用牧场的行为抵消。用不了多久,牧场就会因被过度啃食而不能再供给大家的牲畜,牲畜就要因此挨饿。在一篇于1968年发表的文章中,加勒特·哈丁想到了一个词——"公地的悲剧"——它指称内在于共同管理的资源中的问题[36]。这个词对于今天政策的影响巨大:私有财产——圈地运动——是终结"公地的悲剧"的好方法。当决策者们看到有不被任何人拥有的资源时,他们会条件反射地想到"财产权的解决方法"。根据这种观点,圈地运动不是"富人对穷人的革命",而是"解决社会上重要资源浪费问题的革命"。如果说某种资源不被任何人所有,大家都可以像利用空气一样自由利用它,那就等于说这种资源在被浪费。

但是,如果说在两次圈地运动之间有相似性的话,那么二者也有一些微妙的不同。网络时代"思想的公地"有许多不同于古代英国的"草原公地"的特征。与土地的公地不同,思想的公地不具有"竞争性"。土地的用途常常具有排他性:如果我要使用这块土地放牧,那么你就不能用这块土地种庄稼。相反,基因链、MP3音乐或者一幅图像可以同时被很多人利用:我使用并不耽误你使用。省略复杂的分析过程,这意味着滥用耕地和渔场的问题不会发生在信息公地上。因而,这种公地的悲剧可以避免。

信息公地的悲剧和另一种集体行动问题有关,那就是刺激创作的问题。这是因为信息产品不仅具有非竞争性(一个人对产品的使用不影响另一个对产品的使用),还具有非排他性(我们不可能或者很难阻止这些信息产品满足无数使用者的需求,而边际成本几乎为0)。盗版者会盗版歌曲、鼠夹、药物配方和商标,剩下的论证就可想而知了。因为不具有排他性,创作者就不能通过创作赚钱,渐渐地,创作就失去了动力。因而,法律必须干预其中,创造出一种叫作"知识产权"的垄断权利。

思想公地和土地公地之间是有区别的。就像人们常说的那样,信息产品常常是建构在许多其他信息产品的内容之上的,你的信息成果是其他人的信息素材[37]。这些素材可能是一些密码、发现、之前的研究、影像、工作方法、文学作品、单核苷酸多态性数据库——每一个都是未来创造的原材料。增加保护会增加使用这些原材料的成本,或者减少获取这些原材料的可能性,而我们要在这些原材料的基础上发展未来的发明。这种平衡很容易被打破。一位诺贝尔经济学奖得主声称要获得一个信息高效的市场,我们就不能打破这种平衡[38]。无论在理论上这是否可能,但是这在实践中是很困难的。易言之,就算圈禁耕地公地总会增加粮食产量(这本身就无法保证),圈禁信息公地既可能刺激创作,也可能限制创作。我们提供更多的财产权保护,寄希望于这会刺激更多创作产生,但这种预期效果却不是必然能实现的——有时甚至是适得其反。有可能知识产权减慢了创造的速度,因为它为之后的创造设置了路障。席勒和艾森伯格在谈到知识产权对创造的影响——即知识产权会增加之后的创造购买必需的原材料的成本时,用了一个"公地的悲剧"的反义词——"反公地的悲剧"[39]。

简言之,就算第一次圈地运动是一场完胜,但无形世界自身的特征使其未必适合被"圈禁",因而我们应该详细研究无形世界中"公地"和"私产"之间的关系以进一步搜集证据。毕竟,即便是在有形财产领域,像道路这样的"公产"也会增加周边私产的价值。如果我们承认即便在有形财产领域,圈地运动带来的利益也有限的话,那么在无形和非竞争性产品领域,之后的创造还要依靠之前的创造来实现,这种圈地运动的利益是否就会更加有限呢?答案不言自明。

(三)信息公地被知识产权圈禁的趋势

1918年,布兰代斯法官声明:"法律的一般原则是,人类最尊贵的造物——知识、真理、概念和思想——在被自愿公之于众后,就会像空气一样被自由免费使用。"[40]这句话的基本含义就是:知识产权是例外而不是原则,思想和事实在公有领域中,这应该是我们讨论问题的出发点[41]。然而,这个出发点受到了攻击。

现在,或明或暗,事实和思想的公有领域正在被圈禁。专利法已经延伸保护到20年前的"思想",而这在以前,学者都认为20年前的思想不受专利权保护。最麻烦的是有人想用知识产权保护对事实的单纯选编[42]。如果美国的知识产权法还有一点公理,事实的非原始选编都会在公有领域中,对下一批创造而言,能够自由接触创造素材和知识产权本身一样重要[43]。这样,法律体系会给予创造者对于发明或作品的垄断权,但他人仍然可以免费使用这种发明或作品蕴含的事实和思想来进行再创造。对于这种法律体系的挑战很微妙:在专利法领域,对新颖性和非显而易见性的延伸解释使知识产权愈来愈保护基本信息;对基因链的专利保护也越来越接近某些被发现的信息组——C,G,A,T组。其他的挑战也很明显:《欧洲数据库保护指南》对事实的选编已经给予了垄断权,美国各种法律草案也会步其后尘,这些规定甚至没有对版权进行限制,譬如说允许各种合理使用等。

过去的知识产权政策是一种混合的政策。它在未来的创造者汲取创造素材的公地周围圈起了一小块知识产权保护的领域。在必要的时候,为了推动创造发展,即使这一小块知识产权领域也可以免费自由涉足。戏仿、评论和批评作品等可以合理使用原作品,微软的竞争者们也可以"解码"微软产品的程序来掌握 Word 程序的特点以便于保证其程序可以处理 Word 文档。这听起来自相矛盾,但事实上,保护"知产公地"正是知识产权法的目标之一。

然而,在新版知识产权法中,知识产权的触角伸向各个领域。新法扩展了专利权、版权的客体,延长了版权保护期限。每种行为都表现出今人对"公地"产能的不自信。我们似乎摒弃了布兰代斯的论调——人类最高贵的产物必须像空气一样自由公用,而变成了只要是"公地",纵不酿悲剧,也效率低下。

这种扩张不只是形式上的。在过去,要侵犯知识产权并非易事。会侵犯知识产权的技术复制或行为主要是产业性的,即可以产生大规模的利益的。

公众并不会参与立法,正如公众被看作是终端产品的被动消费者,而终端产品受制于行业的内部规范,而普通人不想也不能参与到规范的制定和运行过程中,但是知识产权法会影响公共利益。在如今这个时代,如果你常常使用电脑、网络和电子媒体,你每天都在有意无意地制造上百份暂时的、暂留的复本。每天在网上,尽管你无意与人分享文章内容,但你还不是都在"分销"和"转载"你浏览的文章吗?可有一时一刻你不是在为工作、学习甚至娱乐而复制你周围的电子资源?在信息社会,复制不仅简单,而且它是下载、保存、缓存甚至在线阅读的必要环节[44]。如今的知识产权法更加"平易近人",它就在你的书桌上,蕴含在日常的创造行为、通讯行为和每天的消费行为中。突然,版权的打击对象——复制行为和分销行为——都可以被个人完成。

现实是,不是所有的扩张权利要求都会得到满足,但至少其中一些得到了满足。现在权利领域被扩展了,内容更加晦涩难懂,法律的实际效力也发生了改变。如今,个人不仅能够轻易违反知识产权法,而且你还很难避免对它的违反。

第四节　国内外公有领域研究综述

"公有领域"(The Public Domain)一般用来指称那些没有著作权的著作,公有领域里的著作任何人都可以自由使用。然而公有领域的确切范围与界线,学者们却有各种不同的看法。

公有领域里的著作,一般的认知是不属于私人财产的;私人的财产,受到法律的保护,公有领域里的不是私人财产,不受相关法律的保护。这样的看法,把公有领域视为一种例外,属于不受法律保护的区域,在其中是不讲究财产权的。如我国台湾地区"《著作权法》"第43条:"著作财产权消灭之著作,除本法另有规定外,任何人均得自由利用。"条文中虽然没使用"公有领域",但著作财产权的"消灭",被视为除外的情形(不过,"除本法另有规定外",又是除外中的除外了)。伯尔尼公约第18条:"但是,如果因为著作所受保护期间已期满,在主张保护当地国已落入公众领域者,不得重新保护之。"这或许可以说,"落入公有领域者"对比于受保护的著作财产是一种去除法的描述方式。也就是说,著作受财产权保护是常态,落入公有领域的是例外。落入公有领域的著作,不再是专属的财产,失去了交易上的价值。

但,对于公有领域是例外的讲法,许多学者却不认同。毕竟,以法律方式明确著作可以是专属的财产,是晚近的事情。私有财产权的出现只是对应作为常态的公有领域进行了有限的入侵。J. Ginsburg已论证了在法国和美国文学和艺术财产制度的早期时代,公有领域占有主导地位[45]。首部关于著作权的成文法,英国的《安妮法案》于1710年才开始施行,它让出版商于法有据,可以取得书籍的专有出版权利。而且这些专属权利,本来就有时间上的限制,在《安妮法案》中是14年,目前在美国是作者有生之年后70年,在中国最长是作者有生之年后50年。所以,著作被视为财产,权利专属于特定人,其实是(有期限的)例外情形。时间一到,任何著作终究要让公众不受限制、自由使用的,而这也是恒久以来著作被使用的常态。这些学者认为,公有领域里的著作,因为可被众人自由使用,相较于受著作权限制的著作,对于文化的传承与创新,更为重要。所以,公有领域是众人珍贵的文化资产,有如文化的自留地,众人在这里可以不受拘束地接近与使用文化资源。他们认为,公有领域也需要被小心保护,尤其要防范"圈地"的行为,避免让公有领域里的资源被转为私人专有。

不过,以地域的隐喻看待公有领域(无论被视为常态或是例外),其实并不理想。有些学者也指出,有地域的概念,就有界线的问题:一项著作是否属于公有领域,就要看它落在界线的哪一边。但这样的界线常是不清楚的。举例来说,著作受保护的期限各国不同,所以这条公有领域的界线与该著作在哪个国家主张保护密切相关。一方面,一项成品是否为受著作权法保护的标的,可能也有争论;而时时要区分每项作品里的"表达"与"思想"成分,也不是很容易的事。另一方面,公有领域是"公有地"的隐喻,似乎也表示国家可以进行"国有化"或是"私有化"的圈地作为。如此,公有领域里的资源,可能沦为政府掌有或控制的范围,更不排除以私有化的方式,将众人所用的资源拍卖成为私人专属的财产。

一、国外研究综述

(一) 研究现状

近年来,国外关于公有领域的研究一直保持着研究热度,但是整体数量不多,并且集中于少数学者或相关团体。

20世纪80年代以来,学者们开始对知识产权法律理论中的这一走向做出反应。这使得知识产权法律中的公有领域问题在发达国家知识产权法律理论研究中占有一席之地,戴威德·兰恩吉、杰斯咖·黎特曼、爱德华·萨缪尔等学者是其中的突出代表。例如,戴威德·兰恩吉早在1982年即发表了一篇《重新认识公有领域》的文章。他认为,近些年来对于公有领域的关注越来越少,而对权利的扩张却持放任态度,以致到了不能容忍的程度;他针对知识产权保护的膨胀增加了过多私人利益的问题,主张可以为知识产权法律建立一种公有领域理论。兰恩吉引用了拉尔夫·布朗教授的话——"关注公有领域的持久的表达"。他认为,知识产权的公有领域正在不断地被侵犯。这一事实导致的后果是公众越来越失去了文化继承物,以及在此基础上产生新作品和其他智力创造成果的机会。他主张试图授予知识产权利益的任何努力必须与公有领域中的个人权利的同等确认相匹配,每一个知识产权也应明确地与公有领域相匹配。他甚至将思想和信息的公有领域的私有化类比为几个世纪以前的"圈地运动",因为越来越多的公共资源成为私有财产。他试图建立知识产权法律中的公有领域理论并极力为之辩护,还主张知识产权利益的确认应当被公有领域中平等地确认个人权利所抵消。根据他的见解,每一种权利应当回应公有领域而清晰地划出私有与公有的界限。

2002年,美国杜克大学专门举办了一次公有领域主题会议,并将提交的部分论文在2003年《法律与当代问题》第66卷上发表。

2006年12月OSI(Open Society Institute,开放社会协会)所属的eIFL(electronic information for libraries，图书馆电子信息联盟）发布的图书馆版权手册（Copyright and Related Issues for Libraries）对"版权，保护期和公有领域"（copyright，the duration of protection and the public domain）进行了论述，指出，"在美国，由于版权法的规定，所有的作品的版权保护期顺应延长。在欧洲不仅保护期顺应延长，而且在20年的时间内进入公有领域的作品也回溯到版权保护内。换句话说，在公有领域的一些作品被重新保护，有已故著作人这些遗产的人将获得意外之财。这一结果导致了欧洲法院的一系列案件。"认为："丰富的公有领域和公平获取版权保护的资源能提升新作品的创作和出品。人们常常想当然地认为经济增长受益于不断增长的知识产权保护，同时由于社会的原因，某些特许必须被制定以用于版权保护的免责。事实上这是把上述两者错误地进行对立。很多行业由于研究、发展、教育、软硬件利用等目的，需要获得版权资源。缺乏合理的使用实际上会伤害经济的增长"。建议："图书馆界应持续地关注公有领域的蚕食问题，公有领域能为著作者创作新作品提供丰富的资源，同时也可以使图书馆通过数字化的形式给公众提供世界上最伟大的艺术和文学作品。因此，公有领域必须被扶持并保护其不受侵蚀。作为世界文化和科学遗产的保存者，图书馆应当提升公众的兴趣，应该教育使用者明白公有领域的价值并在国家政策制定时提出主导性意见。具体应提出图书馆在版权保护上的隐性成本的建议，诸如在文献使用、图书和期刊定价、器材损耗以及取得版权授权上耗费的时间和烦琐过程上的额外经费，同时还应提出由于有丰富公有领域资源的存在，能够使繁荣社会和教育的蓬勃发展受益这一理念上的建议。"以上观点还是很有见地的。

这里值得一提的是2010年4月30日发布的、比利时纳穆尔大学的Séverine Dusollier教授受WIPO秘书处委托完成的《版权及相关权与公有领域界限初探》（scoping study on copyright and related rights and the public domain）报告。该报告对公有领域进行了大胆扩展，提出了保护期限或时间性的公有领域、不受保护的创作成果或政策性公有领域、版权放弃等"自愿性的公有领域"的分类，把一些近似公有领域的作品使用列入了广义的公有领域范围，并提出了如何更好保护公有领域的建议。

在这里，谁都不能忽视的是劳伦斯·莱斯格教授，即那位大名鼎鼎的CC（creative commons）运动的发起者。他提出了甚至符合著作权法中合理使用条件的作品亦应视为公有领域的观点，至于采用CC发布的作品，就更应归入了。

此外，还有一本这方面的力作——美国北卡罗来纳州杜克大学（Duke University）詹姆斯·博伊尔教授（Prof James Boyle）撰写的《公有领域：圈占心智公地》，由耶鲁大学出版社2008年出版。他提出了版权设定什么期限算合理的问题。针对直到1980年，美国作者的版权从出版日起定为28年，之后如果愿意可以再续一次的情况，博伊尔教授说，当时85%的作家到了28年就已经从作品中摄取了足够的收益，因此无论是书籍、照片还是音乐全都转入了公有领域，谁都可以翻印、播放。现在保护期限不断延长，弄得很多著作放在图书馆里无人问津，甚至版权归属不明的著作也只能放在架子上，允许借阅，但不得翻印，也不能上网。他说让大量20世纪的知识创作枯萎在书架上简直犹如浩劫。博伊尔认为当前的"国际接轨"趋势影响恶劣，因为接轨的时候总是和最高的看齐。譬如有的国家规定版权期限是作者死后再加50年，其他国家是70年。如果一接轨，肯定就都变成70年了。他在书中提出了一种比较新颖的论述，叫作"文化领域的广场恐惧症"（Cultural Agoraphobia）。博伊尔说，我们在认知方面似乎有个过滤机制，让我们总愿意低估开放的好处和收益，而夸大它的危害。他说他并不否认知识产权和保护隐私都有必要，但是要找个平衡。条条框框太多、对公有领域限制太死是当前更需要防范、克服的问题。

但是，在利益平衡的层面上，需要主要关注的却不是知识共有物，即处于知识产权这一专有权之外的知识产品，而是知识产权这一专有权本身中存在的公有领域。公有领域是从专有权中剥离出的可以为公众自由利用的部分。从这个意义上理解公有领域，可以发现，如果对公有领域的东西授予专有的知识产权，应通过一定的机制使其回到公有领域中去，否则必然会侵害公众自由利用公有领域知识和信息的权利。

当然，关于知识产权法律中公有领域的概念，学者们仍存在不同的主张，而研究知识产权法律中的公有领域问题，首先面对的是对公有领域的概念理解——它从不同角度可以得出不同的结论。如有些学者主张，在知识产权环境中，公有领域描述的是构成了没有资格获得私人所有权的知识产权成分的真正的公有物。美国信息法学者Yochai Benkler认为，公有领域是由许多"任何人都拥有的特别权利（privilege）"的信息所组成，反面推定，则所有的知识与信息应皆属于公有领域，只有在受到著作权特定法规范的保护之下，才例外让著作存在于公有领域范围之外[46]。较早研究公有领域理论的戴威德·兰恩吉在2003年又为公有领域提供了一个明确的、给人印象深刻的定义：公有领域是为创造性表达提供"避难所"的地方……它像一个家，无论何时你去那里，都可以接受并任由你占有。从直觉上看，公有领域似乎与公共政策或法律原则相联系，它是法律保护手段被穷尽后所留下的东西。可以说，公有领域的讨论是针对具体环境的，在不同环境下考虑的因素不同。当涉及需要鼓励某种保护的新形式或需要限制某种保护的形式时,对公有领域的讨论角度也可能不同。

公有领域与知识产权的保护范围存在敏感的关系。在探讨公有领域问题时,学者们关注知识产权法律的保护范围是应更广泛些还是应更狭窄些这样一个问题,或集中于哪些不应当被保护,而不是哪些应当被保护的问题。并且,认为一个有活力的公有领域是支持知识产权制度所必需的。没有公有领域,可能无法允许知识产权的存在。

沃克伊看到了知识产权领域中私权的扩张以及相应的公有领域空间的缩小。他提到司法对于著作权中的合理使用原则的解释、人类基因信息的可专利性、反淡化商标法律的适用、非竞争性使用以及保护公开权的法律的扩张都是私权扩张的表现。他认为虽然知识产权的公有领域还没有被耗尽或者没有被完全关闭,但一些危险的倾向在知识产权法律中已经出现了。这些趋向是越来越多地将原来属于共有文化、思想或者信息的东西进入知识产权的私有领域。这一趋向,连同所有权的经济、科学、政治和社会的重要性,以及在后工业社会对信息控制的重要性,都要求我们仔细考虑将信息列入公有领域还是私人领域。值得注意的是,知识产权法律没有很快地赶上计算机和信息技术的发展步伐,仍然墨守了古登堡时代的模式。知识产权法律的改革不断扩大侵权机会实质上是以另外一种形式不断赋予新的知识产权。难怪学者爱逸·黑廷格认为,知识产权侵权的不断增长,甚至是不可避免的现象表明,越来越多的公众对我们的知识产权制度的性质和合法性感到不满意。

国外学者对知识产权不同领域中在确认公有领域方面的困境也表示了担忧。例如,沃克伊认为法院现在越来越多地倾向用信息私有化形式来抽走公有领域中的资料。法院和政府以牺牲公有领域为代价,越来越倾向于对知识产权人的过度保护。他指出:"作者推理"允许我们把 DNA 之类的东西特征化。把它放在电话簿中或者语言中,是没有创作的"事实"或者"资源"。基于作者把先前存在的原材料或事实改造成某种"原创"的东西,这种术语的后来所有权要么获得了正当性,要么被否认。如果有足够的人类创造成分,我们的知识产权法律将倾向于确认专有的所有权……这些东西从没有被授予所有权的或者不能被授予所有权的公有领域中排除,并且"私有化"了。"作者推理"对个人改造的东西给予鼓励和报酬,却不合乎需要地损害了我们的公有领域概念。

彼得·迦斯杰则指出,在知识产权领域增加财产权价值的趋向胜过对知识共有物的维持。他认为,以繁荣公有领域为目的而关注公共利益的人们对这种偏重于保护信息的财产权的趋向应予警惕。

亚马孙(Amazon)网站上,"19 世纪 50 年代的书要比 20 世纪 50 年代的书多三倍!"。伊利诺伊大学(University of Illinois)法学教授保罗·J·希尔德在最新发表的一篇研究论文中着重强调了这个发现。这篇论文的题目是《版权让书籍和音乐走开以及第二责任法则(Secondary Liability Rules)如何让老歌重获新生》。

这种现象背后的原因其实很简单：随着时间推移，那些已在公有领域的作品任何人都能印刷和销售。比起那些无主作品，这类作品也就更可能在市场中流通。一个特定的版权拥有者（比如一家大型出版社）在某些时候可能无法充分了解某个版权的价值。但如果一部作品属于所有人，那就很可能有些人，或是很多人发现出版它会有价值，而且可能带来利润。

像希尔德所指出的，版权拥有者用了很多时间花大价钱努力让每个政策制定者相信，更长的版权保护周期能提供"创造的动力"，而这正是版权法的要义（而一般看法恰恰相反：版权不是让商业机构受益的——它是为公众谋福而生的）。但是希尔德的研究表明，创造动力需要的是相对较短的版权保护期。一旦版权卖出挣了大钱，拥有版权对所有者来说就往往只有微不足道的利益了。如果这点小利还嫌太少，不值得再为之花钱推广发行，公众就无缘看到这种作品，只有等到版权保护期到期才能一睹为快了。而要等到到期可就真是遥遥无期了。如前所述，1998年美国国会延长了版权保护期年限（从作者寿命再加50年延长为作者寿命再加70年），这主要是受到各大传媒公司所宣扬的理论的影响，即更长的保护期可以在某种程度上增强人们创造的动力。而希尔德的研究表明，这种说法纯属无稽之谈。与此同时，更长的保护期已经破坏了版权之所以存在的根本理由。希尔德写道："版权实际上与作品的销声匿迹而非唾手可得息息相关。作品创作出来获得版权后，它们很快就会从公众视线中消失，直到它们落到公共领域、不再有主时才能重新大批量地重见天日。"不用说，支持延长保护期的那些人就是竭力要保护他们对还能从中赚钱的少数作品的控制权。

希尔德的发现是基于系统研究亚马孙网站上新书（与旧书相对）的多寡而得，它揭示了19世纪50年代出版的书与20世纪50年代出版的书在可获得性上的巨大差异，尽管后一个时期中出版的书要多得多。这项研究中的一张图表更是清晰地表明，"亚马孙网站上有数量惊人的在公有领域版权到期的1923年之前，初次出版的新书，亚马孙首次出版的在1923年之后的书数量则急剧下降。"而与此同时，为版权保护积极游说的利益团体则"在缺乏实证证据支撑的情况下辩称，一旦作品进入公有领域，就会遭到侵害。按照这种理论，是公共利益要求延长版权保护期，以防止公共领域出现版权灾难。"这些游说者的说法是建立在缺乏经济常识的理论基础上的。即所谓的从根本上说,像书籍、电影和音乐这类传媒产品的市场必须形成垄断才能有效运转。他们说,如果任何人都能销售小说或电影,人们就会一拥而上争相复制生产,导致价格急剧下跌。但正如希尔德所指,尽管可能会出现竞争,但并不会妨碍它们的开发利用,绳子、牛奶、铅笔等不存在垄断的商品就是这样。而且需要指出的是,上述商品都没有受到有任何时限的专卖权保护,更别提几十年的保护期了。

版权当然是必须要有的,这样创作者才能挣回成本,获得不错的回报——这可以提供创造动力。但这并不意味着版权所有人应该一直紧抓着自己的版权不放,非要一直等到作品已无法在市场流通为止。

希尔德的这篇论文还提到了《数字千年版权法》(Digital Millennium Copyright Act,简称 DMCA)的"安全港"条款,探讨了它如何让经典老歌继续在 YouTube 上传播的原因。YouTube 为版权所有者提供了一条从自己拥有的歌中轻松生财的方便之道,哪怕这些歌已被侵权人给上传了。这样就算这些歌无法从其他渠道获得,也能"满足潜在乐迷市场"[47]。

对知识产权制度中公有领域的研究可以从不同角度、采取不同方法进行。例如,国外有的学者利用经济学原理从最佳效用目标出发,主张扩张公有领域而降低知识产权保护水平,有的学者利用洛克理论分析留存和扩充知识共有物的重要性。如威恩蒂·戈登主张:一个强大的公有领域对于国家科学和文化的健康发展十分重要。她还以复制特权为例,认为作者在创作自己的作品时要利用先前作品作为自己创作素材,这导致作品最终成为公有的一部分,而赋予作者一些复制特权将有益无害。还有的学者解释了丰富公共领域的重要性,有的学者则从历史的角度探讨智力公有物的问题[48]。

总的说来,国外目前关于公有领域概念的研究可总结如下:

其一,在概念词语使用上,历史上所出现的使用于公共领域的术语已基本被统一于"公有领域"一词。

其二,在概念的内涵上,不同的学者则从不同侧面和角度提出了多种多样公有领域概念,公有领域的内涵尚没有取得统一。

"公共领域"和"公地"的术语被广泛地并不一致地使用着。不过,就公有领域的内涵来说,目前也有着最低限度的一致性。这主要表现在以下两个方面:

(1)公有领域基本上指不受知识产权(包括著作权、专利权、商标权等知识产权)保护或者知识产权效力所不及的材料方面。

(2)公共领域的研究者在讨论中尚有一种共同的价值取向,即"这里这种驳杂的核心不是'拥有'对抗'自由',而是个人对抗集中控制,或者有时更混乱的是排他个人权利的存在或空缺。如果在现代知识产权著述中有一种单一趋势的话,就是用多变的喜剧公地可能性来取代普遍使用的哈丁的悲剧公地图像。"[49]

(二) 立法与司法实践

积极保护公有领域,以防止对公有领域私有化,已是很早就有的呼声。在兰格(D. Lange)关于公有领域的著名论文中,他早在 1981 年就要求承认公有领域的法律地位[50]。这一法律地位还未在国际或者国内层面上被创立。然而,在判例法和学界中对公有领域作品的某些保护正在出现,这些可以成为就保护公有领域、更好地获得和使用公有领域而提出关键原则与建议的基础。

在英美法系国家,知识产权法律中的公有领域理论是通过判例法发展的。实施整个知识产权制度是要增加公有领域的容量,这在美国的司法判例中很清楚地表现出来了。正如有学者所指出的:"公有领域这一术语一般使用在案件中,比起最后的法律结论来说,它还远远够不上经验性表达。"

公有领域看来在判例法和制定法中都越来越重要。某些国家已经在它们的著作权法立法中增加了对公有领域的明确定义并加以引用,如阿尔及利亚、巴西、智利、哥斯达黎加、肯尼亚和卢旺达。大多数时候,定义主要在于描述公有领域包含何种内容,但并未同时规定规范性后果。至多,法律表述了附身于公有领域的自由使用规则,如智利(第 11 条"共同文化遗产作品可以被任何人使用,但应尊重作品完整权和署名权")或哥斯达黎加(第 7 条"任何人可以任何形式或方式自由使用属于公有领域的作品")。

在法国,某些学者已经开始根据民法中不属于任何人之物(choses communes)或公共财产(commons)的概念,研究对公有领域的积极保护。该概念出现在法国民法典(其他基于法国的体系也是)第 714 条之中。公共财产被定义为"不属于任何人,且所有人可共同使用的物"。

在版权法中,同时也在专利法中,将公有领域从术语的法律含义上看作公共财产或公用物(res communis)并没有太大争议。但是新的情况是:试图在公有领域上附加一种资格或地位,使公有领域免于受到侵蚀或被垄断权所重新侵占。公有领域作为公用物的资格意味着两个后果。第一是禁止对作为一个整体的作品恢复垄断,即使对其中的一部分恢复垄断权也是如此。第二是确保作品的集体使用:每个公众成员应该有权使用、修改、利用、复制公有领域作品并基于公有领域作品创作新作品。公共财产的集体性质进一步激发了保护它的责任,就像保护环境公地一样。

如果公有领域制度的目标是确保自由获取和使用(公有领域作品)并排除任何独占性,则法国法律对公共财产法律地位的理解,可以为这种制度奠定最初的基础。依靠公有领域作为"公共财产"的资格,判例法可以禁止任何对其重获垄断权利的企图。

很容易可以举出此种努力的例子。在法国,法院已经限制两个作者行使著作权。他们曾在一个公共和历史性广场——里昂的沃土广场(the Place des Terreaux in Lyon)中恢复重建(作品)并增加了一些当代艺术作品,而限制的理由是组成广场的历史性建筑具有公有领域性质[51]。有一家公司出售含有广场(包括这些作者受保护的作品)照片的明信片,而针对这一行为,这些作者则想行使其对重建的独创性作品的著作权。判决的核心论点是:就自由复制公有领域作品的要求而言,(古)建筑的公有领域性质必然会对作者们演绎作品著作权的行使形成约束和限制。否则,公有领域作品可以经重建或修改而间接地恢复受版权保护的状态。该判决在上诉中主要基于不同的理由被维持,即使如此,上诉法院指出"授予作者对广场新设计的著作权不应损害公众(对公有领域作品的)欣赏"[52],这点仍然认可了对公有领域及对其固有的集体性使用的积极保护。

这一逻辑应仅在行使演绎作品的著作权会完全阻止并否认公有领域时才能准予应用。法国沃土广场的案子在这方面处理很得当。明信片并没有仅仅或主要反映当代作品,而后者与历史广场已经融为一体,因此在拍摄广场时不顺带地拍摄仍受保护的作品是不可能的。

在一个案子中,法国最高法院在暗示永久精神权利时,也同样以公有领域为充分依据限制雨果的后人行使著作权,预防禁止对雨果著名小说之一进行改编[53]。

美国判例法中也有大量案例,引述自由复制公有领域内作品或发明创造的原则,以及通过州立法禁止恢复对公有领域进行独占性保护①。

公有领域的积极状态还可在欧洲法院或者其总法律顾问的意见中找到痕迹——总法律顾问在一个商标案件中的意见:在该案中,他基于公共利益的理由,禁止一个商标获得注册。因为该注册将导致对一个专利过期的发明再次形

---

① Compco Corp. v. Day‑Brite Lighting, 376 U.S. 234 (1964) ("当一物不受版权或者专利的保护时,州法不能禁止其他人复制该物。美国宪法第一条以及用于实施宪法的联邦立法中包含一项联邦政策,即如果专利和版权法将一物置于公有领域,则可自由获取其复制件,此时如果禁止复制,则与此联邦政策相冲突"), cited in T. OCHOA, op. cit., p. 248.

成垄断权①。其论点足够宽泛,以至于可以适用于通过商标注册导致对公有领域作品重获独占权的其他尝试。同样,只有当新(的注册商标)权利垄断了所有使用行为,导致损害作品的公有领域状态时,才应当禁止对该商标的注册。

一些国家在防止公有领域被垄断权重新侵占的努力中更加激进。智利最近修改了著作权法,针对使公有领域作品重新获得权利的企图引入新的刑事罪名。如,新的第 80 条禁止任何人在明知的情况下,以非真正作者的名义复制、发行、提供或者向公众传播公有领域的作品;禁止任何人欺诈性地对属于公有领域的作品请求经济权利。这一保护是双重的。第一重与精神权利中的署名权相关,其处罚任何对公有领域作品虚假署名的人。第二重与禁止对公有领域内容重获独占性权利相关,其处罚任何试图对公共利益内容要求独占性权利的人。它看起来并不禁止就提供公有领域作品要求报酬,否则可能会因缺乏激励而打击对公有领域作品进行商业性利用的兴趣。取决于对这一条款的解释,看来只有那些故意人为地使公有领域作品重获某些独占性权利的行为才构成犯罪。

所有这些例子表明了构建一个使公有领域免受不当或过分侵蚀的机制的意向。

(三) 总体述评

知识产权法律中的公有领域问题在发达国家知识产权法律理论研究中占有一席之地。其理论研究已经涉及公有领域的正当性、价值体现、面临的挑战,公有领域的概念、范围、利用机制等诸多方面,相关的立法与司法案例也相对较多。

二、国内研究综述

相比而言,国内对公有领域的研究成果并不多,主要涉及开放获取、版权公有领域的理论探讨。为全面了解国内对于公有领域相关问题的研究进展,跟踪业界动态,登录清华同方、重庆维普、万方数据库等数据库,选取"题名或关键词"为检索入口,以"著作权法/版权法"为检索词,再以"公有领域/公共领域"为二次检索关键词,对 2006 年以来有关的论文进行了检索。经过查重并剔除不相关论文,共得到检索记录 92 条。其中发表在核心期刊上的论文 51 篇,占 55.4%。具体分布如图 1.1 所示。

---

① 总法律顾问 R. J. Colomer 意见,24 October 2002, in the Linde case, C - 53/01 to C - 55/01, at 29 (decision of the ECJ, 8 April 2003)。

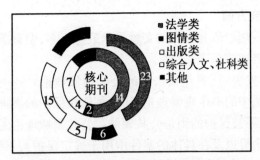

图1.1 论文所载文献学科类别分布图

从文献发布时间上看,近几年比较多,说明这个问题越来越受到业界的重视。具体分布如图1.2所示。

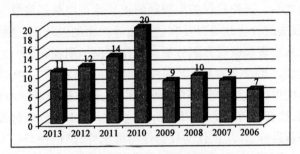

图1.2 论文发表时间分布图

纵观有关研究著作权法(版权法)公有领域的文献,大致可分为理论研究、认定与利用、数字图书馆中的相关问题和案例分析几大类,其文献量占比如图1.3所示。

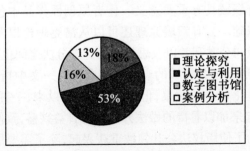

图1.3 论文主题分布图

下文就以上主题对公有领域相关的研究内容进行逐一梳理,以期掌握其整体发展态势。

（一）理论研究方面

有关公有领域理论研究方面的文献虽然数量不多，但是质量较高。尤其是冯晓青教授研究得比较深入。

他在2006年发表的《著作权法中的公共领域理论》[54]一文中提出公共领域理论是著作权法中的一个重要理论，认为著作权保护的真正领域是被私人所占有的专有领域，不被保护的则是公共领域。公共领域理论的关键并不限于确定著作权保护的边界以及在具体的案件中用于确定保护与不保护的内容，而是以此为基石建立整个著作权法理论框架。公共领域理论对于认识著作权法的基本精神、宗旨和重要原则具有十分重要的作用。同年，他在《著作权保护期限制之理论思考》[55]一文中认为著作权保护存在期限限制，这是著作权与有形财产的重要区别之一。著作权保护期限制的正当性可以从经济学、著作权法的公共利益、著作权法的社会政策以及利益平衡等方面加以认识。确定著作权保护期的因素可以从宏观和微观方面分析。著作权保护期在存在一致性的同时，也存在一些特殊性。2007他在《论著作权限制之正当性》[56]一文认为，对于著作权限制的正当性可以从法律经济学、利益平衡、著作权限制的有限保护与增进民主文化原则、社会学等层面加以分析。这些分析涉及公平与效益价值、著作权法的公共利益目标、作品创作的社会性与继承性、独创性与公有领域等方面。通过剖析著作权限制的正当性，有利于深刻认识著作权法的价值构造和立法宗旨。2008年他在《著作权法与公有领域研究》[57]一文中进一步论述了公有领域不仅在当代的著作权国内立法和国际条约中存在，而且作为支撑著作权制度的基石，其在早期著作权法中即被确立。基于公有领域不断遭到削弱的现实，著作权法中确立公有领域具有重要意义。作者原创性作品中包含的公有素材构成了公有领域的基础。公有领域原理还可以从洛克理论以及利益平衡原理加以认识。公有领域与公共利益以及思想与表达二分法之间也存在密切联系。

黄汇在《版权法上公共领域的衰落与兴起》[58]一文中指出：版权法上公共领域是人类自由文化创造的源泉，但20世纪晚期以来，一种将"版权财产"与"公共领域"对立起来加以看待的做法开始变得日益兴盛，致使版权法上公共领域日趋衰亡。而为了使版权法公共领域重获兴起，除了需要展开理念上的转型而推行"义务公共领域"的理论学说外，我们还需要展开一系列的制度创新。周美华的《作品本质的再认识——以结合理论的客观化为视角》[59]和李雨峰的《为什么著作权法不保护思想》[60]两篇文章就作品的独创性做了各自的分析阐述。章忠信的《世界图书馆的大未来》[61]一文从世界图书馆的理想出发，提出建立世界图书馆的新思考，点出目前已存在的各种世界图书馆经营模式，比较世界图书馆取得馆藏利用之各种著作权授权方式的利弊,包括合理使用、集体管理、知识共享(CC)、"媒体中立原则";作者认为只有多元发展与选项,才能达到公众接触信息及著作权人获得适当报酬的最大均衡。

近年来,关于公有领域的研究,也出现了一批博士、硕士论文,对公有领域的正当性、概念、范围、解决方案等方面进行了探索与讨论。

2008 年,中国政法大学董皓的博士论文《多元视角下的著作权法公共领域问题研究》[62]首先环顾了不同学科语境下对"公共领域"概念的使用情形,并力图从其中找到观察著作权上法的公共领域的合理视角,尝试通过对著作权自身特性的分析,以一种多元的视角来界定著作权法语境中的"公共领域"概念。同时对著作权弃权行为进行了分析,并从"规范意义上的公共领域"与"事实意义上的公共领域"两个分类对若干问题进行了研究,对典型的孤儿作品问题进行了专门分析,提出判断孤儿作品问题的解决方案之优劣,可以遵循四个标准。附录中总结了各国立法中作品保护期和不予保护的作品的规定,具有很重有的资料价值。2009 年上海大学慎理的硕士论文《著作权法公有领域问题研究》[63],着力于探索出一条著作权制度中的公有领域保护之道,从法理上剖析了公有领域理论,分析了著作权制度中公有领域的存在形态,通过描述著作权扩张中的种种具体表现来说明公有领域当下在遭受侵占与压迫的危机;最后从利益平衡的角度出发,对在我国著作权制度内分理念层面、具体制度层面以及司法层面三个层次构建公有领域的保护体系提出建议。2010 年西南财经大学黄敏的硕士论文《著作权法的公共领域研究》[64],在阐述为何研究公有领域、对著作权法公有领域做基本介绍的基础上,论证公共领域存在的合理性,介绍公共领域的主要功能为保障再创作、实现公共利益、对抗知识产权非理性扩张与实现著作权利益平衡,并主要探讨了公共领域的三种保护和维护公共领域的思路:其一是国家托管,即由国家代理制度来达到公共作品的集中运营;二是有偿公共领域制度;三是知识产权共享协议。2011 年,西南大学陈小玲的硕士论文《著作权法上的公共领域研究》[65],对著作权中的作品进入公共领域的问题进行了细致研究和探讨。从国际国内立法介绍了著作权法上的公共领域问题产生的背景、公共领域观念的产生、公共领域的词语以及概念、公共领域的特征以及公共领域的价值功能等基本理论;介绍了当今著作权法上公共领域面临的危机:国际环境中国际不公平现象存在严重,国内环境中国家的过多保护限制了公共利益的实现,公共领域自身具有的局限,公共领域理念传播受限,以及著作权扩张对公共领域侵蚀的具体表现;最后,从著作权法上公共领域的保护原则及公共领域保护的角度探索如何解决著作权法上公共领域的保护问题。2012

年北京化工大学乔新亮的硕士论文《著作权法公有领域研究》[66],从理论上探讨了著作权法公有领域的定义、范围以及存在的合理性等问题,研究了在现实中面临的困境以及应对措施,并探讨了推行开放存取、知识共享协议、开放课程等三种促进公有领域丰富和发展的运动。2014年湖南师范大学李蕾的硕士论文《知识产权公有领域的保护研究》[67]指出,公有领域是指不受知识产权法律(广义)保护或者知识产权法律保护延伸效力所不及的智慧成果,即知识产权专有领域之外的范畴,其在归属上具有有主性,在使用上具有无偿性。公有领域与专有领域的利益权衡机制是保护公有领域的关键。保护公有领域需要从立法与司法上对专有领域进行逐步完善和合理的限制。

陈传夫先生2007年出版的《信息资源公共获取与知识产权保护》[68]一书,收录了作者自1999年以来关于信息资源公共获取与知识产权问题研究的《开放内容的类型及其知识产权管理》《信息资源公共获取的差距、障碍与政策建议》《防止知识产权对公共利益的损害》《中国科学数据公共获取机制:特点、障碍与优化的建议》等相关论文20余篇。这些论文围绕知识产权的垄断性与信息公共性的矛盾,系统研究了信息公共获取所代表的公共利益问题、知识产权保护问题,体现了信息资源公共获取与知识产权保护的平衡的思想。对公有领域资源的建设与利用不无启发。知识产权出版社出版的关于知识产权的"中国优秀博士论文·法学"系列中的几篇专著,都提到了公有领域问题。宋慧献在《版权保护与表达自由》[69]一书中指出,表达自由为版权制度的运行提供着宪法保障;而版权的扩张必然阻碍表达自由。他立足于价值论证、历史实证与规范分析,全面考察两种权利之间的正、负相关性,并为平衡其冲突寻找法理依据和规范手段。他坚持认为,表达自由权属于基本人权,而版权是对公共领域的私人占有。表达自由优位于版权,版权制度必须以工具主义为基本原则。在网络时代,传统版权规则的正当性应受到重新审视,并不断加以修正,以充分满足当代人表达自由的需要。在版权规则的完善方面,要在保障表达自由的原则下,修改"安全阀"机制,可以包括:实施灵活的合理使用,扩大法定许可的适用范围,改革版权保护期限制度、自愿共享机制,在版权法上创制表达自由条款,等等。卢海军在《版权客体论》[70]一书中,指出思想表达两分法既是版权法最为基本的,也是版权客体制度最为重要的法律原则,是有效确定版权客体范围的基本制度。其基本含义是版权法只保护思想的表达而不保护思想本身。但是,当特定思想只有一种表达方式或仅有限的几种表达方式,或者描述特定主题必须要用到特定的表达时,保护表达可能会产生思想垄断的后果,这时候,版权法对这种表达不予保护,其处于公有领域之中。这种法律处理方式称之为

"合并原则"或者"情景原则",相对于虚构作品,事实作品和功能性作品适合与该项原则的概率较大。在民间文学的保护方面,他认为,建立在个体作者基础之上的传统版权制度并不适合民间文学艺术作品。传统知识产权保护制度不足,呼唤建立对民间文学艺术作品的特殊保护制度。他认为版权客体范围的不断扩张意味着公共领域的日益缩小,因此,版权客体范围的适当确定需要考虑公共领域的维护,诸如自由软件、开放源代码、知识共享等行动的采取,已经在一定程度上扩大了公共领域的范围。韦景竹在《版权制度中的公共利益研究》[71]一书中,强调从公共利益的角度考察版权制度的运行,探讨版权制度中的公共利益内容、我国著作权法对公共利益规定的不足,以及我国著作权立法和司法层面对其维护的途径,目的在于划清版权人及邻接权人权利的保护范围,保证版权的正当行使,使版权不任意膨胀,保证版权法一直沿着促进社会公共利益的目标发展。她指出,在我国目前的著作权司法实践中,司法者维护版权公共利益的做法主要表现在:剔除本应属于公共领域的知识和信息,还原著作权权利范围;内容不当的作品的著作权不予保护;禁止不当行使著作权、损害公共利益的行为;制止著作权人滥用市场支配地位对公共利益造成危害的行为;司法裁判应反映社会进步的要求。朱理的《著作权的边界——信息社会著作权的限制与例外研究》[72]一书深入分析了著作权限制与例外的法律属性,澄清了国内理论界对此的模糊认识;创造性地提出了著作权边界的弹性和刚性两个分析维度,进而构建了一种能够兼具开放性、灵活性与适度确定性的著作权边界划定方法,即"三步检验法"。针对"技术措施的越界"与"合同约定的越界",他指出,在使用技术措施和标准合同时,许多著作权人利用其技术和地位优势,规避著作权法对著作权权利限制和例外的规定,扩展著作权的范围,使得使用者无法行使限制或例外允许的行为,导致了对作品所谓的"数字锁定"。这种锁定效应表现在两个方面:技术措施扼杀限制和例外;合同约定排除限制和例外的适用。在合同排除限制和例外适用的问题上,由于排除著作权限制和例外的格式条款在我国合同法下通常具有法律效力,而且使用者难以利用有效违约来实现其合法利益,所以,我国著作权法有必要对排除著作权限制和例外的格式条款的效力做出专门规定。

(二)认定与利用方面

冯文瑞的《著作权法公有领域的法律保护》[73]认为公有领域是社会的公共财富,社会成员皆可自由利用。但这并不意味着著作权中公有领域是不受法律规制的法外领域。相反,它不仅受著作权法的调整,而且在某些特定条件下还可能受到相关的商标法、反不正当竞争法和物权法的调整和保护。

董慧娟的《孤儿作品的利用困境与现行规则评析》[74]提出：从客观的角度可将孤儿作品界定为依法受著作权法保护，但著作权人身份不明的作品。可见，孤儿作品仍受著作权法保护，并未超过著作权的保护期限，并未进入公有领域。与董慧娟的观点相对应，周艳敏、宋慧献的《关于孤儿作品著作权问题的立法设想》[75]将孤儿作品划分为真正的孤儿作品、表见性孤儿作品和伪称的孤儿作品三类。文章认为真正的孤儿作品，应该进入公有领域；对于表见性孤儿作品，应全面考虑当今国际社会的讨论意见，并具体借鉴美国有关立法草案的规则设计进行立法。此外，应通过明确甚至加强作品使用者的寻找义务和过错责任，预防伪称的孤儿作品造成的侵权行为。

刘春霖在《无主知识产权范畴的理论构造》[76]一文中认为无主知识产权的核心问题是权利的归属，对此主张一概"归入公有领域"或者"收归国有"，都不免草率，问题的解决方案应当依知识产权法的立法目的而定。

李先波、何文桃的《论无人继承且无人受遗赠的著作权归属——由〈我的前半生〉著作权纠纷引发的思考》[77]认为，鉴于著作权与传统的财产权相比具有其特殊属性，对于既无人继承又无人受遗赠的著作权，在我国不宜在有效期内就直接进入公有领域，也不宜将其归属于集体组织，而应直接归国家所有。

李琛的《论无人继承之著作财产权的处理》[78]一文认为无主物归国有，是为了避免物的闲置并安定秩序，允许无人继承之著作财产权进入公有领域，恰恰是为了达到相同的目标。基于物与知识的区别，物权规则和知识产权规则可能为了相同的立法目的而采用不同的解决路径。即使在现行立法之下，也有足够的解释空间支持无人继承之著作财产权进入公有领域。

此外，在民间文学艺术作品是否属于"公有领域"的研究方面共检索到9篇论文：孙彩虹《基于知识产权保护的民间文学艺术公益诉讼制度》[79]，米岚、王晓川《民间文学艺术及其法律保护》[80]，江忠英《民间文学艺术作品著作权问题研究——民间文学艺术作品著作权保护方式研究》[81]，吴婧倩《民间文艺知识产权保护模式探析》[82]，李静《民间音乐作品著作权保护分析》[83]，李静《浅析民间文学艺术作品的法律保护》[84]、卫绪华《论著作权法上公有领域的创新观——以民间文学艺术作品为研究模型》[85]，张李军《民间文学艺术作品的著作权》[86]，管育鹰《〈著作权法〉在调整民间文艺相关利益关系方面的缺漏》[87]。这些文献从不同的角度对民间文学艺术作品的界定、权利主体的界定和权利保护几个方面提出了构建我国民间文学艺术作品法律保护体系的初步设想。

夏燕平在《手机内置图片的版权风险分析》[88]一文中指出手机内公有领域的图片，比如已经过作品版权保护期的图片、不具有独创性的图片等，首先要注意对作者精神权利的保护。公有领域的图片在实务中遇到的困难主要在：实务中很少有人会在图片上注明作品的创作完成日期，所以很多时候还是无法判断该图片是否已经进入公有领域。特别是网络中的大量图片，既找不到权利人，也找不到作品具体创作完成日期。因此在使用该类作品的时候，需注意版权风险，尽量使用已明确进入公有领域的图片。

黄汇、郑家红在《论计算机字体单字著作权保护中的公共领域保留》[89]一文中对方正诉宝洁侵犯计算机倩体字"飘柔"的案例进行分析，认为著作权法对计算机单字的保护是对字体外形而非通用"文意"的保护；著作权法可以保护汉字的各种字体，但不应垄断汉字的通用写法与书写标准，并且保护限度应仅限于禁止"商业使用"。从操作层面看，著作权法应在字体单字的保护和公有领域保留之间划清一条清晰的界限，保护独创性高、界限清晰的字体，不允许任何人独占对已经进入公共领域的字体。

刘翺《从案例看公有领域内容汇编作品的著作权问题》[90]一文，通过《书法大字海》侵犯汇编作品《书法字海》著作权的案例指出，法律对公有领域内容汇编作品的内容选择和编排的独创性同样是给予保护的。在策划编纂公有领域内容汇编作品过程中，需注意作品的独创性，同时审慎处理与出版公司的合作选题，加强出版过程中的质量管理，做好书稿档案的记录和整理，尽量避免出版公有领域内容汇编作品时的侵权行为。

杜颖《我国邮品设计中的著作权问题》[91]一文中提出，对于有创作原型的作品，邮局应尽量使用已进入公共领域的创作载体为素材，并突破原有载体的框架进行独创性设计制作，以确立邮局对作品的著作权。

袁博《失效外观设计进入公有领域的权利限制》[92]认为，由于外观设计专利权的复合性，失效外观设计进入公有领域应满足条件"在权利载体上没有附着其他类型的权利或者附着的权利已枯竭"。其中，"其他类型的权利"主要包括著作权、商标权和知名商品的特有包装、装潢权。

(三) 数字图书馆建设中的公有领域问题

在这方面，吉宇宽的三篇文献《试论图书馆与著作权法价值目标的契合》[93]《图书馆维护著作权法公有领域的策略研究》[94]和《图书馆平衡著作权私权利益与公共利益的职能审视》[95]提出：图书馆拥有提高公众素质、开发信息资源、传播文化、促进文艺和科技进步的公益性功能。图书馆有采购作品，回报作者；传播作品，丰富著作权人收益、保证公众作品使用；守望作品公有领域，确保公共利益的职责。因此，图书馆在维系著作权个人利益与社会公共利益和谐均衡方面，起着至关重要的作用。著作权法促进学习的目的也要求留存公有领域,因为公有领域的保留是为社会公众留下接触知识和信息的必要手段。

李华伟的《民国文献数字化利用及其著作权问题——以国家图书馆馆藏为例》[96]在分析现状的基础上提出解决办法:根据现行著作权法的规定,现有的民国文献一部分已进入公有领域,一部分已不受著作权法保护,一部分沦为孤儿作品,给民国文献的保存、数字化及利用带来了困难。因此,建议采取如下解决对策:对已进入公有领域的作品经甄别后开放利用;对一时无法判定是否进入公有领域的作品,可先推出目录、文摘等形式的服务;对能够找到继承人的,获取授权后再利用……从而达到既可充分有效利用民国文献,又可保护权利人著作权的双重目的。

刘志芳在《著作权公共领域资源在图书馆自建数据库中的应用》[97]中提出,图书馆自建数据库可充分开发利用著作权公共领域资源。针对不受著作权保护的信息资源,图书馆可直接进行数字化或数据汇编;对权利期届满的信息资源,图书馆应确认作品的著作权状态,注意对作者人身权利的保护;对开放存取资源,图书馆可根据专业特点进行重组和汇编,形成特色信息资源。

刘勤、刘青的文章《著作权公共领域理论及其在图书馆信息服务中的应用》[98]认为,著作权法针对图书馆领域的相关规定仍不清晰,图书馆应强调其公益身份,积极参与公共领域的维护。在此基础上,图书馆可充分利用公共领域理论建设和管理资源,如争取捐赠作品的著作权、建立作品著作权信息库、开发自主知识产权资源等。应向馆员普及著作权相关法律的知识,建立工作中的著作权风险规避指南也是一项重要工作。

甘清瑛的两篇文章《网络环境下图书馆业务涉及的著作权问题》[99]与《网络环境下图书馆业务建设中若干问题之我见》[100]对图书馆服务中的著作权问题进行了分析,指出图书馆对公有领域作品进行数字转换、建立数据库和上网传输时应充分尊重作者的人身权,注明作品内容的出处和作者姓名,未经作者授权不得对作品内容进行改动。

(四)案例分析方面

卢海君的《评"死海卷宗案"》[101]分析到"死海卷宗案"涉及的是一个含有推测因素的事实作品的可版权性问题。事实并非由作者所创作,不应受版权保护,而应该属于公有领域。虽然作者对事实的推测花费了劳动和技巧,但法院一般认为有关客观事实的理论不具有可版权性。从版权法的立法目的、利益衡量、版权法的基本原理等角度出发,该案中以利沙·齐蒙所重建的历史文本不应当受版权保护。由该案进一步合理延伸,我们认为,不论是客观事实还是有关客观事实的理论都不应当受版权保护。

2007年的《中国知识产权报》刊登的《迪士尼如何保护"过期"米老鼠》[102]与游云庭的《著作权已进入公有领域的米老鼠仍护身有法》[103]两文认为,根据中国的著作权法,米老鼠形象作品在30年前就已经进入了公有领域。从法理上而言,在中国米老鼠的著作权保护期到期,意味着任何人都可以以自己的方式演绎并使用米老鼠作品的形象而无须取得著作权人迪士尼公司的许可。但由于知识产权法律的复杂性,国内免费使用米老鼠仍存在诸多法律禁区。

王太平《美国Dastar案:区分商标与著作权法,捍卫公共领域》[104]一文介绍了美国德斯塔案件的基本案情、诉讼过程、判决结果与存在的争议,作者认为德斯塔案件正确区分了商标法与著作权法的界限,由著作权法和专利法确认的公共领域边界不能允许被法律的其他部分所截短。

《剖析文字作品中的公有领域——由"蒲松龄作品被侵权案"引发的思考》[105]中,作者孙冲分析了公有领域作品的范围与使用者的权利和义务,指出:从时间分析蒲松龄作品已进入公共领域,美国大学学会出版公司享有对蒲松龄作品的免费翻译出版权利,但侵犯了蒲松龄对作品的署名权,应依据美国法律及有关国际版权公约进行纠正和补偿。

刘蒙之《论美国出版业对公有领域作品资源的商业使用》[106]一文介绍了美国出版业对公有领域作品使用开发的新商业模式。如美国谷歌、微软、惠普等非传统出版公司开展的公有领域图书项目,BooksForABuck、Abika、Bartleby等资源网站以及Feedbooks、亚马孙等数字出版平台提供的公有领域资源服务,为我国出版业的发展提供了启示。

杨巧《汇编作品,抑或民间文学艺术作品?——"仿古迎宾入城式"著作权纠纷一案的评析》[107]从案例入手,认为"仿古迎宾入城式"具备汇编作品性质而享有著作权,即使作为汇编作品其独创性有所欠缺,也可作为民间文学艺术的民俗礼仪获得保护。作者强调要防止将公有领域的文化知识纳入私权保护范畴而影响公众的学习和使用。

(五)总体述评

近年来,国内的学者们也展开了对公有领域的多方位研究,涌现出一批期刊论文和博士、硕士论文与相关专著。它们大多集中在知识产权法领域与图书馆学领域;侧重于对公有领域资源的定性分析与揭示利用方面的研究以及国内外相关案例的介绍;立足技术发展,追踪孤儿作品、开放存取、知识共享、计算机字体与字库、非物质文化遗产等热点;研究内容呈现出角度多样、与版权共生、与公共利益和公民权利密切相关等特点。与国外的论著相比,切入点相对微观,挖掘程度上尚有进一步深入的空间。

第五节　版权制度中公有领域的研究设计

一、研究目的

目前,国内对于作品公有领域问题研究较少,且缺乏系统性。因此,本书希望对影响作品进入公有领域的诸多因素进行探索,为促进该部分资源的有效利用提供制度设计与操作模式,以此丰富关于公有领域的研究理论。

读者的需求是图书馆等公共文化机构存在与发展的基础与动力。现实生活中,由一个个单独个体或者不同人群组成的读者,在国家的法律或政策制定中的话语权往往不能被有效保障。这时候,图书馆工作者或图书馆学研究者就有必要、有义务站出来,在掌握大量充足调研材料的基础上,代其发出呼声。这无疑具有重大现实意义。

具体而言,本书的研究目的体现在如下几方面:

(一)丰富对公有领域的研究

在公有领域的概念与内容方面,至少有以下几个命题需要首先思考或厘清:

(1)版权保护期只是判定作品是否处于公有领域的一个标准。虽然它非常重要,甚至是公有领域的概念之源,即在狭义的理解中,一个作品若非处于版权保护期即处于公有领域,此外没有第二种可能。事实上,其他诸如地域性、权利内容、权利客体、权利放弃、权利限制也是判定标准。

(2)版权保护期内的作品可能属于公有领域。

(3)公有领域作品是否应坚持合法性,即是否涉及表达内容的健康与否?如是否包括涉黄作品、违法使用别人作品演绎而成的侵权作品。

(4)影响作品进入公有领域的因素都有哪些?

(5)如何加强对公有领域资源的利用?

(二)反映受众难以有效获取公有领域作品的诉求

作为一名在图书馆工作的专业人员与图书馆学研究人员,有义务倾听、搜集读者(即受众)的呼声,并代表受众,在国家法律与政策制定中反映其相关诉求。此前,对作品在互联网等数字环境下的传播,以中国图书馆学会与国家图书馆为代表的图书馆学界与业界在《信息网络传播权保护条例》的立法过程中进行了不懈努力,并取得了一定成果。与之形成强烈对比的是,关于广大受众对公有领域范围内作品获取难的问题,却鲜有人提及。为此,作者希冀在自己基于业务实践思考的基础上,为读者做某种有理论依据的代言,为促进那些由于各种原因仍处于半沉睡状态的公有领域作品的有效利用鼓与呼。

(三)为公共图书馆资源获取与推送模式提供创新途径

作品是为了用的。在这个内容为王的数字时代,公有领域资源的有效利用是一个新的增长点。本书从分析影响数字时代作品进入公有领域的因素着手,进而提出对策,这无疑为公共图书馆资源获取与推送模式提供了创新途径。

本书试图回答以下问题:究竟何为公有领域?其组成范围包括哪些?在数字时代有哪些因素影响了公有领域性的实现?如何消除这些障碍?图书馆与其他相关机构在这方面是否可以一展宏图,又如何开展呢?

本书将围绕上述问题依次展开。

二、研究方法

(一)文献调查法

文献调查法是对国内外相关的数据库、网站和专著进行调研,收集本研究相关的文献资料。

(二)内容分析法

内容分析法是对所收集资料中的信息或内容进行分析、归纳和总结。

(三)比较研究方法

比较研究方法是对中外各个时期颁布的涉及公有领域的法律法规的相关规定进行比较研究。

(四)案例分析法

案例分析法是对国外相关机构的经典案例进行介绍与分析,并以国家图书馆为例,追踪其近年来开展的相关实践。

三、创新点及存在困难

(一)对"公有领域"概念、组成的梳理与探索

现有的对公有领域价值和内容的评估已经说明:如果一个健康繁荣的公有领域在文化和民主参与、经济发展、教育和文化遗产发展中扮演着重要角色,那么多数版权法缺乏对公有领域结构的规定,以及缺乏对公有领域作为版权对立面的消极定义,均削弱了这些目标。

识别公有领域的诸多组成部分并不容易,并由于地域性等因素变得更为复杂。公有领域被定义为不受知识产权保护的东西,也使得公有领域的领地随着版权自身范围的变动(通过对保护条件的宽松解释或者对保护期的持续延展,以及有时在延展时具有溯及力）而变化。一旦进入公有领域,不受保护的成分或已过保护期的作品无法获得一种法律地位,以确保对其进行自由使用,或使其免于通过其他知识产权、通过对其重新获取版权或通过技术措施而使其受到新的垄断或独占。

一个健全的公有领域政策将首先有助于在一个特定法律制度中识别和铭记公有领域,以将其从垃圾或从版权保护的空白区域（这是公有领域主要存在的区域）中区分出来。这就要求无论是在识别公有领域还是在承认其法律地位方面,赋予公有领域以实质性内容。某种程度上,公有领域并不必然等同于知识产权中没有价值的部分。由于知识产权具有独占性和对抗性的特征,公有领域应与之相反,在非独占性和非对抗性的基础上运作。这种非独占性和非对抗性规则的有效性将强化公有领域,并应以规范性的规则加以表达,以拒绝任何独占性权利和对自由使用及公众可获得性的妨害。

（二）对广义公有领域的归纳

狭义的时间性公有领域的概念已被社会认可,但是如何对尚处于版权保护期内的作品在一定情况下所具备的与公有领域作品的使用属性相近的一些主要特征进行归纳,从中提炼出一个经得住推敲,能够被认可的外延大于狭义公有领域的概念,是本书研究的一个努力方向。

（三）对影响因素的认定及对消除影响因素的设计

构建公有领域的积极体制要求在版权法中采用规范性规则,并制定确保对公有领域进行获取、享用和保护的实质性条件。由于这方面的努力是多方面的,而且不限于对知识产权法律的正式修改,仅仅提议对版权的范围或保护期进行限制是远远不够的,更多的是,需要通过一些具体的制度在行动层面上予以解决。因此,如何在对作品公有领域性的影响因素进行认定的基础上,进行针对性的、切实有效的制度设计,从而达到排除阻碍以促进作品最有效利用的目的,便当然地成为本书的研究重点与难点。

（四）对特殊种类公有领域作品的提出与论证

本书分专节对国家享有著作权的作品,适用国际公约保留的作品,以及无人继承与无人受遗赠的作品的公有领域属性进行论证。经过文献梳理发现,此种观点与主张在国内相关研究中基本上是一个研究盲点。

第二章 公有领域的概念与范围

第一节 公有领域的概念

一、有关公有领域概念的沿革

知识产权的对立面是什么呢？经常用到的两个词是"公有领域"和"公共资源"。公有领域是不能被知识产权所保护的物质。物质可能因为无法被人类拥有而落入公有领域，譬如英语和牛顿的物理学公式。另外，物质也可能因为权利用尽而落入公有领域，譬如莎士比亚的作品。

让我们先来回顾一下公有领域这一术语的历史沿革。

"公共领域"（public domain）一词最早源于财产法（property law）领域，亦即公有土地之意，但是目前在知识产权法的领域中，"公共领域"却已经是众所周知的用语，并且早在伯尔尼公约（Berne Convention）的法文版中，便出现了domaine public 此一用语[108]。

从《安妮法案》和其他早期版权法时代开始，立法给人们留下了在版权早期历史中公有领域相对缺失的一种印象。在很多国家，公有领域这一术语出现的时间也比较晚。它首先由法国人使用，意指权利已过保护期。在很长的一段时间里，"公有领域"仅指随着时间流逝，超过版权保护期的情形。后来，这一概念逐渐地用于包含所有不受或不再受版权保护的创作内容。

在逐步构建公有领域的适当的术语的同时，公有领域的概念和制度也于19世纪开始在许多国家出现，无论是在围绕版权扩张进行的辩论还是在针对可版权性的判例法中都是如此，甚至在"公有领域"一词被使用之前，向所有人提供免费资源的理念就已经用来对抗赋予创造性表达的垄断了。

公有领域的概念在19世纪关于延长艺术财产保护期限的争论中变得越来越流行。在法国，许多著名作家、哲学家和政治家对这一问题非常感兴趣，无论他们是支持还是反对就文学和艺术财产赋予像其他财产权一样的永久保护。约瑟夫·蒲鲁东（Joseph Proudhon）是对永久版权在当时最激烈的反对者之一，并且他明确引用了公有领域的概念和用语：

"通过这样的立法，立法者们的做法比向作者支付高得离谱的价钱还要糟糕。这将废弃智力领域的公共原则,并将对社会造成极大损害……让我们别剥夺这一领域的人文传承性……知识产权不仅侵蚀了公有领域,而且还榨取了公众在所有思想和表达产品之中的份额。"

在这里,公有领域已经被预示成为版权的对立面、必要的对手及天敌,这一对立在目前对公有领域的论著中仍然占支配地位。

在 1878 年世界文学大会(在这个大会上准备了伯尔尼公约的正式采纳稿)开幕式上,维克多·雨果采用了公有领域的两个理念:一方面确认"一旦作品出版,作者就不再是它的主人,其他特征占据了主导地位:人文精神、公有领域、社会或者其他任何你喜欢的说法";而另一方面,要推动作品在版权保护结束时进入公有领域的最终结局。

19 世纪也是公有领域进入判例法和立法程序的时代。其中一个值得注意的开路先锋就是著名的英国案例——1774 年德纳森诉贝克特案(Donaldson v. Beckett)。该案以"公有权利"的名义认定:一旦版权的法定保护期终止,作品就要进入公有领域。在判决中,卡姆登勋爵(Lord Camden)提出了著名的论断,将科学和学术等同于"所有人的公共事物,应该像空气和水一样免费和普遍。"

在美国,最高法院在 19 世纪末开始使用公有领域一词,而且更重要的是,将其与自由获得和不可撤销的制度相关联。在美国历史的第一个百年里,"公共领域"(the public domain)并不存在,直到 19 世纪 90 年代"公共领域"这一术语才被适用到知识产权法之中[109]。在美国存在的第一个世纪,公有领域这一术语被专有的用来指政府拥有的土地。在 1896 年之前,这个术语仅在两个案例中指称已到期的专利。1896 年,美国最高法院将"公共领域"这一术语从法国法中引进,在 20 世纪前 10 年由 Learned Hand 法官所推广。在 1896 年 5 月 18 日,美国最高法院在 Singer Manufacturing Co. v. June Manufacturing Co.[110]案中首次使用了公共领域这个术语。1909 年版权法在美国版权法上第一次使用"公共领域"这一术语。1909 年版权法第 7 条规定,版权不存在于已处于公共领域的作品[111]。1909 年版权法对公共领域和最高法院在 1911 年的一个案例[112]中对这一术语的使用鼓励了该术语的采用。而 Learned Hand 法官使这一术语得以流行。在 1915 年至 1924 年期间公布的 12 个案例中他使用了这个术语。尤其具有影响力的是其于 1930 年在 Nichols v. Universal Pictures Corp.案[113]中的观点认为,普通的情节属于公有领域的范畴。自从 1960 年,美国最高法院开始重复强调宪法的公共领域层面,包括以下原则:公众对处于公有领域的材料享有所有权,这些所有权是不可取消的,也即一旦某些事物成为公有领域的一部分,该事物就永远处于公有领域[114-115]。1976 年版权法以多种方式确认了公共领域,包括将以前制定法或案例法发展的限制性原则成文化。版权法第 102 条(a)将可版权的客体限制在原创性作品之上,将事实置于公有领域中,版权法第 102 条(b)将禁止对思想赋予版权保护的原则成文化,第 103 条规定汇编作品或演绎作品的版权并不及于已存材料,第 105 条规定版权不保护美国政府的作品,第 301 条(a)规定联邦法优先于提供等同于版权的权利的州法[116]。目前,不仅公共领域这一术语被美国的知识产权法所普遍采取,而且法律保护公共领域免受私权的侵害这一思想也贯穿在美国的知识产权法之中。

在国际条约方面,1886 年 10 个国家签署的伯尔尼公约在第 14 条就引入了法国版权法中的"公有领域"一词,用它来指代保护期终止的作品,并做了如下的规定:"根据共同协议所达成的有关保留和条件,本公约适用于那些在公约生效时在来源国尚未处于公有领域的作品。"这个公约允许在任何成员中处于公有领域的作品在该国仍然处于公有领域。但后来的 1908 年文本第 18(1)条要求成员对除了因保护期限以外的原因而进入公有领域的作品给予保护。

1952 年缔结的《世界版权公约》也对公有领域做了相应的规定,"条约不适用于本条约在签署国生效时在该国已经属于永久的公有领域的作品。"但是,该条约允许成员把因任何原因而处于公有领域的作品再次纳入保护范围。

从对该历史的简要回顾中可以看出:公有领域的推动力在版权论著和其法律机制中逐渐地扎根,使其成为版权保护的必要对立面。如果说今日公有领域在学术论著和政策制定中均获得更加重要的地位,那么这可能是由于数字环境造成的,因为数字环境在促进人们获取文化内容的同时,还在版权保护之外引发了人们对丰富公有领域的思考。

这种对公共领域的重视同时也反映在 WIPO 较近的文件中:"一个稳健的公共领域,是版权制度运行的基础,而不是版权保护的对立面。是公共领域资源的可用性使交流和创新成为可能。"[117]稳健的公共领域的存在是文化、社会、经济发展和一个健康的民主进程的必备条件。

一些对公有领域的定义会更广泛。他们不只关注不享有产权保护的作品,而且关注受产权保护作品中的自由领域。这种自由包括人们有权在评论作品时少量引用作品原文。这种视角很复杂,但更具实用性。打个比方,对知识产权持绝对主义的人的思维是一张过密的网,私财产和公有领域泾渭分明。莫扎特的作品和布兰妮·斯皮尔斯的作品相邻演奏,前一个是公有领域作品,后一个则是私领域作品。在这里,斯皮尔斯的作品受到合理使用权和作者权限的限制。

在知识产权专业人士中最为常见的"公有领域"定义是不受知识产权阻碍的信息资源——成品和诸如想法和信息等组成要素。然而,这不仅仅是文学中的定义。例如,约凯·本克勒还在他的公有领域中包括了正当(或者优先性)使用和不受监管的使用。《布莱克法律词典》中在诸如版权和专利到期的作品和没有保护资格的作品等信息成品方面定义了公有领域,但是似乎从公有领域中遗漏了诸如想法和信息等子部件。其他评论者在公有领域中包含了想法和信息。戴维·朗伊曾认为公有领域是一个创造者可以从中提取信息资源的圣地或者庇护所,但是他后来在非空间中重新想象了公有领域。他现在认为公有领域是从创造性的想象中产生的一种状态,这种状态授予创作这一种假定的优先权从而可以利用其他作品创作出新的作品。这一概念与朱莉·科恩的观点产生了共鸣。朱莉·科恩认为创作者应该可以利用作为其中发生创造性活动的文化景观的部分的文化中的公域。关于公有领域的最为广泛的概念是来自布拉特·希尔曼和琳恩·怀斯曼的对其的定义。他们将公有领域定义为那些为公众广为可用的信息作品,其中的一些会受到知识产权的限制,其中的一些则不会。Graeme Dinwoodie 和 Rochelle Dreyfuss 在谈论到可用信息的区域时,对公有领域则具有类似宽泛的概念。

二、公有领域概念的界定

尽管现在围绕公共领域的讨论非常多,但对公共领域的界定却意见纷呈。最常见的是指作品不再受版权保护,过了版权保护期,从而进入公共领域。也有的认为,除了不再受版权保护的作品,还应包括版权原则不保护的作品的各个方面,如作品的非实质性部分,或法定的与版权作品有关的许可行为等。还有人认为采用这样明显的法律方法可能会忽视公共领域的应然范畴。如 Lange 所言:"它应是一个个人创造表达的避难所,一个授予积极保护以对抗威胁到这种表达的私人占用的权力。"[118]

考虑到在欧洲大陆涉及公有领域的可用的少量的文学,很难说在欧洲公有领域的概念是否一般性地也被视为扩展至知识产权法所认可的使用者优先权。然而,即使法定的使用者优先权严格来说不被认为是公有领域的部分,但是对知识产权法认可的优先权使用的契约性限制的广泛使用确实影响到了信息的自由流通或者如麦迪逊所讲的"开放空间"。在这一意义上讲,许可受保护的材料的限制性合同条款的使用必须是关于信息商品化对公有领域的影响分析的组成部分,因为正如尼沃·埃尔金科伦所讲到的,"契约性的安排扩张了对版权法所提供的信息作品的控制权,其程度达到了这种合同正在缩小公有领域的效果"。

关于公有领域是属于财产还是归于权利,也有学者强调,与其就著作权法(或更广义的知识产权相关法律)的种种枝节限制、例外情形来对比描绘公有领域(即去除法的描述方式),不如直接点出公有领域的本质。他们把公有领域解释为众人使用前人的知识文化成品时,不可被剥夺的个人权利。也就是说,与其由财产的观点上,看待个人在利用前人智力成果的经济自由,不如从权利的观点上,看待个人在运用前人智力成果的表达自由。公有领域所赋予个人在创意表达上的自由,被模拟为某种公民权利的状态,这种状态受到保护不可被剥夺。公有领域带给公众的,应该要接近这种情形,而这也应该是公有领域的要义所在[119]。

(一)狭义公有领域

狭义的公有领域是指被排除在保护范围之外或者法律所授予的财产权保护期限已经届满从而可为所有人免费使用的作品、信息或其中蕴涵的思想。

为著作权法所保护的一部作品的作者被赋予一系列排他性的权利,包括复制权、发行权、改编权、表演和展览权等。如果有人不正当地使用了受版权保护的作品,作者可以通过诉讼对其所遭受的任何损失获得补偿。在这个意义上讲,著作权是一种财产——它属于作者,当任何人未经允许使用时可以要求法庭对其予以惩罚。

然而,版权保护并不是永久的,而且还有一些作品根本就不能享受任何版权保护。当一部作品由于某种原因进入公有领域时,上面所列举的权利便不再适用。换句话讲,这部作品可以不经任何人允许或无须付费而被免费复制、发行、改编或在公共场所表演或展览。例如,你不需要获得许可就可以复制、发行莎士比亚的戏剧,将它改编成一部电影,或者在公共场所进行表演。这是因为莎士比亚的戏剧首次发行的时间如此长久以至于著作权法不再对其予以保护。

顾名思义,公有领域的作品属于公众。任何人都可以随心所欲地免费使用。没有人可以从公有领域作品中获得版权保护。即一旦一部作品进入公有领域,它通常就会永远地留在那里。

(二)公有领域的类别

包括以上狭义的公有领域在内,公有领域共可分为以下类别。

1.思想/非表达或实质上的公有领域

版权客体和公有领域之间的核心分界线是所谓的思想/表达二分法的原则。这一原则是指只有创造性的表达是受保护的,而将思想或信息留给所有人自由使用,正如 Desbois 的名言所述的"自由大道"。作品是对思想、事实、原则和方法的表达和体现。事实上,思想/表达二分法正是构成作品概念的要素[120],甚至先于作品是否为文学和艺术作品或原创作品的问题。因此,思想、事实、风格、方法、情节、纯信息和概念在本质上都是不受保护的,并从词语的本意上来讲构成了公共财产。它们可以说构成了实质上的公有领域。

思想仍可通过秘密和非公开的状态而受到保护，但是"一旦作者向公众披露了他的作品，那么作品包含的思想就已经进入了公有领域，并且作者应当满足于仅对他首次表达这些思想的形式进行控制。"[121]这一点不仅仅构成了区分受版权保护的领域和不受保护的公有领域的分水岭，而且其还是判断版权侵权的标准，因为只有抄袭表达（而非思想）才构成版权侵权。伯尔尼公约并未明确规定思想/表达的二分法。这一点由1996年《世界知识产权组织版权条约》（WCT）补充完整，其第2条规定"版权保护及于表达而非思想、程序、操作方法或数学概念等此类事物"。显然，这一规定是从TRIPS协定第9条第(2)款中借用的。

思想、程序、操作方法或数学概念仅为"思想"一词所指范围中的几个例子而已[122]。信息本身、纯事实、原始数据、概念或者风格也是不受版权保护的。人们还可以将词语、音符、色彩或其他用于表达的基本元素添加到其中。

这一原则背后的原理基于一个受到认可的假定，即思想和信息是进行创新、创作、科学研究和教育的基础材料。版权不能限制使用者和创作者们获得现有知识并基于此进行创作的能力。

思想构成了公有领域的"坚强核心"，因其本质上不能从版权保护中获益①。很明显，即使这些思想以某种独创性表达的形式出现，并离开公有领域，版权保护的对象也是新的东西，即一部独创性作品，而不保护包含在作品中的思想本身。从这个意义上讲，思想从未离开过公有领域，且可以被任何人在任何时间使用。由于思想普遍存在，其始终不能受到版权保护，因为后者侧重于形式而非内容。

诸多国内法明确反映了这一原则。例如，将思想排除在版权保护范围内的规定出现在澳大利亚版权法（仅保护表达的形式）、巴西（排除了思想、规范性程序、系统、方法或数学方法或概念本身、图表、进行心理活动、游戏或经营的规则或方法、常用信息如日历、日志、登记簿或图例中的信息，以及对作品中包含的思想进行工业性或商业性利用）、中国（要求作品符合一定的表达形式）、哥斯达黎加（排除了思想、程序、方法、数学概念）、丹麦（要求作品以某种方式表达）、韩国（将作品定义为对思想的表达）、卢旺达（排除"任何思想、程序、系统、操作方法、概念、原则、单纯的数据发现，即使它们在作品中得以表达、描述、解释、示例或者体现"）、美国（从其范围中排除"任何思想、程序、系统、操作方法、概念、原则或发现"）。在其他法律制度中，排除对思想的保护是通过司法判例或将保

---

① 在专利法中，抽象思想也不能受专利保护，其需要有技术性或具体的特性。

护限于"作品"(等同于创造性表达)而被默示承认或得以实现。由于 TRIPS 和《世界知识产权组织版权条约》被认为向其成员施加了(不保护思想的)强制性义务,因此这些国家都无法采取其他做法①。

2. 时间性的公有领域

版权等知识产权的核心特点在于对保护期限的限制。在超过确定的保护期后,作品或发明应进入公有领域。对此,可称之为时间性的公有领域。

保护期的限制对构建公有领域非常重要,它解释了为什么在许多国家和在相当长的时间内,"公有领域"这一表述自身实质上就是指不再受版权保护的作品。在版权保护的初始阶段,确定的保护期曾被视为确保社会整体可以获得文学和艺术产品的主要推动力,以及版权保护与公共利益之间取得平衡的一个最好证明。

19 世纪在很多国家展开有关延长版权保护期的辩论就极其强调这一点。一个有限的保护期旨在达到财产权保护和公共可获得性之间的平衡,因此创设出根据时间的流逝而产生的两个不同领域。为此,公有领域也被认为是原则,而版权则被认为是例外,虽然版权是必要的,但对其适用并非可以永远持续,正如麦卡利勋爵(Lord Macaulay)1841 年在英国下议院所做的演讲中常被引用的那句名句所言:"作者获得报酬是好事,而且通过垄断权利给予他们报酬的方式是再正常不过的。但是,垄断权利是个魔鬼。为了好的一面,我们必须屈从魔鬼,但是魔鬼的存在不能超出为了获得好处所必需的时限。"[123]

在对英国版权法发展有重大影响的 1774 年 Donaldson 诉 Beckett 案[124]中,上议院赞同版权应有时间限制的原则,坚持以保护公有领域的规则维系公共利益。

近年来,所有国家均遵循了对版权进行时间限制的原则。对于遵守伯尔尼公约或 TRIPS 协定的国家而言,最短保护期限是作者死后 50 年。此外,伯尔尼公约第 7 条规定了不以作者为准的计算保护期的具体方法。就电影作品而言,第 7 条第(2)款规定国内法可自行规定作品的保护期自电影作品经作者许可公开后 50 年期满,如作品未能公之于众,则自作品完成后 50 年期满。至于匿名作品和假名作品,保护期是自其合法公之于众之日起 50 年,除非作者身份非常知名或作者在上述期间内公开其身份。第 7 条第(4)款最终允许对实用艺术作品给予较短的保护期,至少自该作品完成之日算起的 25 年。摄影作品同样可使用这一较短的保护期限,除非该国批准加入了 1996 年的世界知识产权组织

---

① 见 TRIPS 协议第 1(1)条,该条允许国内法采取更加广泛的保护,"前提是这些保护不与本协定的条款相违背"。

版权条约,根据该条约第9条,不能采用这一较短的保护期限,而应采用作者死后50年的通常最低保护期。

但是这些保护期只是最短期限,并不能阻止国内法将保护期延长到50年之后。因此,作品的版权保护期限以及由此判断哪些属于公有领域,是取决于国内法的规定的。各国的保护期限不同,并且可能很难确定,尤其还可因为国际私法冲突法规则的适用变得更难以确定。

除了这一保护期的比较规则外,对版权保护期限的计算还可能因为某些国内法的特殊规定而变得棘手。

许多国家开始使用简单的规则。一个普遍原则就是要么适用作者死后50年的保护期(阿尔及利亚、中国、肯尼亚、韩国、马来西亚、卢旺达),要么是死后70年的保护期(澳大利亚、巴西、智利、哥斯达黎加、丹麦、法国、意大利、美国)①。从区域层面上看,(区域中国家)共同的保护期限有时是被要求必须适用的(例如欧盟1993年《保护期指令》将保护期限统一协调为作者死后70年),有时候是被建议使用的(例如非洲知识产权组织《班吉协定》附件7规定保护期为作者死后70年)。大多数国家是根据伯尔尼公约的建议,从作者死后或其他相关事件发生后次年的1月1日开始计算保护期限。

这个总的原则也时常需要通过适用于某些类别作品的具体规则加以补充。匿名作品和假名作品、视听作品(阿尔及利亚、巴西、中国、肯尼亚)、摄影作品(阿尔及利亚、巴西、中国、肯尼亚)、集合作品(阿尔及利亚)、职务作品或法人作品(智利、中国)、作者不明的未出版作品(丹麦)、政府委托创作的作品(肯尼亚)或皇室版权(澳大利亚②)的保护期限都可能从作品公之于众或出版(或甚至完成)之日起算。

国内法还有可能规定更短的保护期限。例如,巴西对期刊(包括报纸)名称给予一年的短期保护,对年度出版物名称给予两年的短期保护期限。哥斯达黎加对公共机构创作的作品给予出版后25年的保护期限。

欧盟1993年《保护期指令》向出版商授予对过去未出版的公有领域作品进行出版或公共传播之后25年的保护期③。但是,这一保护仅局限于经济权利,类似于基于投资而产的邻接权。因其缺乏精神权利而非真正的版权。赋予这一特别权利的正当性是鼓励出版和向公众提供通常被视为公有领域的作品。

---

① 这里讨论的保护期仅仅涉及经济权利。
② 在澳大利亚,无期限的版权保护期是在立法和从属法规中授予皇室的特权。
③ 见欧盟版权保护期指令第4条。

它从一定程度上侵蚀了公有领域。

在一些国家还有一些很特别的规则,这使得对保护期的计算愈加复杂。在美国,目前已经废除的某些版权保护的形式要件仍在计算版权保护期方面留下一些痕迹。对于在1978年1月1日及之后创作的美国作品,版权保护期延长到作者生前以及死后70年。如果是匿名作品或假名作品或职务作品,这一保护期延长到首次出版后95年或者创作后120年。这一规则同样适用于在1978年1月1日之前创作但是没有出版或登记的作品,但之后如果这一作品在2003年之前出版,则适用一个特殊规则,即其保护期限于2047年底到期。针对1978年之前创作的作品,其是否属于公有领域还取决于前者是否满足形式要件。如果作品在当时出版时有适当版权标记,则28年的首期保护期自动续期67年(或仅当1923~1963年期间出版的作品获得了适当续期时)。在1923年之前出版的作品是公有领域的作品。值得注意的是,在美国,这些已然很复杂的规则仅适用于来源于美国的作品,而那些寻求保护的外国作品还要适用更为复杂的规则[125]。

确定一个美国国内作品是否属于公有领域,还取决于许多因素。比如是否出版与出版的日期,是否符合当时适用的版权标记形式、保护期续期与否等,这些都是非专家难以获取的信息。

澳大利亚的法律也不简单。除了通常的作者死后70年或匿名或假名作品的首次出版后70年的规则外,版权保护还延伸到创作者死后首次出版的作品、录音和1969年5月1日后制作的电影。假如一个作者在1955年之前死亡,则作者生前出版的作品的版权就已过期,因为2005年制定的延长保护期的法律没有可追溯性。未出版的书面作品(例如未出版的书信)的版权则并未过期,但除了1955年之前拍摄的照片之外(无论其出版与否)。在1912年7月1日之前完成的作品不再享有版权,除非该作品中还含有1911年版权法中规定的权利。

澳大利亚的情况揭示出了多个国家新法对延长版权保护所可能引发的复杂情况。如果新法规定的期限不能使已经进入公有领域的作品恢复版权,则该作品仍然不受保护。例如,智利就有关于对诺贝尔奖得主加布列拉·密斯特拉尔(Gabriela Mistral)作品保护期问题的争论。她于1957年逝世,当时智利著作权法仅规定了作者有生之年加死后30年的保护期。因此,其作品于1988年进入公有领域。但是她的作品(如同其他进入公有领域的作品)版权是否因为1992年对保护期延长至死后50年的新规定而得以恢复?对这个问题仍然存在争议。

许多国家在延长版权保护期时,对恢复版权与否制定了明确规则,但对其的了解和适用仍然可能是困难的。欧盟在将保护期统一至作者死后70年时,选择恢复那些在该指令生效时仍在一个成员受保护的作品的版权。结果,一个成员内公有领域中的作品,如果在另一成员受版权保护,则其在该国的版权保护将被恢复。这就需要调查在通过这一指令时,该作品是否仍在任何一个成员获得保护(当时有12个成员)。

这两个例子可以说明,对时间性的公有领域的精确判断,常常需要了解随后用于延长版权保护期的法律适用。

版权保护期也可以通过所谓的战时延长期在某些国家被延长。比如在法国,1919年和1951年的法律均对法律颁布时不属于公有领域的作品的正常保护期延长了若干月份,以补偿在两次世界大战中作品因未被利用而受到的影响。第一部法律增加了6年又83天或152天(根据不同的计算方法而定);第二部法律增加了8年又120天[126]。如果作者因为法国作战而牺牲,他(她)的作品还可以多享有30年的保护期。这种对保护期的延长在法国(颁布类似延长期的比利时也一样)引发了很多争议,尤其是这些规定是否与欧盟现已统一规定的保护期相协调。法国最高法院在2007判决的一个案例部分地解决了这些争议。该案是关于波迪尼(Boldini)(死于1931年)所绘的一副威尔第(Verdi)的肖像[127]。该作品在正常情况下应于2002年1月1日进入公有领域,但是权利人声称该作品应享有两次世界大战的延期,因此保护期应该延长至2016年。最高法院驳回了延期的请求,理由是法国必须根据欧共体指令执行70年的保护期标准。但是,对指令第10(1)条的解释允许一种例外情形,即当长于作者死后70年的保护期是从1995年7月1日(指令的生效日)起算的话,那么该较长的保护期仍然适用,从而使得法国对战时延长期的例外仍然在某些少数情形下得以适用。

这些对国内法的分析看来与能自动形成时间性的公有领域的观念相矛盾,因为后者是说一旦超过保护期,作品就进入公有领域。诸多情况可能会导致作品进入公有领域的时间变得不确定,其中法律对保护期的延长并非是影响最小的一个。

上述分析部分地解释了为什么对保护期的反复延长一直引发很多反对意见。反对者提出了许多理由,某些保护期的反复延长涉及保护创作者及其继承人及其参与分享因作品的使用而带来的收益。但大多数情况下,延长保护期的要求来自于相关产业。因为从市场角度讲,它们希望对某些作品获得不受时间限制的垄断权。1998年美国版权保护期延长法案(也称为松尼·波诺法案)曾遭到强烈反对,该法案将版权保护期延长到作者死后70年,即和欧洲一样。这种延长曾被指违宪,并被诉至最高法院,因为美国宪法规定国会有权"通过对作家和发明家的著作和发明,给予一定期限内的专有权保护,来促进科学和实用技艺的进步"。在 Eldred 诉 Ashcroft 案中,最高法院最后支持该法案:"一定期限"不应被视为短期,而是与"无期限"相对应,二者之间存在着细微但有意义的区别。

美国最高法院并未坚持 Donaldson 诉 Beckett 案[128]中显示的版权保护期可以将受保护作品和公有领域明确区分的观点,而是承认版权保护期可以定期延长,只要国会可提供合理的理由。这也暗示着由保护期规则界定的公有领域并不是一成不变的。或者说公有领域无法永久地具有确定的形式。简单地说,我们目前不知道现在的作品什么时候会进入公有领域,我们只知道所有的作品终有一天会进入公有领域。

3. 政策性公有领域

很多时候,公有领域是由不受知识产权制度保护的元素构成的。在版权保护的语境中,版权保护只会授予原创性作品的原则有助于维持公有领域的力量。对于原创性的推断是版权只会保护表达的形式而不会保护暗含的想法的原则。任何人可以传达或者复制享有版权的材料中含有的想法,如果没有复制表达形式的话。与我国现行著作权法第五条①一样,一些国家版权法明确从版权保护中排除某种类型的信息。例如,1912 年的荷兰版权法案中的第 11 条和德国版权法案的第 5 条规定,公共机构发布的法律、法令或者条例上或者在司法或者行政裁决中没有版权存在。

公有领域的内容因包含了被明确排除出保护范围的作品而得以丰富。这些被排除出保护范围的智力创作成果表面看是有资格受到版权保护的,但是立法者决定为了公共或公众利益而使它们不能受到保护。这种的被排除出保护范围的作品构成了政策性公有领域。

伯尔尼公约规定了两种排除版权保护的可能情况②:一种是强制的,是关于日常新闻和各种事实(第 2 条第(8)款),另外一种是可选择的,包括成员的政府公文(第 2 条第(4)款)。许多国家根据公约规定对上述两种内容都不予保护。

---

① 指"本法不适用于:(一)法律、法规,国家机关的决议、决定、命令和其他具有立法、行政、司法性质的文件,及其官方正式译文;(二)时事新闻;(三)历法、通用数表、通用表格和公式。"

② 另一个排除版权保护的情形出现在伯尔尼公约第 2 条第 7 款,其允许成员将实用艺术作品从版权保护中排除,而以专门的外观设计和实用新型权来保护它。于是,在适用这一排除规则的国家中,实用艺术作品从版权保护角度看处于公有领域,但是通常会受到外观设计的保护,从而事实上处于公有领域之外。

在国内法中还能发现其他类型排除保护的情况。

(1)官方文件。在版权中,正如伯尔尼公约第2条第(4)款规定的那样,传统上不保护立法、行政或司法性质的官方文件,以及这些文件的官方正式译本。伯尔尼公约也将是否保护政治演讲和法律程序中演讲的决定权留给了各成员(第2条之2第(1)款,但第2条之2第(3)款规定作者享有将其演讲进行汇编的独占权)。

这些排除规则旨在使法律、法院判决和其他官方文件能够为所有人获得,以使"不得以不知法为抗辩理由"的规则有实际意义。另外一个理由是,如果这些官方文件是由人民选出的代表制定的,那么它们自然不能从所有公民共有的财产中被划拨出去。

即使伯尔尼公约的相关规定是非强制性的,大多数国家仍然拒绝对这类文件进行版权保护,无论是通过明确立法(阿尔及利亚、巴西、中国、丹麦、意大利、马来西亚、卢旺达、美国)还是通过判例法来排除对它们的保护。

在多大程度上排除保护,以及由此类官方文件组成的公有领域中这部分的范围,是根据国家不同而变化的。至少,法律、法规以及法院判决被认为是处于公有领域内的(阿尔及利亚、我国、法国、意大利、韩国、卢旺达)①。有些国家有时将这种不予保护的情形扩展到由国家或其他公共机构制作或提供资助的作品(如,巴西、马来西亚、美国),或者对此类行政性文件规定一些自由使用的权利(如,阿尔及利亚、丹麦)。判例法有时将具有规范性价值的作品都排除在保护范围之外,例如银行票据、某些职业资格的官方考试或者法官的意见等。

不采纳上述规则的国家是那些承认皇室版权的国家,比如英国或者澳大利亚,他们将官方文件从公有领域中移出,并向国家(澳大利亚)或女皇(英国)授予版权。对官方文件的皇室版权被澳大利亚版权法审查委员会所批评,他们建议:为了实现在现代民主社会中获得这些官方文件的公共利益而废除这种版权保护[129]。

在智利,情况则是不确定的。从版权法最近的修订来看,公共部门创作的作品将受保护,除非公共部门决定将其捐给公有领域②。由于未明文排除官方文件,官方文件可能会受保护,即使从未被实施过。但是,在涉及诺贝尔奖得主巴勃罗·聂鲁达(Pablo Neruda)在作国会议员时所作演讲的诉讼中,最高法院

---

① 有关这种官方文件的官方翻译问题,见 J. GINSBURG & T. RICKETSON, The Berne Convention for the Protection of Literary and Artistic Works – 1886 – 1986, Oxford Press, 2006, § 8.108.

② 修改版权法的法案包括了将官方文件排除在版权保护之外的规定。

判决这些演讲是公有领域的一部分,原因是民主制度的正常运作要求政府官员的演讲不受著作权保护。

官方文件的公有领域性质并不妨碍对这些文件的汇编享有独占权,例如欧盟对数据库通过特别权利进行保护。欧洲法院的几个判决[130]显示:在收集不受版权保护的法律或法院判决方面进行的大量投资,可使对包含了这些文件的数据库享有独占权,以防止提取或重新使用它们中的主要部分。由于官方文件越来越多地通过数据库提供,使得对它们的查询和搜索更为容易,因此向这些数据库不加限制地①授予特别权利,再加上欧洲法院对权利范围给予的极宽松解释,可能危及对这些公有领域中的法律、法院判决和其他政府文件的公共可获得性。这是另一个说明难以确保公有领域效力的例子。

(2)日常新闻。伯尔尼公约中第二项排除保护的规定是强制性的,是关于日常新闻或纯属报刊消息性质的各种事实(第2条第(8)款)。

这一排除保护的情形在我国、哥斯达黎加、意大利、韩国和卢旺达法律中都有明确规定。其他国家则基于缺乏独创性或者思想/表达二分法,以判例法形式适用这一排除保护的情形②。

其实,日常新闻属于公有领域的理由更多地在于思想/表达二分法,而非公共政策。这些信息、纯事实和新闻的本质决定它们恰恰是不需版权保护的[131],这使得它们可归于上文界定的第一类实质性公有领域之列。

(3)其他排除保护的情形。成员可以自由地以公共利益为动因,将某些其他创作成果排除出版权保护范围,并将其放置在公有领域之中。但这样的情况并不多见。

例如,智利将已被国家征收了的作品放入公有领域,但是如果法律指定了这些作品的受益人时除外(著作权法第11条)。这一条是70年代早期通过的,当时智利是社会主义政府(在1974年之前),这反映了当时的时代精神,即为了公共利益而征收是一种政治战略。但是到目前为止好像没有实际适用过这一条。

另外有两个国家将死后无继承人的作者的作品置于公有领域(见哥斯达黎加著作权法第66条,以及巴西著作权法第45条)。在其他国家,通常适用于继承中无主财产的规则在此会适用,即将版权授予给国家。

---

① 欧洲法院确实认为:即便仅仅对受保护的数据库进行查询,在某些情况下也构成对提取权的侵权。ECJ, 9 October 2008, Directmedia Publishing GmbH c. Albert - Ludwigs - Universitä Freiburg, C-304/07.

② 例如,美国最高法院案例, International News Service v. Associated Press, 248 U.S. 215, 234 (1918).

哥斯达黎加和巴西将无人继承作品的产权捐入公有领域,可被理解为国家自愿不对创造性作品行使私权,而是让它们进入公有领域,也即它们归属国家后,就被转变为集体财产。从这个意义上说,它们所属的公有领域与行政法中的公有领域概念更为接近,指国家所有并为公共目的使用的财产。

4. 自愿性的公有领域

相对于公权,大多时候,私权是可以放弃的。

版权人放弃权利的作品将构成一种自愿性的公有领域,因为这不是由法律规定的结果,而是纯粹作者自身的意志。

与其他知识产权(如专利或商标)不同,版权权利的获得仅基于创作行为(或某些法律制度下的固定要求)。一旦被赋予,人们不能拒绝"权利","作者权"也与创作现象同质。登记形式、登记费、成本、与公共秩序冲突等都不能否定作者在(版权)垄断下获得的保护。即使作者不想被版权所保护,他/她也无法脱离独占性保护的法律形式。因此,要放弃作品的版权,使作品进入公有领域,就要求某些正式的行为,即一个选择退出版权保护的积极姿态。这些将作品捐为公有领域的情况越来越多地出现,而且成为对知识产权广义争论的一部分。有时这是以自由获取和使用方式进行版权许可运动的产物。比如"知识共享"组织提议通过名为"知识共享 CC0"的标准软件许可,将所创作作品的版权完全放弃[132]。这一标准许可的目的是确认版权所有人在法律允许范围内放弃他们所有的版权与相关权。其他放弃版权的行为可以采用不那么正式的许可,或仅仅具有类似效果的声明。

自愿性的公有领域有别于作者没有对侵权行为维权的情形,因为作者不维权的决定并未影响版权的存在,版权仍然存于作品中。

某些国家在界定公有领域时,将这些被放弃版权保护的作品纳入其中。智利和肯尼亚属于这种情况,尽管对放弃版权的程度和现实还是有一些争议的。肯尼亚规定了一些使得这些版权放弃有效的形式要件,要求"作者或其继承人应该以书面形式放弃他们的权利并进行公告,但是这种放弃不能与之前与该作品相关的合同义务相冲突"(《肯尼亚版权法》第45(2)条)。韩国承认作者可以将他们的权利捐赠给文化旅游观光部,该部将授权韩国著作权委员会以非营利目的管理这些作品的版权。但是,版权仍然存在于作品中,因此作品并未完全捐给公有领域。

如果人们承认完全放弃版权的合法性,那么另外一个问题就来了,即这种放弃是否为不可撤销的? 作者可以改变主意,并在某一时刻否认已将作品放入公有领域,并行使其对作品的独占权吗? 对此同样没有确定的答案。这完全取决于许可或作者实际上确认作品版权保护终止的单方面行为是否具有可被撤销性。不同的法律制度对其的规定可能很不一样。

一旦作品在公有领域,它就适用自由使用的机制,他人就有可能对其进行很少但具有独创性的改编,从而利用新作品并获得独占权和收入。这可以解释:为什么一些希望使公众能从公开获得作品和自由欣赏作品中受益的作者,更倾向于对这些自由使用采用不太极端的许可,并仍然保留一些控制,而非完完全全放弃他们的版权。

(三)其他归于公有领域的情形

其他情形,包括但不限于:

(1)作品片段或基础信息。

(2)部分孤儿作品。

(3)民间文学艺术等非物质文化遗产形式。

(4)计算机通用字体。

对这几部分的延伸论述参见本书第三章的相关部分。

(四)广义公有领域的定义与特点

1. 广义公有领域的定义

如上所述,除了狭义公有领域的来源原因外,一部作品还可能会由于各种各样的原因进入公有领域。

由此,本书尝试给出版权法中广义公有领域的如下定义:

以作品或非作品形式存在、不受版权法保护,或虽受版权法保护但已从专有权(限财产性权利)中剥离出来,社会公众均有权自由、免费、有效接触并使用的知识信息或其中蕴涵的思想。

该定义对公有领域的存在形式、权利主体、利用特征、权利客体以及与版权法的关系均进行了界定,回答了对与版权同等重要的公有领域框架体系进行构建的基础问题:

(1)公有领域以作品或非作品形式存在,这一点与版权有所不同:后者的存在形式表现为作品。

(2)权利主体方面,则体现为不特定的社会公众,与版权法中的使用人范围相合。

(3)在对其利用方面,呈现出自由使用、免费使用、无障碍接触的特点。

(4)权利客体方面,不仅包括了版权法予以保护的知识信息,也包括版权法排除保护的那部分知识信息,以及所有知识信息中蕴涵的思想。

2. 公有领域的特点

简言之,公有领域具有以下特点:

(1)非竞争性与非排他性。与财产权相比,作为无形财产权,对公有领域资源的利用存在着明显的非竞争性与非排他性。

（2）边界的动态性。鉴于其与版权的关系，公有领域的边界会随着版权边界的变化而变化，尤其是与版权中合理使用等权利限制制度密切相关。另外，根据各国法律规定的不同，主要基于保护期的缘由，一份作品，何时从版权专有进入公有领域，也存在不同。例如，在一个国家还在保护期的作品，在另一个国家可能已经进入公有领域；反之，在一个国家已经进入公有领域的作品，在另一个国家也可能尚处于版权保护之中。

（3）使用上的无偿性。与版权不同，除却极少数的"付费公有领域"的情形，落入公有领域的资源，在被使用起来是不用支付任何对价的。当然，唯一的前提是要尊重其中的精神权利，这主要发生在那些承认精神权利除署名权外其保护期为永久的国家。

（4）自由使用与有效接触性。一般来说，作为公共物品，作为全社会公众的一项权益，公有领域资源在使用起来，无须寻求许可，在接触获取方面也不应该存在障碍。

第二节　公有领域范围与相关权利义务

公有领域的范围与界线，可以说是随着时间、地点、当地法律、判例解释、学者论点、个人认知而有所不同。也因为如此，有学者认为，并没有单一的公有领域，而是有许多公有领域。不同的公有领域有不同的范围与界线，它们可能部分迭合交错，却也可能在某些部分是没有交集的。诸如已过保护期限的作品、科学研究产出的数据、传统知识的呈现、世居族群的传统创作、作品的合理使用、创作者在滑稽模仿上的自由等，这些使用前人资源的种种方式，是否可以分别纳入公有领域的范畴，各家看法不一。

以世居族群的传统创作来说，许多国家都以法律规范，世居族群有其传统创作的专用权，非经一定程序外人不得使用。世居族群传统领域内的创作，与公有领域里的作品性质不同（未经授权不得使用），也不是受著作权法限制的作品（非个别族人所有），但传统领域内的创作可为该世居族群的众人自由使用的情形，与公有领域内的作品可为众人自由使用的情形，却有些类同。有些学者认为，讨论不同的公有领域时，应该探究关于某些专属的文化资源可被不同的群体差别使用的情形，或者从另一方面来说，应该探究关于某些共有的文化资源，可被不同的个体差别使用的情形。

（一）公有领域的构成

根据上文分析，公有领域的构成见表2.1。

表 2.1　公有领域的构成表

公有领域种类	构成	不固定的边界
实质性的公有领域	思想、方法、规则、原则、风格、事实、信息等 日常新闻	通过对非独创数据库的保护,对数据的汇编获得权利
时间性公有领域	作者死后70年 特别规定	比较规则(伯尔尼公约第7(8)条) 对版权保护期的反复延长 过渡性措施,版权恢复与否
政策性公有领域	官方文件。在某些国家: 被国家征收的作品 作者死后无继承人的作品 侵权性的演绎作品	通过对非独创数据库的保护,对官方文件的汇编获得权利
自愿性公有领域	因放弃版权进入公有领域的作品	法律有效性不确定
其他公有领域客体	非独创作品 不能通过适用公约加以保护的外国作品 在某些国家,未被固定的作品 在以前有形式要求的国家,不符合当时形式要求的作品 作品片段或基础信息 部分孤儿作品 民间文学艺术等非物质文化遗产形式 计算机通用字体	低水平的独创性程度要求,确定独创性困难 对国际公约或双边协定的遵守

通过分析表明:公有领域内容的范围并不明晰,并且其维度也在不停地变动。造成这一现象的原因是多方面的:

首先,版权保护的地域性决定了创作成果的状态会随着其寻求保护地的国内法而变化。结果,其是否属于公有领域也由法律的地域性适用而确定,某些时候还涉及来源国的法律,这也会使得这一问题更加复杂。

其次,某些公有领域部分的边界很难被精确划定,因为版权保护/不保护的标准要么是主观性的,要么是不确定的(例如,对独创性的判断),或是需要基于错综复杂的规则进行判断(例如,版权保护期)。

最后,公有领域在版权法中获得的保护有限,它往往被视为知识产权的对立面,而没有一个对其自身进行保护的特别制度,从而使得公有领域很容易成为重获权利的目标。例如,在延长保护期时,公有领域作品的版权得以恢复。作品被其作者捐赠给公有领域时,法律状态具有不确定性。这些都说明了这一点。

公有领域边界的不确定性,是识别和提供公有领域作品的首要问题。

(二)公众的权利与义务

关于著作权法公有领域的一个传统解释是,因授予著作权人专有权而对社会公众付出的对价。公有领域属于大众共有,是每个人都可以自由利用的共享财产。这一强调使用者权利的立场,得以对抗知识产权保护过度泛滥的主张。

1. 公有领域中作品使用者的权利

使用者在使用公有领域中的作品时可不征得作者或其他著作权人的同意,也不需支付报酬。使用者有权可以在以下几个方面自由使用公有领域中的文字作品:复制、翻译、改编、汇编、广播、公开表演、发行。

(1)复制。使用者有权采取任何方式复制公有领域中的文字作品,既可全部复制,又可部分复制。

(2)翻译。使用者有权将公有领域中的文字作品从一种语言文字转换成另一种语言文字。

(3)改编。使用者有权在原作品的基础上,通过改变作品的表现形式,创作出具有独创性的新作品。

汇编使用者则有权将作品或者作品的片段进行选择或者编排,汇集成新作品。

(4)广播。使用者有权以无线或有线等方式公开广播或者传播公有领域作品。

(5)公开表演。使用者有权以任何方式公开表演公有领域中的文字作品。

(6)发行。使用者有权以出售或者赠与方式向公众提供公有领域作品的复制件及翻译件。随着科技的进步,将作品信息通过互联网向外传输也被归于此列。

2. 对公有领域的使用方式

作为公有领域的权利主体,人们使用公有领域作品的一般方式,包括但不限于:

(1)再版公有领域作品。当一部作品进入公有领域中,任何人可以自由地对它再版而无须得到之前的版权所有者的许可。也无需向作者,更可能是他或她的继承人,支付版税。这就使出版便宜的公有领域作品的版本成为可能。

(2)引用公有领域作品。利用公有领域作品的一个主要好处就是你在引用时不需要获得许可。

(3)复制公有领域作品。

(4)在公共场所表演公有领域作品。

(5)从公有领域作品中创作新作品。也许最重要的是,每个人在公有领域作品的基础上都可以自由地创作新的作品。例如,基于公有领域小说或简短的故事创作剧本或舞台剧。这种作品叫作派生性作品。诸如简·奥斯汀或查尔斯·狄更斯的小说等经典的公有领域著作在新的电影、戏剧和其他派生性作品中被重复使用。根据在 www.imdb.com 上的互联网电影数据库显示,威廉·莎士比亚的《罗密欧与朱丽叶》从 1900 年起被改编成电影高达 34 次之多。

作者也可以使用公有领域小说和其他文学作品中的角色创作新的故事。

3. 公有领域中作品使用者的义务

权利与义务的一致性是法律的重大特点。法律在赋予使用者使用公有领域作品的同时,还对其进行了一些限制。对使用者的限制实质上即是对作者权利的主张。

因此,欲了解使用受限制的方面,应从分析作者的权利入手。作者享有两种神圣的权利:财产权与人身权。

财产权也称经济权利,包括复制、翻译、改编、汇编、广播、公开表演、发行等权利。当作品进入公有领域后,作者将自动放弃这部分权利。

人身权也称精神权利,包括发表权、署名权、修改权、保护作品完整权四项权利。除发表权外,法律对作者人身权的保护是永久性的,作者的人身权不会因其作品进入公有领域而消失或削弱。因此,使用者在使用公有领域作品时应注意尊重作者的人身权:

(1)尊重发表权。如果作品在进入公有领域之前未曾发表,使用者有权行使发表权,但发表权只能被使用一次。

(2)尊重署名权。作者有权决定是否在作品上署名,是署真名还是署假名,以及署名的顺序等。使用者在使用作品时不得擅自改变作品的署名方式,如果是以改编或广播等方式使用该作品时也应说明作者的身份。

(3)尊重修改权。修改通常是对已完成的作品形式进行改变的行为,既包括由于作者思想观点和情感倾向的改变而导致的对作品形式的改变,也包括在思想与情感不变的前提下对表现形式的改变。修改权,从积极方面讲是作者有权修改或者授权他人修改自己的作品;从消极方面讲,作者有权禁止他人对作品进行歪曲或删改。因此,使用者在使用公有领域作品时,不得随意对原作品进行修改。

(4)尊重保护作品完整权。保护作品完整权的内容在于保护作品不受歪曲与篡改。所谓歪曲,是指曲解作品原意,损坏作者观点的行为;所谓篡改,指擅自增补、删节、变更作品的行为。使用者在改编、表演公有领域作品时,虽然允许做一些必要的改动,但一定不得歪曲或篡改原作,更不得损害作者的名誉及声望。

第三章 公有领域来源

第一节 不受版权法保护的作品

在世界各国的版权法律法规以及参加的主要版权国际公约中,都规定不受版权法保护的客体类型。这些类型的客体具有当然的公有领域性质,是版权制度中公有领域的重要组成部分,与超过版权保护期的作品、权利人弃权的作品一样,是初始意义上的几种公有领域情形之一。

一、不受版权法保护的原因

(一)作品种类无(垄断)资格

法律可能判定某些种类的作品与发明不具有垄断资格。此类作品发表后即处于公有领域中。比如美国版权法规定:所有美国政府作品属于公有领域;专利申请书属于公有领域,这是给予专利的一项条件。专利法不保护明显模仿前案(Prior Art)的发明。意大利著作权法规定,国家或者公共管理机构的正式文件,无论是意大利的或者是外国的,均不适用该法的规定。德国著作权法规定,法律、法令、官方公告和通告,以及判决和官方撰写的判决要旨等官方著作不受著作权保护。

(二)以国内特别立法形式规避国际公约中的国民待遇原则

以特别的立法形式规避国民待遇原则的适用,这种例外规定并非是国际公约的要求,而是某一缔约国国内立法的创制。就其实质而言,是相关国家为了回避国际保护义务而采取的实用主义性质的保护方式,这在一定程度上构成了对国民待遇原则的挑战。例如,一些西方国家鉴于现代传播技术迅速发展的特殊情况,修改其著作权法或在该法之外创设了一些新权利,最有代表性的当推"公共借阅权"与"复制权"。前者尚未得到国际公约的认可,当然无法适用国民待遇原则;后者虽是国际公约承认的基本权利,但有关国家以公共资金或税款作为复印补偿的方式,这就使得外国作品事实上不能享有国民待遇。

(三)思想和表达二分法

思想与表达的二分法,在实质上是确立了著作权法中的专有领域与公有领域,也是著作权法中确立不受保护的公有领域的典型体现,即著作权只保护表达,而思想属于不受保护的公有领域。或者说,著作权法划分了作者对于其思想原创性表达享有权利的私人领域和允许任何人接近成为表达性作品基础的思想的公有领域。事实上,区分著作权作品中可被保护的部分和不可保护的因素的一些原则是相辅相成的。如在 AppleComputer, Inc. v. Microsoft Corp. 案中[133],法院认为限制著作权保护的一些原则在实质上具有一致性。

通过考察著作权立法和相关的司法实践,可以看出二分法原则已被制定法所确认并在司法实践中得到广泛运用。美国 1976 年《著作权法》修改的一个重要特点就是增加了二分法的内容。[134]这一规定确认了著作权法的公有领域的范围。当然,在美国,二分法及相关的公有领域原则在美国版权局的规则和一些判例中也不时可以见到[135]。美国著作权司法判例一般确认了作品中的功能性因素不能纳入著作权保护范围。如在 Carol Barnhart Inc. v. Economy Cover Corp 案[136]中,法院主张人体模型铸件的表达是不被保护的因素。在 Kieselstein - Cord v. Accessories by Pearl , Inc. 案[137]中,法院分析了在描述安全带的表达中保护的因素。在 Nichols v. Universal Pictures Corp. 案[138]中,法院认为剧本的一些因素对于表达基本的思想具有极大必要性,不能纳入著作权保护范围。这些判例的实质是,主张受保护作品中具有原材料性质的因素不受著作权保护,而应当留存在公有领域。具体到著作权法为何不保护二分法中的思想的问题,学者们从不同角度做出了回答。如有的认为仅仅是思想不值得取得私有财产地位,有的认为思想不受著作权的保护是因为著作权宪法目的对其施加了限制,还有的认为思想在公有领域中是最初的[139]。

从国外有关判例看,法院在运用二分法原则时,对著作权作品中的思想、方法、制度,实用客体、标题、主题、情节、文学特征、风格等不给予著作权保护,而认为应当是留存在公有领域的材料——如在著作权侵权案件中,对著作权人的补偿不能延伸到禁止对其已经被商业化作品中的表达、思想、程序和方法的接近。当采取的保护措施妨碍到了公众和竞争者接近已商业化的著作权作品时,该措施的合理性即存在问题。判例法主张,著作权法不能为建构作品的必要因素提供保护[140]。如针对思想、方法和制度本身不予保护的。例如美国 Gayle v. Gillis 案[141],针对主题不受保护的 Shipman v. R. K. O. Radio Pictures,Inc. 案[142]、Warshawsky v. Carter 案[143]、Roe - Lawton v. Hal E. Roach Studios 案[144]、Columbia Broadcasting Sys. 案[145]。

其实,在思想与表达二分法的适用中,涉及事实性质的材料不宜进入著作权人控制作品的专有领域而应当留存在公有领域。换言之,著作权不保护事实本身,事实本身也被认为并非最初独创的。正如迈澳勒·尼默所主张的:科学发现事实具有物理世界的性质。一个历史事实、当代的新闻事件或者其他的任何"事实"不能被主张成为哪一个作品。如果每一个人能够主张事实的作者身份，那么我们每一个人将都是作者了。发现者仅仅是揭示了一种现象，他不能主张他发现的事实是最初的，虽然他是第一个报告的。由于著作权一般只赋予作者，除了作为思想的地位外，发明作为事实本身不能成为著作权的标的。

（四）创造性缺乏

一些类型的作品通常会被法官认为没有任何创造性。如，如食谱中的一份纯粹的原料或含量的列表就会被认为完全缺乏创造性而不会受到版权保护（但是在一份食谱或其他列表中的说明性的材料或其他独创性的表达会受到保护）。白页电话簿就已经被法官认为缺乏甚至是最低限度的创造性。其他数据列表也可能是完全缺乏创造性的。

与独创性的要求类似，创造性的要求也将公有领域作品的完全复制品排除在保护范围之外，如公有领域画作的影印本。其他类型的公有领域作品的纯粹复制品，如公有领域画作的照片，也不会达到最低限度的创造性要求。

并且，尽管对公有领域作品的某些类型的改变是独创的，但是仍会不受著作权保护。因为它们不具有最低限度的创造性。例如，将公有领域中的乐曲从一个键转为另一个键就不具有最低限度的创造性，这种转换也不会受到著作权的保护。

（五）未履行法定程序所致公有领域

过去在一些国家，作者必须满足法律规定的特定条件后才能取得对该著作的专有权利（要式性），比如在1989年3月1日之前，美国所有发表的作品必须包含版权声明（在出版物的日期和版权所有者名字之前注明©标识或"版权"文字或者其缩写Copr.）来表明作品受到版权保护。在1989年3月1日之前发表的没有附上有效的版权声明的作品现在存在于公有领域，除非没有标明合适的版权声明是合理的。

又如，中国在民国时期的著作权登记之规定，依该法规定，著作物必须先经注册方得享有著作权。是以，提起著作权侵害之诉的前提之一即是必须注册[146]，相同之规定见于其他相关司法解释。如，著作物在注册前被人翻印仿造，其诉请赔偿不适用著作权法之规定[147]。

对于著作权的取得，伯尔尼公约确立了自动保护原则。即作品一经创作完成则享有著作权，无须履行登记手续。

肇始于1990年的我国现行著作权法一开始就采取彻底的自动保护原则，国家版权局发布的《作品自愿登记试行办法》确定的作品自愿登记制度并不影响该原则,登记的目的只是为解决著作权纠纷提供"初步证据"而已。不过《计算机软件保护条例》规定计算机软件必须登记。

二、国际条约及各国法律相关规定

(一)伯尔尼公约

对于哪些作品不享有著作权,伯尔尼公约只规定"纯新闻报道"一种,TRPIS第9条2款规定"思想、工艺、操作方法或数学概念之类"不能作为客体加以保护,这是一个比较概括而模糊的规定。

(二)美国

可能在网上的公有领域作品的一大类别就是那些不能受到版权保护的作品。在美国,它们包括:

1. 美国政府作品

由美国政府职员创作的作为他们工作中一部分的所有作品属于公有领域。几乎所有的联邦机构都有网站,并且几乎在网站上的每一件作品都属于公有领域,可以自由使用。属于公有领域的美国政府材料的类型主要有:著述、艺术品、地图、照片、电影和录像、软件以及数据库等。

然而,州、地方和外国政府可以在它们职员创作的作品中主张版权。例如,在州机动车机构网站上的材料就是有版权的。即使由高度机密的政府机构——像中央情报局创作的高度敏感的文件也属于公有领域。它们受到其他法律的保护而没有公开。但是一旦它们被泄露和公开,它们就属于公有领域。

2. 法律和法院裁决

所有的法律,不论是联邦的、州的、地方的,还是外国的,都属于公有领域。所有美国法院(不论联邦还是州)的法院裁决也属于公有领域。这些裁决的复制件在各种网站上都是可用的。然而,这些网站中的一些会收取订阅费,并要求使用者同意限制关于使用这些公有领域材料使用方式的许可协议。

3. 数据库

大量的数据库存在于网上。其中许多属于公有领域,因为它们的选择和编排不具有受版权保护所要求的足够的创造性。然而,许可和其他方法经常被用来保护这些数据库。

4. 空白表格

许多网站含有使用者可以填制来注册网站或购买商品或服务的空白表格。这些只是用来记录信息的空白表格属于公有领域。

5. 属于公共财产的信息

属于公共财产的信息属于公有领域。包括标准日历、身高体重表、卷尺和直尺、运动赛事的时间表、从公共文件或其他公共来源中取得的清单或表格。网站上的任何这种信息属于公有领域。类似的,一个网站上的常见问题页(FAQ)的版式没有版权保护,使用在上千网站上的FAQ版式属于公有领域。

然而,加入到这种作品中的新材料是可保护的。例如,尽管标准的日历是没有版权的,但是加入日历中的照片、图解或语录是可以被保护的。但是版权保护只是及于这些新的材料,并不及于日历本身。

6. 字体

在美国字体属于公有领域。然而,用来产生字体的电脑软件是受到版权保护的。

7. 食物和饮料的食谱

食物和饮料的食谱也属于公有领域。

8. "本土保护主义"阶段不保护的外国作品

在美国建国之初,英国的文学作品数量远多于美国,美国大众将英国视为其文化来源。美国立法者在保护外国作家在美国的版权会减少美国的就业机会、会对美国经济造成负面影响以及较高的书价不利于美国民众文化普及的思想的影响下,于1790年制定了美国第一部版权法,该法律只保护美国公民的版权,而外国的作家和出版商的相应利益则得不到保护。在随后的将近100多年的时间中美国版权法基本继续沿用了对外国版权不予保护的原则。

19世纪末,随着美国版权业的发展,美国的立法者认识到,完全不保护外国版权的立法策略已经不利于其经济的发展,于是在1891年颁行《国际版权法案》,开始通过双边条约有条件地为有限的几个外国的国民的作品提供版权保护,即外国人的作品必须在美国印刷才能受到美国版权法的保护,这就是臭名昭著的"印制条款"。"印制条款"实质上是美国保护本国印刷业的一种特殊措施。该条款直到1976年才被美国版权法废除。在此阶段,未在美国印刷的外国作品仍不受美国版权法的保护[148]。

(三)日本

日本著作权法第13条规定了"不成为权利客体的作品",符合下列情形之一的作品,不得成为其规定的权利客体:

(1)宪法和其他法令。

(2)国家或者地方公共团体机关、独立行政法人(指1999年法律第103号颁布的《独立行政法人通则法》第二条第一款规定的独立行政法人,以下同)或者地方独立行政法人(指 2003 年法律第 108 号颁布的《地方独立行政法人法》第二条第一款规定的地方行政法人,以下同)发布的告示、指示、通知等。

(3)法院的判决、决定、命令以及行政厅按照准司法程序做出的裁决、决定。

(4)国家或者地方公共团体机关、独立行政法人或者地方行政法人对前三项所列作品的翻译或者汇编。

(四)韩国

韩国著作权法第二章第一节第 7 条规定了"不受保护的作品"。

(1)宪法、法律、条约、法令、市政条例和市政规则。

(2)由国家或地方政府发布的通知、公告、说明书以及其他类似文件。

(3)判决、决定、命令、法院裁决,以及由行政复议程序或其他类似程序做出的裁决和决定。

(4)国家或者地方政府就第 1 项至第 3 项所制作的编辑物或者翻译物。

(5)单纯传播简单事实的时事新闻报道。

(五)俄罗斯

俄罗斯联邦民法典(著作权部分),第 1259 条"著作权客体"规定:

著作权不适用于思想、概念、原则、方法、程序、体系、方法、技术和组织及其他任务的解决方案、发现、事实、程序设计语言。

不属于著作权客体的有:

国家机关和市政机构、地方自治机关的官方文件,包括法律、其他法规、法院判决书、其他具有立法、行政及司法性质的资料、国际组织的官方文件及其正式译文。

国家象征和标志(旗帜、徽章、勋章、钞票之类)及市政机构的象征和标志。

没有具体作者的民间创作作品(民间文学)。

关于事件和事实的纯新闻性质的报道(今日新闻报道、电视节目、运输车辆时刻表等方面的新闻报道)。

(六)巴西

巴西著作权法第一编"总则"第 6 条规定:

"联邦、州、联邦大区或市政府对仅由其资助创作的作品,不享有著作权。"

第二编第一章"受保护的作品"第 7 条第(3)款规定:

"在科学领域,本法提供的保护应延及作品的文学或艺术形式,而不延及作品的科学或技术内容;其他法律对无形财产权提供的保护不受损害。"

第 8 条规定:

在本法中,下列事项不受著作权保护:

(1)思想、标准化程序、系统、方法或数学方程或概念等。

(2)用于智力活动、游戏、商业活动的表格、计划或规划。

(3)用于填写各种科学或非科学信息的空白表格及其使用说明书。

(4)国际条约或公约、法律、法令、法规、司法判决以及其他官方文件的文本。

(5)诸如日历、日记簿、登记簿或传说所包含的通用信息。

(6)单独的姓名和名称。

(7)对作品所包含的思想进行的工商业利用。

(七)埃及

埃及知识产权保护法(著作权部分)在第141条规定:

著作权保护不包括纯粹的思想、程序、方法、操作手段、概念、原理、探测发现以及数据;即使其被表达、描述、说明或者包含在某一作品之中。

著作权保护不包括:

第一,官方文件,不论为原文或者译文,包括法律、法规、决定、国际协定、司法判决、仲裁裁决、行政或者司法当局的裁判。

第二,具备纯粹新闻信息特征的时事新闻。

但是,前述新闻如果在编排顺序、呈现方式上存在创新性或者任何其他经由个人加工而合乎保护条件的,则应当受到保护。

第142条规定:国家的民间传说属于公共领域。主管部门行使在民间传说上的著作人身权与财产权;并因此承担保护与资助的责任。

其他相关国家与地区版权法中关于公有领域的内容,详见本书附录——《十六个国家与地区著作权法中与公有领域有关的条款》。

三、我国版权法关于公有领域的立法变迁

(一)新中国成立前著作权法中关于公有领域的相关规定

最初《大清著作权律》第31条规定:"法令约章及文书案牍、各种善会宣讲之劝诫文、各种报纸记载政治及时事上之论说新闻、公会之演说"不受保护。此外,还有"超过保护期的、作者死亡后无人继承的、久经通行的、作者自愿放弃著作权的"属于公共范畴的作品,也不再予以著作权保护。1915年北洋政府颁布的著作权法增加了第24条规定,"依出版法之规定不得出版之著作物,不得享有著作权。"此后的著作权法中虽没有再明文规定非法出版物不享有著作权,但均规定了对非法出版物不予注册的条款,而未经注册的著作物是不受保护的,所以,非法出版物一直不受保护。1928年南京国民政府颁布的著作权法第20

条第 3 款中,将公开演说的范围缩小至"非纯属学术性质者"。此后,该规定一直沿用至 1944 年。1944 年颁布的著作权法中,未对不受保护的作品做出明确规定。

由此可知,新中国成立前不受著作权法保护的作品的种类有逐渐缩小的趋势,同时在概括范围上呈现参照出版法予以动态调整的特征。

(二)《图书、期刊版权保护试行条例实施细则》(1985)的规定

该细则及其附属的条例早已失效。根据其第三条:

"《试行条例》第三条所列的文学、艺术和科学作品,应是有创造性的作品。没有创造性的或已经属于人类共同财富的作品,如简单的标语、口号、表册、表格、日历、各种科学定律、公式、已公开的数据、超过版权保护期的作品等,《试行条例》不予保护。"

(三)中华人民共和国著作权法及相关规定

1. 思想、过程、原理、数学概念、操作方法等不受保护

著作权保护不适用于:

(1)法律、法规,国家机关的决议、决定、命令和其他具有立法、行政、司法性质的文件,及其官方正式译文。

关于法律法规的译文,仅限于官方正式译文,非官方之相应译文则为演绎作品,享有著作权。相同之规定,可见于民国时期相关行政规章[①]。法律和其他官方文件的非官方正式译文则受著作权法保护。例如,某学者将本国法律翻译成外文,或者将外国法律翻译成中文,他对自己的译文享有著作权。

(2)通过报纸、期刊、广播电台、电视台、信息网络等媒体报道的单纯事实消息。

(3)历法、通用数表、通用表格和公式。

2. 对非法出版物是否受保护的调整

在 2010 年著作权法第 2 次修订中,删去了非法出版物不受保护的条款,调整为:"国家对作品的出版、传播依法进行监督管理。"

(四)《国家版权局关于作品标题是否受著作权保护的答复》[149]

在收到湖北省版权局关于文字作品名称的法律保护问题的函后,经研究,国家版权局的意见如下:

文字作品的名称应属于作品的标题。作品的标题不仅限于文字作品的标

---

① 法令(丙)公牍:内政部训令(二十五年七月九日):训令警官高等学校:违警罚法译本应受著作权法保障令[J].法令周刊,1936(326):7-8.

题,还涉及音乐作品、美术作品等各类作品的标题。作品的标题能否成为著作权的客体,在整个世界范围还没有统一的规定。有的国家对其采取著作权的方法保护,有的国家采取其他方法给予保护,有的国家则不予保护。

在给予作品标题著作权保护的国家,也并非所有的作品标题都受著作权保护,而是视情况对作品的标题分别采用著作权或者反不正当竞争法给予保护。例如法国1957年著作权法第5条规定:"智力作品的标题,只要具有独创性,同作品一样受本法保护。"即使在作品保护期限届满后,"任何人不得在可能引起混淆的情况下,以个人名义在同类作品上使用该标题。"对于那些不具备独创性的作品标题,则适用反不正当竞争法。这里提出了一个问题:在给予作品标题著作权法保护时,如何界定标题的独创性。

我国著作权法没有明确规定,标题可否作为单独的作品受到著作权法的保护。鉴于国外的实践经验,如果只对具有独创性的标题给予著作权保护,在司法审判中就必须划定是否具有独创性的界限,这无疑会给司法审判工作带来很大困难。

因此,我们认为,作品的标题宜由反不正当竞争法保护,而不宜由著作权法保护。这样,不管标题是否具有独创性,只要被他人用于商业目的,都有可能寻求法律救济。

以上意见,作为国家著作权行政管理机关的意见,可以作为地方与司法的参考。

四、相关案例

(一)欧洲法院裁定编程语言不受版权法保护

2012年5月3日,据国外媒体报道,欧洲法院(European Court of Justice)当地时间周三裁定,计算机软件的功能以及实现它所用的编程语言不受到版权法保护。

欧洲法院是在SAS Institute(以下简称"SAS")起诉World Programming Limited(以下简称"WPL")的诉讼中做出这一裁定的。SAS开发数据处理和统计分析软件。SAS系统的核心组件允许用户编写和运行利用SAS编程语言编写的软件。通过访问SAS系统学习版,WPL开发了一款模拟SAS组件大多数功能的产品,因此,客户的应用软件能像在SAS系统上那样在WPL的平台上运行。WPL获得了SAS系统学习版的授权。

欧洲法院表示,尽管WPL以了解其功能为目的使用和研究了SAS的软件,但"没有证据表明WPL曾接触或复制SAS产品的源代码"。欧洲法院裁定,"根据相关法律,获得软件授权的客户有权观察、研究或测试软件的功能,以确定软件的原理等"。

欧洲法院裁定,如果计算机软件的功能受到版权法保护,将使垄断创意成为可能,不利于技术进步和产业发展。欧洲法院认为,计算机软件的创意和原理不受版权法保护,只有创意和原理的表达受版权法保护。这一裁定将使其他软件公司大胆"逆向工程"计算机软件,而无须担心会侵犯版权[150]。

(二)普适性的合同条款不受版权保护

2011年,面对自己精心制作的合同文本被其他公司抄袭了,广州一家公司奋起维权,直指对方侵犯了著作权。不过,广州市中院终审改判抄袭使用的公司不构成侵权。

面对知识产权领域中出现的这一新问题,法官表示,如果允许"写得好"的合同文本享有著作权,则意味着其他人在碰到相同法律问题时不能使用这种表达方式,这实质是对思想形成垄断,违背了著作权法的本意。

办案法官称,合同文本的条款本身是根据合同法、其他法律、相关部门规章及工程承包施工的实际情况而制作,约定的是当事人之间的权利义务,法律的表达方式较为有限,且准确而优化的表达方式尤为有限。从原告提供的关于涉案合同文件的使用情况看,该文件发挥的是实用技术功能,是为了解决经济生活中的施工承包中产生的法律问题,是针对不同情况设计的具有一定普适性的条款,具有相关人员根据实际需要增删、修改后进行使用的功能[151]。

第二节 受版权法保护因各种原因流入公有领域的作品

一、超过版权保护期的作品

(一)版权保护期与公有领域

超过版权保护期,即版权专有权利期间截至。

美国与欧盟最近一次的版权延期将作品的保护期延长了20年。

像专利权人一样,版权权利人仅在法定期间内享受专有权利。当此一期间截至后,作品就进入公有领域。不过,版权问题更复杂些。总体而言,当以下所有条件满足,版权就失效了(这不适用于墨西哥、科特迪瓦、哥伦比亚、危地马拉、洪都拉斯、萨摩亚和圣文森特和格林纳丁斯)。

进入公有领域要求该作品创作与首次发表时间早于 1923 年 1 月 1 日,或者比当前年份的 1 月 1 日早 95 年。作者(集体创作则计算最后一个死亡的作者)的死亡日期比当前年份的 1 月 1 日早 70 年。保护文学和艺术作品伯尔尼公约(Berne Convention)的签约国未给予作品永久版权保护。从这些条件最后更新起,美国与欧盟都没有通过法律延长版权期。

以上条件基于美国与欧盟版权法的共有部分,大部分伯尔尼公约签约国也承认它们。在美国传统中,即使延长版权期,也不会将已进入公有领域的产品再次赋予版权,而欧洲传统却可以,因为欧盟版权协调基于德国的版权期,而德国版权期已延长至作者寿命加 70 年。

(二)政府部门作品的保护期与公有领域

不像美国政府部门的作品从产生那时起就属于公有领域,英国政府的作品,情况就复杂一些。英国政府作品受到皇家版权或议会版权限制。皇家版权作品在发表后 50 年进入公有领域。但如果该作品是拥有版权的作者提交给皇家的,版权期仍然为作者寿命加上 70 年。未发表的皇家版权文件在产生后 125 年进入公有领域。这一法规取消了传统普通法赋予未发表作品的永久版权,但同时也规定:在该法规生效前产生的未发表作品最早也要在其生效后 50 年才进入公有领域。该法规于 1989 年 8 月 1 日生效,故而 2039 年以前任何未发表的作品都无法进入公有领域。议会版权文件在发表 50 年后的年底进入公有领域。在某些条件下,对于某些政府作品,可以不予考虑皇家版权。

像其他大部分英联邦国家一样,加拿大和澳大利亚在政府作品版权方面向英国看齐。两国都有皇家版权,时效为发表后 50 年。新西兰也有皇家版权,时效长得多,是发表后 100 年。爱尔兰也有一个 50 年的政府作品版权期,但因为它已非君主制国家,所以不称皇家版权。印度政府的作品版权期为发表后 60 年,而其余版权是作者寿命加 60 年。

(三)作品未续展保护期的情况

作品未续展保护期的情况,以美国为典型。

通常情况下根据美国版权法结合作品的完成时间和作者的情况判定该版权是否已经进入公有领域。需要注意版权法案的变更时间产生的影响。以 1978 年为界,划分为两种情况:

(1)创作完成于 1978 年 1 月 1 日以前的作品,其版权的保护期通常为 75 年至 95 年。保护期过后版权自动进入公有领域。具体来说,其 95 年(包含当前年份)版权保护期又分为两个阶段:第一阶段为保护期为 28 年;然后需要对

版权 进行重申,进入版权续展期(Renewal Period)续展期年限 47 年至 67 年,因此作品总的版权保护期为 75 年至 95 年。

(2)对于 1978 年 1 月 1 日以后完成并发表的作品,而根据美国现行版权法律规定,版权的保护期为作者去世后 70 年(比我国法定保护期限多 20 年)。

因此,当在美国电影产业中,制片人判定已完成文学作品版权是否已经进入公有领域时,需要注意的是 1978 年以前的作品,要具体关注计算重要的时间点(含本年度)其版权的重申情况,一些作品可能会由于没有满足当时版权法要求的条件而未能进入版权延展期从而进入公有领域[152]。

(四)公约溯及力及新旧保护期衔接造成的公有领域

一个问题是,加入公约会否导致公有领域的继续或恢复版权？这要看该公约是否具有回溯性。

伯尔尼公约第 18 条规定,公约的最低要求不仅适用于某个成员参加公约之后来源于各其他成员的作品,而且适用于该成员参加公约之前即已存在的,在其他成员仍受保护的作品,即本公约是有追溯力的。这正是英国等国家一直不愿参加它的原因之一。如要参加就要对参加之前各成员的已有作品都给予保护。这是一个沉重的负担。不过,尽管伯尔尼公约有追溯力,但公约允许成员之间订立双边或多边条约来限制追溯力在它们之间的适用,主要目的是为了减轻这种突然增加的损失。

而《世界版权公约》第七条规定"本公约不适用于公约在某一成员生效之日已永久进入各成员公有领域的那些作品或他们的版权"即这个公约是没有追溯力的。按照这条规定,如果原先其他成员的作品在某个新成员不受保护即处于公有领域之中,它参加公约之后,那些作品仍不受保护,受保护的只是在该国生效之日起在其他成员产生的作品[153]。

在我国,1984 年 6 月 15 日文化部颁发《图书、期刊版权保护试行条例》,最开始在内部试行,这是新中国成立以来颁发的第一个有关版权保护的条例,标志着我国开始重视建立版权保护制度问题。根据该条例规定,关于财产权利的保护期为作者的终身加死后 30 年,特殊保护期为首次发表之后的 30 年。该条例在著作权法于 1991 年 6 月 1 日生效前仍然有效。由此可知,该《条例》规定的保护期与著作权法的保护期不同。应该说,后者规定的保护期限更合理,它与伯尔尼公约规定的最低保护期相一致,为我国著作权保护进入国际社会打下了基础。

新旧保护期不同会造成这样一种现象。即新法施行前根据旧法保护期已经届满但依据新法仍在保护期内的作品,不受新法保护。

以正在第三次修订进程中的著作权法(修订草案送审稿)对摄影作品的规定为例。

该稿第29条规定：

"本法施行前保护期已经届满，但依据本条第一款仍在保护期内的摄影作品，不受本法保护。"

即此类作品进入公有领域以修订前为准，时间不再延长。以正式施行之年份减去50年，可判断出之前发表的摄影作品，何时进入公有领域。例如，假设修正案2016年通过，公式可设为"2016 – 50 = 1966"，这意味着2016年以前因保护期届满进入公有领域的摄影作品即发表于1966年前的摄影作品，均全部进入公有领域，不会再出现延长保护期重新恢复版权的情况。

这同时体现了不溯及既往原则与较短保护原则。

(五)国际公约中的较短保护原则造成的公有领域

就版权产生的条件而言，伯尔尼公约第7条第8款规定期限将由寻求保护地的国内法加以规定。时间性公有领域的确定将取决于利用作品地的国内法。但是，该条款有一个但书款项，从一定程度上削弱了这一原则，即"但是，除该国的法律另有规定外，这种保护期不得超过作品起源国规定的期限。"这是对普遍适用的保护地原则的主要例外，而且如果成员没有做出相反规定，该规定将是强制性的①。

这一比较保护期规则的后果，就是可能使得计算某一作品保护期限的任务变得更加复杂。它意味着"实质互惠"规则，有利于适用作品起源国规定的一个更短的保护期[154]。例如，起源国是阿尔及利亚(该国保护期限是作者死后50年)的作品的保护期限在法国应为作者死后50年，尽管《法国知识产权法典》规定的通常保护期限是70年②。因此，计算保护期限时，首先要弄清楚该国是否(对来源于外国作品的保护期)做出了不同于伯尔尼公约第7条第8款的规定，其次是确定作品来源国和在来源国适用的保护期限，以与寻求保护地国的保护期限进行比较。

两个共同参加国际公约的国家，根据保护期的不同，作品在一国已进入公有领域，在另一国尚未进入公有领域，则该国国内法可根据较短保护原则，视该外国作品已经处于公有领域。

---

① 关于保护期比较规则的全面阐述，见 S. CHOISY, Le domaine public en droit d'auteur, Litec, 2002, p. 117 – 142.

② 见《法国著作权法》第 L. 123 – 12 条。

如果该作品是外国人在其所属国已经超过了著作权保护期限的作品,但是该作品从来未在任何地方发表过,那么该作品首次在中国境内发表,能否依照现行著作权法第2条第2款的规定受到保护呢?对此,我国著作权法没有规定,但是根据较短保护原则,可以推导出该作品在我国也属于公有领域,其著作权中的财产权不受我国著作权法保护。

(六)我国法律相关规定与发展趋势

1.现行著作权法

我国著作权法第二章"著作权"第三节"权利的保护期"第二十条规定了作者的人身权署名权、修改权、保护作品完整权的保护期不受限制。

第二十一条规定了发表权和财产权的保护期:

"公民的作品,其发表权、本法第十条第一款第(五)项至第(十七)项规定的权利的保护期为作者终生及其死亡后五十年,截至于作者死亡后第五十年的12月31日;如果是合作作品,截至于最后死亡的作者死亡后第五十年的12月31日。

法人或者其他组织的作品、著作权(署名权除外)由法人或者其他组织享有的职务作品,其发表权、本法第十条第一款第(五)项至第(十七)项规定的权利的保护期为五十年,截至于作品首次发表后第五十年的12月31日,但作品自创作完成后五十年内未发表的,本法不再保护。

电影作品和以类似摄制电影的方法创作的作品、摄影作品,其发表权、本法第十条第一款第(五)项至第(十七)项规定的权利的保护期为五十年,截至于作品首次发表后第五十年的12月31日,但作品自创作完成后五十年内未发表的,本法不再保护。"

2.著作权法修订稿2稿关于实用艺术作品规定

该稿第二十八条第四款规定:

"实用艺术作品,其发表权的保护期为二十五年,但作品自创作完成后二十五年内未发表的,本法不再保护;其著作权中的财产权的保护期为首次发表后二十五年,但作品自创作完成后二十五年内未发表的,本法不再保护。"

二、超过版权法适用地域(空间范围)作品

一般来说,版权是具有地域性的,受属地法调整。在此地域之外,是否仍受保护或者不受保护,不能一概而论。在当今版权保护国际化的大背景下,大多数版权都走出国门,在全球的很多角落留下身影,受到被保护的待遇。但,至少从理论上来讲,仍存在以下之情形:

作品使用国未加入任何国际性的版权保护公约时,也未与任何加入版权公约的国家建立版权对等保护关系,如果某外籍/无国籍作者的作品未曾在使用国出版发行,且此外籍/无国籍作者在使用国没有惯常居所,那么本作品对于使用国来讲,不受本国版权法保护,就算是公有领域中的作品;

使用国是版权保护公约的成员时,如果某外籍/无国籍作者的作品未曾在使用国出版发行,且此外籍/无国籍作者既非公约成员公民,在使用国及公约成员又都没有惯常居所,那么本作品对于使用国来讲也算是公有领域中的作品。

由此也可判断,从地域上划分公有领域的范围具有相对性,同一作品在不同的外国,意义可能会有所不同。

关于外国人在中国境外发表的作品,只有符合下列条件之一,才能获得中国著作权的保护:

(1)该外国人的所属国同中国签订相互保护著作权的协议。
(2)该外国人的所属国同中国共同参加保护著作权的国际公约。

根据对等原则,对于我国来说,在未与我国签订相互保护著作权协议的国家或在未同中国共同参加保护著作权国际公约的国家,我国的作品的版权不会受到保护,该国的著作权人的作品在我国则落入公有领域的范围。

三、部分放弃版权的作品——以开放存取为例

一般来说,私权利是可以放弃的。版权作品的权利人可以以明示的方式放弃其财产性权利,至于人身权利,根据世界通例,则不可放弃或转让(除署名权外,其他人身性权利即发表权、修改权、保护作品完整权可在某些法定情况下由相关权利人行使)。平常的单个主体的放弃,对公有领域的影响不大。近年来,以开放存取为代表的开放内容运动,通过知识共享许可协议等实现方式,逐渐丰富了公有领域的形式和内容。

(一)开放存取运动(Open Access movement)

开放存取(Open Access,简称 OA)是20世纪末国际科学界、出版界、图书情报界为推动学术信息的自由传播、提升科学研究成果的公共利用程度而建立的信息交流平台。根据《布达佩斯开放存取先导计划》(Budapest Open Access Initiative,简称 BOAI)的定义,"对于某种文献的开放存取意味着它在互联网公共领域可以被用户免费获取,并允许任何用户阅读、下载、复制、分发、打印、搜索,或者全文链接、建立索引、用作软件的输入数据,或者其他任何合法目的的使用,除了访问因特网本身会有的限制外而不受经济、法律和技术方面的限制。对于这种复制和传播的唯一限制,或者说版权在此领域的唯一作用在于作者有

保护作品完整性的权利[155],以及作品被正确的引注和致谢的权利"。

开放存取充分尊重作者的权益,并不违背知识产权的精神。基于开放存取传播的作品不一定都是"公有领域作品",它并没有要求作者放弃对作品的全部权利,作者可以基于不同法律文本和授权协议(比如知识共享协议)对作品版权进行取舍。OA 资源主要包括 OA 期刊与 OA 仓库。

进入 21 世纪以来,开放获取运动在推动知识广泛传播、增强公众获取知识的权利等方面扮演着愈发重要的角色,有关开放获取的各种实施战略、政策、模型以及实践活动也在不断发展。目前已有越来越多的教育科研人员了解开放获取、越来越多的学术期刊实施开放出版、越来越多的进行开放机构知识库建设,以及更多科研教育机构正在研究或已经制定了相关的开放获取政策。

OA 期刊在网上免费向公众提供文章,这些文章通常使用极开放的网上许可,例如知识共享署名许可。此策略有时候被称为"金色开放获取"(Gold Open Access)。由于放弃了传统的收入来源,OA 期刊因此必须开发另类的业务模式,部分向发表作品的作者收取费用,其他则完全依赖自愿捐赠版权的作品。

部分期刊并非 OA 期刊,但授权作者可将文章归档于由其大学所建立的机构性研究库内。此策略有时候被称为"绿色开放获取"(Green Open Access)。部分绿色开放获取期刊也容许作者将其作品上载至学科特定的免费公开研究库。例如:Social Science Research Network。Sherpa RoMEO(.link_green)项目分析了有关自我归档的期刊版权政策,超过 50% 的付费期刊容许其作者将印前的文章归档于公开获取的研究库内。

部分期刊一般不会容许作者在其本身的网站内留有文章的公开复本,但作者可正式要求在出版合同中列明此要求。其中一种追加条款范本可见于"SCAE"科学共享学者版权追加条款搜寻(Science Commons Scholars' Copyright Addendum Engine)。

资助机构可通过鼓励或要求受资助者允许公众获取其研究项目成果,从而促进或采用上述一种或多种策略。现时美国的 National Institutes of Health、欧洲研究委员会(European Research Council)及英国的 Welcome Trust 均要求受资助者让公众获取其作品。

大学也可发挥推动作用,美国哈佛大学是此中先驱。早在 2008 年,哈佛大学部分学院已要求教员授予大学非专有、不可撤销的世界性许可,容许大学可发放其学术文章作非商业性用途。不过,教员亦可就特定文章申请豁免以凌驾于此预设规则[156]。

(二)开放内容许可协议及其特点

上文提到,对于开放存取内容,作者可以基于不同法律文本和授权协议对作品版权进行取舍。与著作权法发展的历史相比,开放内容许可协议发展的时间还很短,在使用中也出现了一些问题。例如协议种类繁多,用户难以选择;非商业性使用的含义不明确;协议的兼容性问题等。但是通过使用开放内容许可协议,可以简单有效地来分享和传播作品,为内容的交融与汇合提供方便,扩大了公共资源的种类和数量,对促进信息的自由交流和获取、维护社会公众的利益、鼓励创新都具有重要意义。

维基百科(Wikipedia)、古登堡计划(Project Gutenberg)、麻省理工学院的开放课件(MIT Open Courseware)、Librivox、Flickr、开放美工图库(Open Clip Art Library)等都是知名的开放内容项目。目前开放内容作品可以分为公共领域作品和仍处于著作权保护期的作品。对仍处于著作权保护期的作品,通常是通过开放内容许可协议来实现开放的。所谓开放内容许可协议就是根据著作权法来制定一个具有法律效力、关于开放内容作品的使用规则。具体做法是,著作权人利用法律赋予的权利,选择保留部分权利而非全部权利,以许可协议的形式向用户让渡部分权利,用户在遵守许可协议的前提下,可以自由使用作品。

开放内容许可协议效仿的是软件领域的许可协议。理查德·斯托尔曼(R. Stallman)制定的《GNU 通用公共许可协议》(General Public License,GPL),也称为 GNU 通用公共许可证,是最早出现的公共许可协议,目的是为了保证自由软件的自由能够不断延续下去。1998 年戴维·威利制定了《开放内容许可协议》(Open Content License),这是第一个正式的非软件的公共许可协议[157]。1999 年 6 月,开放内容项目(Open Content Project)发布了《开放出版许可协议》(Open Publication License)。1999 年 9 月,自由软件基金会(Free Software Foundation)发布了《GNU 自由文档许可协议》(Free Documentation License,FDL),这是专门为 GNU 项目设计的[158]。以上都是最早出现的几种开放内容许可协议,在这之后出现了许多类似的协议,有《知识共享许可协议》(Creative Commons License)、《设计科学许可协议》(Design Science License)、《自由艺术许可协议》(Free Art License)、英国广播公司(British Broadcasting Corporation,BBC)的《创作资料库许可协议》(Creative Archive Licence)、《开放游戏许可协议》(Open Game License,OGL)、《开放音乐许可协议》(Open Music Licenses)、《EFF 开放音频许可协议》(EFF Open Audio License)、《Ethymonics 自由音乐许可协议》(Ethymonics Free Music License)、《反数字版权管理许可协议》(Against DRM License)、《数字同行出版许可协议》(Digital Peer Publishing License, DPPL)等。

现在，《GNU自由文档许可协议》和《知识共享许可协议》是应用最为广泛的开放内容许可协议，特别是《知识共享许可协议》，它的模块化和授权的灵活性使它成为最受欢迎的协议，是目前开放内容许可协议研究的重点和热点。

1. 格式

开放内容许可协议一般包括以下几方面的内容：

第一部分：定义。一般是对协议涉及的名词、术语作解释和说明。

第二部分：授予的权利。具体说明通过本协议许可人（授权人）授予公众哪些权利。

第三部分：限制。说明许可人保留的权利，被许可人在使用作品时必须遵守的规定等。

第四部分：免责声明。包括声明、保证、免责条款和责任限制条款等。

第五部分：终止条款。说明协议的有效期以及在哪些情况下该协议自动终止。

第六部分：其他事项。关于协议内容的一些补充说明。例如，《开放出版许可协议》在该部分提供了两个选项：第一是未经著作权人明确授权不得进行实质性修改；第二是未经著作权人明确授权不得以整体或部分形式出版该作品或演绎作品的印刷版[159]。许可人可以根据需要选择自己需要的条款。

另外一些协议还包括附件等内容。例如，《BBC创作资料库许可协议》正文提及非商业性使用包括个人使用和教育机构内教育目的使用，在附表A对该协议所指的教育机构做了具体说明[160]。

2. 基本特点

现在已经有许多种开放内容许可协议，这些协议虽然具体内容不尽相同，但在许多基本特点上它们是一致的。

（1）都以著作权法为基础。开放内容许可协议并不否认作者的著作权，而是以著作权法为基础，如果没有著作权法，这些协议甚至根本就不会生效。作者正是通过著作权法赋予的权利，将部分权利授予社会公众，他们才可能自由使用、分发甚至修改作品。开放内容许可协议并不是要颠覆著作权，而是在知识产权日趋重视的情况下，寻找一种方式来平衡著作权人和社会公众之间的利益关系，丰富创作素材，以弥补著作权法的局限和不足。

（2）都规定了用户应尽的义务和责任。通过开放内容许可协议，用户获得了比以往著作权法赋予的更多权利，但是这种权利的使用是有前提的，并非是无限的，用户必须按协议要求承担一定的义务和责任，才能自由使用作品。

(3)保留精神权利,让渡部分经济权利。一般认为,著作权包括人身权(精神权利)和财产权(经济权利)两个方面。精神权利指在作品上署名、发表作品、确认作者身份、保护作品完整性等权利;经济权利是指以出版、表演、展览、录制、摄制、网络传播、翻译、改编、汇编等方式使用作品以及因授权他人使用作品而获得经济利益的权利。开放内容协议选择的是"保留部分权利",创作者保留的大都是署名权等精神权利,向用户让渡部分经济权利。经济权利通常可通过一定程序依法许可他人使用或进行转让,而对于精神权利各个国家的规定则有所不同,在一些国家精神权利是不能转让的。在开放内容协议的实践中也证明大多数创作者都选择保留署名权。

(4)免责条款。几乎所有的开放内容许可协议都有免责条款,即授权人对转让的权利不提供任何明示或是隐含的担保(No Warranty),用户必须自己承担使用开放内容的全部风险,比如资源质量和性能方面的问题,以及必要的服务、改正、修复方面的费用等[161]。这主要是出于两个原因:(a)权利和义务应该对等。创作者免费将作品提供给社会公众使用,没有收取任何报酬,如果还要担保作品没有缺陷或瑕疵,并为此承担责任,这会增加创作者的负担,打击创作者用开放内容协议授权作品的热情;(b)与开放内容的创作方式也有一定关系。不少开放内容例如维基百科等,都是通过大规模群体协作方式生产出来的,参与创作的人数众多,人员变动频繁,无法就某一缺陷来追究责任。

(5)不影响合理使用和其他对著作权的限制。几乎所有国家都允许未经许可对作品进行某种方式的使用,例如引用、时事报道等,这是法律对著作权做出的限制。我国《著作权法》第 22 条规定了 12 种合理使用的情况,第 23、33、39、42、43 条规定了法定许可使用的情况。

(6)不可撤销。一般来说,《开放内容许可协议》是不可撤销的,是没有时间限制的,它的有效期延续至作品的著作权保护期满为止。不可撤销是指著作权人不能撤销原先选用的协议,就是说著作权人不能够阻止已经获得作品的人按照该协议使用作品;不能从流通中撤回已存在的使用开放内容许可协议授权的作品、复制品、汇编作品和演绎作品[162]。这主要是因为授权对象不是特定的群体,而是广大的社会公众,如果要撤销协议在实际中将很难操作。

(7)非排他性。著作权许可使用有专有许可使用和非专有许可使用之分。专有许可使用是指著作权人将著作财产权中的一项或几项权利,通过签订合同的形式授权他人在一定期限、一定地域范围内以一定的方式使用,在合同有效期限内不能将这些权利再授予他人使用,著作权人自己也不能使用。非专有使用则不然,著作权人仍然可以使用这些权利,或者将同样的权利授予他人使用,不具有独占性,是非排他性的。《开放内容许可协议》一般都是非排他性许可,即对于同一作品,著作权人可以在任何时候,在原本的协议之外再增加新的不同的协议,使用者则可以从这些协议中选择对自己最有利的方式来利用作品。

(三)知识共享协议

《知识共享许可协议》是应用最为广泛的开放内容许可协议。

知识共享(Creative Commons,简称CC)为非营利组织,于2001年由一群学者及维权人士成立,牵头的是著名的网络法律学者Lawrence Lessig。

知识共享让作者可以方便地授权作品作特定的使用,但对其他使用仍可保留控制权。换句话说,此制度让作者可轻易建立自由的许可,既可减少孤儿作品的问题,也促进文化及表达的自由。

1. 许可选择

知识共享提供6种许可让作者及艺术家可在网上选择,6种类型可见表3.1。

表3.1 知识共享许可协议的基本类型(6种)

知识共享许可协议类型	使用人义务
署名	标名作者姓名
署名-相同方式共享	标名作者姓名:在新作品上采用相同的协议
署名-禁止演绎	标名作者姓名:不能对原作品做任何形式的修改
署名-非商业使用	标名作者姓名:不得对原作品进行商业性使用
署名-非商业使用-相同方式共享	标名作者姓名:不得对作品进行商业性使用;采用和原作相同的许可协议
署名-商业使用-禁止演绎	标名作者姓名:不得进行商业性使用;不能对作品做任何形式的修改

CC许可可搭配使用以下4种元素的1种、两种或3种:

(1)署名(Attribution(BY))。您允许他人使用您的作品,但在过程中对方必须按您要求的方式展示您对原作品的署名。所有CC许可均要求使用者展示署名。

(2)非商业性使用(Non-Commercial(NC)):您允许他人使用您的作品,但仅限于非商业性目的。这并非表示您的作品不可作商业用途,只是使用者必须向作者获取另一许可。

(3)禁止演绎(Non Derivative(ND)):您允许他人对您的作品原封不动地进行复制、发放、展示及表演,但不得进行演绎创作,否则使用者将需要获取另一许可。

(4)相同方式共享(Share Alike(SA)):只有在他人容许演绎作品使用与您的原作品相同或兼容的许可协议之情况下,您才允许他人演绎您的原作品。此许可是避免其他人自知识共享领域取用作品使用,但其后将作品以更限制性的许可封锁共享。

许可协议不能同时包含"相同方式共享"和"禁止演绎"的许可要素,原因是不能一方面容许他人使用作品并以相同方式共享,但另一方面则限制他人演绎作品。

以上所有许可均为非专有许可。换句话说,作者可自由与特定使用者签订其他协议。例如已发出CC许可的版权持有人可就CC许可不涵盖的活动,向其他使用者发出需要付费的许可。在此情况下,作曲人可于网上免费发放其音乐作品,但仍然可向商业使用作品的公司收取费用。见图3.1所示。

CC许可在其他国家并没有处理作者的精神权利,除了加拿大。相应的,即使最自由的CC许可,使用作品时也受该国有关精神权利的条文之若干约束。

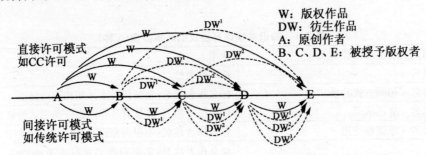

图3.1 知识共享协议基本类型及CC许可授权模式与传统授权模式比较示意图

诚如整体的版权制度,知识共享不设注册制度,纯粹为那些希望以非传统方式就作品发出许可的作者提供资料。

当作者选择了许可后,便可将此许可附于作品上,从而提醒使用者哪些可为及不可为。倘若作品为一网站(或经网站提供),作者也可通过加入HTML码,附上知识共享的标志及有关许可的链接。

2. 新的知识共享协议

除了原有的六个许可外,知识共享最近开发了两个新议定书(protocols):CC+及CC0。

CC+(CC"Plus")并非一项许可,而是一种技术给予使用者CC许可授权以外的权利,例如商业权利或额外保证。

CC0(CC"Zero")表示完全放弃版权、邻接权及相关权,以及特殊保护权。

CC0 容许作者将作品投入公有领域,因此有时也称为"不保留任何权利"的选择。然而,在若干国家的法律下,作者无法全面放弃其精神权利,而作者也不可将与使用作品相关但由他人拥有的权利放弃(例外,摄影作品所拍摄对象的肖像权)。

(四)澳大利亚知识共享许可协议的主要实践

澳大利亚知识共享办公室于 2005 年 1 月发布 CC 许可 2.5 版本,自 2010 年 6 月起开始采用 CC 许可 3.0 版本。澳大利亚知识共享许可协议和国际通用的 CC 许可包含相同的基本元素及授权方式,但在具体内容上根据澳大利亚法律进行了修改。为了解决公共部门信息获取与再利用中的版权问题,澳大利亚积极推动 CC 许可在政府部门和文化机构中的应用。就包括图书馆、博物馆、档案馆在内的文化机构来说,澳大利亚昆士兰博物馆在维基共享资源网站以相同方式共享(CC BY – SA)发布了其部分馆藏的照片[163]。为了"丰富研究和鼓励创新",悉尼的 Powerhouse 博物馆从 2009 年 4 月起,所有馆藏物品的描述信息授权为署名 – 非商业性使用(CC BY – NC)供公众在线获取,主要事实性信息授权为以相同方式共享(CC BY – SA)[164];Powerhouse 博物馆还在 Flickr 网站发布了一些馆藏照片供公众下载与使用[165]。澳大利亚的昆士兰老年护理机构以署名(CC BY)授权发布了其旨在协助老年护理工作者开展工作的电子指导手册[166]。新南威尔士州教育与培训部学习创新中心利用 CC 许可授权的方式在网站上发布学习资源[167]。澳大利亚广播公司建立了命名为池(pool)的共享社区,在这里用户可以获得澳大利亚广播公司发布的经 CC 许可授权的信息,前提是注册用户也必须选择采用 CC 许可的任一种授权方式上传信息,以供其他人共享[168]。悉尼大学和悉尼市政府共同发起的"悉尼词典"项目,旨在以电子浏览形式帮助本地市民和世界各地的参观者、学术人员等全面了解悉尼市的历史文化,其网站发布的资料采用了 CC 许可的相同方式共享(CC BY – SA)授权给用户使用[169]。

(五)美国政府解决开放许可问题的案例[170]

1. 资助者和受让人申请与协议条款(劳工部)

这一政策要求资金的接受者根据知识共享署名许可协议向公众许可所有在补贴基金支持下创作和修改的新的内容。这一政策通过在新学习材料的发展中鼓励创新,使由补贴项目开发和提供的材料的价值最大化,同时使得补贴基金投资产生了尽可能广泛的影响,知识共享署名许可协议确保在这些授权者提供的基金支持下开发的材料可以产生被免费重复使用和被其他人完善的作品。这些材料是被挑选的,因为它是一个全球公认的标准,允许公众广泛的重用,只要给予创作者信任及来自许可方的指导。

这一政策也要求受资助者发表在基金支持下创作的所有软件代码,在许可证下,允许其他人使用和构建这些代码,所有受资助者必须在开放许可证下发表受基金支持所开发和创作的所有新的源代码,开放许可证适用于自由软件基金会或开源倡议。

2. 美国开放数据行动计划(美国政府)

在各种类别的开放数据指令下,美国政府已经做出推进公开数据、推广案例的遴选、增强和发布数据集的承诺等。每一个即将到来的数据出版许可证都是详细的。公开的数据集主要是:①在公有领域;②通过"CC0"发布到公共领域或零知识共享公有领域,或者③在"CC – BY"标准下发布或允许任何形式的重复使用的知识共享署名许可协议,但是这一协议受下游用户提供的版权的约束,需要许可者给予适当的信任。

(六)亚行对其发展研究实行开放存取

亚洲开发银行(亚行)关于亚太地区的所有经济和发展研究已实行开放存取,该理念旨在推动无限制在线获取学术研究,使此类研究得到更广泛的传播和应用。在开放存取的同时,亚行创建并发布了新的开放存取网站,对亚行受版权保护的知识产品采用了更加自由的使用条款。在开放存取模式下,或许不需要任何形式的付费可即可获取、阅读、下载、使用或传播亚行出版物。开放存取网站已上线。该网站目前有2 000多份亚行的现有出版物和档案文献,最终将涵盖亚行研究的完整后台目录,包括早在1966年亚行成立时至今的5 000多种出版物。新网站[171]符合全球3 000多家开放存取知识库的现行标准。

(七)我国公共资助科研成果(尤其是学术论文)的开放获取

由中国科学院、国家自然科学基金委员会和加拿大自然科学与工程研究理事会共同主办的全球研究理事会(Global Research Council, GRC)2014年全体大会于2014年5月26日至28日在北京举行。继前两次分别在美国和德国召开大会后,2014年北京大会是GRC第三次全体大会,有来自全球50多个国家和地区的70多家研究理事会和主要科研机构的领导和代表参加。此次会议继续围绕科技论文的开放获取进行讨论,另一讨论的主题是青年科技人才的培养,期望围绕这两个主题形成新的行动方案和原则声明。

据介绍,科技论文开放获取已经成为世界主要科技国家促进知识的广泛及时共享、协同开放创新、促进经济增长和包容性发展的重要措施。世界主要科技发达国家和欧盟等均已把公共资助项目科研成果的开放获取当作重要的创新战略和科技发展政策。GRC 2013年全体大会通过了《科技论文开放获取行动计划》，鼓励和呼吁公共资助的科研成果（尤其是学术论文）实行开放获取，声明将采取一系列措施推动和支持由公共科研经费资助的研究者在开放出版期刊上发表开放获取论文和在开放获取知识库中存储已发表的论文。GRC 2014年全体大会将对相关国家实施 GRC 开放获取行动计划的情况进行评估，并提出后续行动计划。

此外，在新闻通气会上，《中国科学院关于公共资助科研项目发表的论文实行开放获取的政策声明》和《国家自然科学基金委员会关于受资助项目科研论文实行开放获取的政策声明》同时发布。此举旨在响应 GRC 开放获取行动计划，表明我国在全球科技信息开放获取中做出的新的重大贡献，进一步提升我国相关科研机构对开放获取工作的重视程度和促进开放获取工作在我国的深入开展[172]。

1. 国家自然科学基金委员会的声明[173]

兹录如下：

国家自然科学基金受资助项目科研论文的开放获取政策主要为：

自本政策发布之日起，国家自然科学基金全部或部分资助的科研项目投稿并在学术期刊上发表研究论文的作者应在论文发表时，将同行评议后录用的最终审定稿，存储到国家自然科学基金委员会的知识库，不晚于发表后 12 个月开放获取。如果出版社允许提前开放获取，应予提前；如果论文是开放出版的，或出版社允许存储最终出版 PDF 版的，应存储论文出版 PDF 版，并立即开放获取。

该声明授权本委员会相关部门制定受资助项目科研论文开放获取细则，建立开放获取知识库，按照国际通用规范，支持公众通过网络检索开放获取内容。并要求本委员会相关部门积极与国家相关部门和公共教育科研机构合作，推动国家各类科技计划和公共机构资助项目已发表论文的开放获取；要求我委相关部门积极与国际科技界合作，共同促进公共资助项目科研论文在全球的开放共享。

2. 中国科学院开放获取的政策声明[174]

兹录如下：

通过公共资金资助科学研究，是社会创造知识、支持创新、促进发展的重要手段，受资助项目发表的科研论文属于全社会共享的知识资源，它们在全社会的开放获取，将促进知识传播利用。切实把公共投资所产生的知识迅速转化为全社会的创新发展能力，让知识普惠社会、创新驱动发展。

与国家自然科学基金委类似，中国科学院现阶段公共资助科研项目论文的

开放获取政策如下:

"我院研究人员和研究生以我院所属机构名义承担的各类公共资助科研项目,自本政策发布之日起投稿并在学术期刊上所发表的研究论文,作者应在论文发表时把同行评议后录用的最终审定稿存储到所属机构的知识库,并于发表后12个月内开放获取。我院鼓励作者把本政策发布之前发表的论文以同样方式通过所属机构的知识库开放获取。

该声明授权该院文献情报主管部门制定符合知识产权规则的公共资助项目科研论文开放存储细则。要求该院各个研究所建立机构知识库,保存本机构作者受公共资助项目发表的论文,支持公众通过网络开放获取。

在具体措施方面:

支持公共资助科研项目在具备可靠质量控制和合理费用的开放出版学术期刊上发表论文;

授权本院相关部门建立可资助发文的开放出版学术期刊遴选指南;

授权本院相关部门试验支持把本院有影响力的学术期刊转换为开放出版期刊。"

在协作方面:要求本院相关部门积极与国家相关部门合作,推动国家各类科技计划和基金项目已发表论文的开放获取,并积极与国际科技界以及各国政府沟通合作,促进建立开放获取的国际公约,共同推动开放获取的健康、可持续发展。

(八) 我国高校课程资源向公众开放项目的实践

2011年12月24日下午,在全国继续教育工作会议暨高等教育自学考试制度建立30周年纪念大会期间,"百所高校继续教育数字化学习资源开放发布仪式"在国家会议中心举行。首批签约的北大、清华等103所高校免费向社会提供的数字化学习资源,既包括专业性课程资源,也有大众化学习资源。专家指出,将高校的优质学习资源免费向社会开放,既有利于普通高校继续教育资源的优化配置,又可以满足各类社会成员对教育资源的多样化学习需求,大力推动普通高校数字化学习资源建设、开放与共享,鼓励广大社会成员自觉参与学习型社会建设。

据悉,"高校课程资源向公众开放项目"是教育部和财政部贯彻落实《国家中长期教育改革和发展规划纲要》的具体举措之一。该项目的目标是在"十二五"期间,建成较为完善的普通高校继续教育数字化学习资源开放共享服务平台,推动数千名优秀教师参与、数万门课程开放,让数亿人受益,探索建立普通高校继续教育数字化学习资源开放与服务的模式及机制[175]。

根据教育部 2015 年 4 月 13 日颁发的《教育部关于加强高等学校在线开放课程建设应用与管理的意见》(教高[2015]3 号)[176]要求:"(一)建设一批以大规模在线开放课程为代表、课程应用与教学服务相融通的优质在线开放课程。(二)认定一批国家精品在线开放课程。综合考察课程的教学内容与资源、教学设计与方法、教学活动与评价、教学效果与影响、团队支持与服务等要素,采取先建设应用、后评价认定的方式,2017 年前认定 1 000 余门国家精品在线开放课程。到 2020 年,认定 3 000 余门国家精品在线开放课程。(三)建设在线开放课程公共服务平台。(四)促进在线开放课程广泛应用。"

与国外的开放存取有所不同,我国高校开展的项目,均是采取自上往下、政府主导的方式。这与我国的高教体系主体是政府兴办的直接有关。在国家政策的引导下,高校作为著作权主体,放弃了所涉课程资源的独占权,选择了向社会公开,惠及大众。

开放教育资源一般遵从知识共享协议,其出发点是保护著作权人的基本权利,核心目标是知识共享。版权协议对于开放课程项目的成败至关重要。我国应组织相关专家,在研究分析、借鉴国际上开放资源知识产权保证成果的基础上,根据我国版权相关法律规定,结合精品开放课程建设目标和使用方式,采用包括 CC 协议在内的版权解决方案,建立我国开放课程资源版权保障体系,有效保障开放课程建设者及相关方的权益,保证开放课程建设、共享和运行的可持续性。

四、国家享有著作权的作品

(一)国家在一定条件下成为著作权主体

著作权主体,或称著作权人,是指依法对文学、艺术和科学作品享有著作权的人。一般情况下,著作权的主体为作者,即真正运用思维与智能,从事作品创作的自然人。但在特殊情况下,作者以外的自然人或组织也可能成为著作权的主体。例如,由法人或者其他组织主持,代表法人或者其他组织意志创作,并由法人或者其他组织承担责任的作品,法人或其他组织即视为作者。国家则在一定的条件下成为著作权的主体。

国家可成为著作权法律关系的特殊权利主体。国家作为著作权法律关系主体,一般有下列情况。

1. 将某些作品的版权收归国有

如国家版权局 1985 年 1 月 1 日颁布的《图书、期刊版权保护试行条例》(现已失效)第十四条规定:为了国家利益,文化部可将某些作品的版权收归国有并延长其有效期限。使用版权归国家所有的作品,应经文化部出版事业管理局同意,并按规定向国家支付费用。同日施行的《图书、期刊版权保护试行条例实施细则》(现已失效)第十四条规定:版权须收归国有并延长有效期的作品的范围,收归程序以及使用此类作品的付费办法,文化部将另行规定。

2. 购买著作权

即国家出于某种特殊的需要,从著作权人那里购买著作权(包括著作权转让与著作权使用授权许可,以下同),从而成为法律关系的主体。

如,在全国文化信息资源中,规定"对于农村急需的其他文化产品,可由政府购买作品使用权,提供给广大农民群众。"[177]

3. 接受著作权捐赠

即作者将其受保护的作品赠送给国家,国家接受其赠送而成为著作权主体。

可采取国家发布征集作品著作权启事的方式,作者响应征集而让渡著作权的全部或部分。

4. 依法律规定取得著作权

即法律规定某一作品在受保护的有效期内,著作权由国家行使,国家便成为该著作权法律关系的主体。这种情况较为常见。可见于以下情形:

(1)公民遗产中的著作权在特殊情况下归国家所有。著作权法第19条第1款规定:"著作权属于公民的,公民死亡后,其作品的使用权和获得报酬权在本法规定的保护期内,依照继承法的规定转移"。而我国继承法第32条规定:"无人继承又无人受遗赠的财产,归国家所有"。

根据《集成电路布图设计保护条例》第13条第1款,布图设计专有权属于自然人的,该自然人死亡后,其专有权在本条例规定的保护期内依照继承法的规定转移。这意味着无人继承又无人受遗赠的布图设计专有权应按照继承法上述第32条的规定处置,即无人继承又无人受遗赠的遗产,归国家所有;死者生前是集体所有制组织成员的,归所在集体所有制组织所有。

(2)法人或非法人单位享有的著作权在一定情况下归国家所有。著作权法第19条第1款规定:"著作权属于法人或非法人单位的,法人或非法人单位变更、终止后,其作品的使用权和获得报酬权在本法规定的保护期内,由承受其权利义务的法人或非法人单位享有;没有承受其权利义务的法人或非法人单位的,由国家享有。

(3)政府公开信息中构成作品的部分信息。这部分资料信息并不在版权法第五条明确规定的不予保护的作品范围内,因而由各政府信息公开单位享有版权。

上述情况下,国家是民法意义上的著作权主体。那么,作为著作权人,其权利应该如何行使呢？在我国,根据相关法律法规的授权,其职能应由中央与地方各级著作权行政管理机关承担。

5. 依约定取得著作权

目前,国家的许多科研项目通过招标方式遴选项目承担单位或个人,有些项目对国家有重大意义,国家会在招标文件中载明或在合同中约定项目成果的著作权归国家所有。

例如,国家清史编撰委员会项目中心于2004年6月18日发布的《国家清史纂修工程项目招标及申报指南》第三十一条规定:"清史纂修工程是国家重点项目,使用国家专项经费,所有项目成果均归国家所有。编委会代表国家依法拥有此类成果的知识产权,项目负责人和课题参与人员作为作者享有署名权。"[178]

(二)国家享有著作权作品的公有领域属性

国家行使著作权,便使之具有公共财产的属性,国家可主动行使,也可规定一定的程序,使具备主体资格的公民、法人或其他组织依据申请等履行一定的程序后行使。从这个意义上来讲,这些作品具备了与落入公有领域作品相似的属性:即不特定的多数人皆可无偿使用[179]。

(三)典型案例——"十部文艺集成志书"项目

1. "十部文艺集成志书"项目

"十部文艺集成志书"项目是改革开放以来最大规模的全国性收集、整理、抢救、出版民间文学艺术的宏伟工程,始于20个世纪70年代末。由文化部、国家民委先后会同中国音乐家协会、中国舞蹈家协会、中国戏剧家协会、中国曲艺家协会共同主办,由文化部牵头组成的跨部委机构"全国艺术科学规划领导小组"作为领导机构,下设全国艺术科学规划领导小组办公室(即文化部民族民间文艺发展中心的前身)负责日常的协调工作。在具体的实施上,在国家层面上,每部集成志书领导工作由文化部、国家民委和相关的文艺家协会共同组织。在地方层面上,由相应的文化部门、民委部门和相关的文艺家协会组成与中央层面上相对应的组织机构,一般多为临时性机构和组织。在职责和分工上,地方机构负责本辖区内的民间文学艺术的收集整理工作,而全国艺术科学规划领导小组及其常设机构办公室负责全局性工作。即协调10个总编辑部的编审工作,负责编审工作经费;组织有关全国、区域性工作、业务会议,承担工作经费;负责集成出版工作(包括出版经费和储运发行);负责成果资料汇编和管理。

该项工程是以国家工作项目的形式规划和实施的。自1979年起,文化部、国家民族事务委员会会同有关的文艺家协会相继联合发出关于编撰《中国民间歌曲集成》(1979)、《中国戏曲音乐集成》(1979)、《中国民族民间器乐曲集成》(1979)、《中国曲艺音乐集成》(1979)、《中国民族民间舞蹈集成》(1981)、《中国戏曲志》(1981)、《中国民间故事集成》(1984)、《中国歌谣集成》(1984)、《中国谚语集成》(1984)和《中国曲艺志》(1986)的通知并组织实施。在实施的过程中，根据1982年《全国哲学社会科学座谈会议纪要》的会议精神，全国哲学社会科学规划领导小组、全国艺术科学规划领导小组先后将《中国戏曲志》《中国民族民间舞蹈集成》(1983)、《中国民间歌曲集成》《中国戏曲音乐集成》《中国民族民间器乐曲集成》《中国曲艺音乐集成》(1984)六部集成志书先后纳入国家规划，1986年又正式将其他四部集成志书纳入国家社科基金资助重大和国家艺术科学重点项目。这样十部集成志书均以国家重大项目的形式实施。

十部集成志书是以省为单位形成的，省卷本则是以内容而不是以地域为标准编撰的。在志书的编辑上，中央层面的机构起到了总编、集成的作用。十部文艺集成志书，共计298卷(包括上、下册)，约450册、5亿字。此项目的实施，除了出版"十部文艺集成志书"外，还形成了大量的研究成果。据统计，各地收集、整理、保存了近100亿字文字资料，包括各种珍贵的手抄本、油印本、县卷本等基础资料。收入"集成志书"约占1/20，只是极小的一部分。这些没有收入集成的研究成果主要包括各种原始材料、整理资料、研究材料以及内部编印，或者以别的形式公开、半公开出版的材料。此外，收集整理的录音、录像、实物等基础资料数量也非常之多。为了编撰集成志书，参与人员从不同途径收集、整理大量的素材。这样，素材的来源也比较复杂，大致分为以下几种情况：①参与人员从传承人处收集整理的材料。这部分材料本没有书面文本，或者尽管有文本但是参与人员没有接触或者参考该文本，直接从田间地头获得。对于收集而来的材料进行过程度不同的加工。②参与人员从书面文本中收集而来的资料。民间文学艺术的收集整理有自己的传统，参与人员有时直接从已有的书面文本中进行收集，该部分资料也经过程度不同的加工。③参与人员创作的材料。参与人员在收集素材的基础上根据编撰的需要进行创作而形成的内容。由于编撰志书是一个体系，为了体系的完整有时需要对基本素材进行梳理重新创作。

2. 国家版权局关于集成志书项目著作权问题的答复

该项目启动时，正处于计划经济时代，人们的知识产权意识还很单薄，国家资源与地方、个人权益划分上还不清晰。为了解决集成志书项目成果的著作权问题，民族民间文艺发展中心曾向国家版权局专事报告，1999年7月份国家版权局做出答复：十部文艺集成300卷的整体版权归国家所有，并委托文化部民族民间文艺发展中心行使版权;各省、自治区、直辖市各十卷的整体版权归省文化厅、省文联享有,并委托省卷编辑部(地、市、县编辑部)行使版权;每篇作品的版权按照法律有关职务作品和委托作品的规定归作者个人或者单位享有,并行使版权。未收入省卷本的大量资料仍享有版权,其版权归属建议按照上述已收入省卷本的作品的版权归属解决。

国家版权局的答复有如下特点:①区分了基础性材料和汇编性成果,分别定其归属。②对于基础性材料,要求按照职务作品和委托作品的规定来处理。但是按照职务作品或者委托作品的规定会产生什么样的产权归属结果,国家版权局没有明确说明,只是表示要么归属于个人,要么归属于单位。因此版权局的此点答复的意义限于明确问题解决的法律依据,而没有给出具体的产权归属答案。③对于在基础性材料的基础上形成的汇编成果,国家版权局只就十部文艺集成志书的著作权归属做出了答复。该答复没有明确指出相应的法律依据,但是却给出了明确的答案,国家十部集成志书和省卷集成志书的著作权分别归国家以及各省的文化厅、文联所有。显然这是按照汇编作品的规定来处理的,该著作权属于汇编作品著作权,有别于基础性材料的产权。鉴于志书项目成果的特殊性,国家版权局对汇编作品的著作权的行使做了进一步的规定,即国家层面的志书著作权由民族民间文艺发展中心行使,省卷集成志书的著作权由省、市、县级三级编辑部受托行使。其中,关于国家权利行使的规定具体明确,易于落实。④区分入卷资料和未入卷资料,建议未入卷资料的所有权按照入卷资料著作权处理方式解决。

应该说,国家版权局在区分基础性材料和汇编材料的基础上,对资料性材料和汇编性成果的著作权归属做出了比较明确、比较可行的产权划分方案。

3. 集成志书项目成果的公法性质使其具有天然的公有领域性质

显然,集成志书项目是政府为了保护民间文学艺术而实施的一项文化拯救工程,该项工程无论是实施的目的、方式、组织都呈现出鲜明的公法行为的特征;在实施的过程中,私法保护的考虑几乎没有。那么现在的疑问是:根据行政行为产生的财产应该归谁所有呢?通常情况下,根据行政行为产生的应该归国家所有。比如,政府部门通过征税产生的税款归国家所有;政府投资产生的公路、桥梁归国家所有。那么政府通过行政行为产生的智力成果是不是也应该归国家所有呢?关于这个问题的回答显然比有形财产更复杂。如果对因行政行为产生的智力成果进行区分,那么大致可以分为两类,一类是政府职员在履行职责的过程中产生的智力成果;一类是政府投资于非政府部门所产生的智力成果。关于前者,美国版权法规定的政府作品就是一个显著的例子。美国版权法第101规定,"'美国政府的作品'是由美国政府的官员或雇员在其公务范围内制作的作品"。关于后者，美国拜杜法案有具体的规定，大致是：政府投资产生的智力成果，承担项目的机构享有相应的知识产权，而政府则享有一个使用权。该法案为了激励私人研究机构的积极性，改变了政府投资产生的智力成果归国家所有的习惯做法。那么，我国是如何处理上述问题呢？著作权法没有专门区分政府作品和普通作品，也就是说我国著作权法，判断著作权归属是不考虑公法行为和私法行为的区分的。对于因政府投资产生的成果，我国适用委托作品的规定，这和拜杜法案的精神是一致的。我国修改后的《科技进步法》做了相似的规定。

《科技进步法》第二十条规定："利用财政性资金设立的科学技术基金项目或者科学技术计划项目所形成的发明专利权、计算机软件著作权、集成电路布图设计专有权和植物新品种权，除涉及国家安全、国家利益和重大社会公共利益的外，授权项目承担者依法取得。项目承担者应当依法实施前款规定的知识产权，同时采取保护措施，并就实施和保护情况向项目管理机构提交年度报告；在合理期限内没有实施的，国家可以无偿实施，也可以许可他人有偿实施或者无偿实施。项目承担者依法取得的本条第一款规定的知识产权，国家为了国家安全、国家利益和重大社会公共利益的需要，可以无偿实施，也可以许可他人有偿实施或者无偿实施。项目承担者因实施本条第一款规定的知识产权所产生的利益分配，依照有关法律、行政法规的规定执行；法律、行政法规没有规定的，按照约定执行。"由于该条规定与美国拜杜法案相似，因此被学者何炼红称为中国版的拜杜法案[180]。

但事实上，著作权法的规定没有充分考虑民间文学艺术保护的特殊性，也没有考虑该项目实施的特殊性。民间文学艺术保护的特殊性在于，由于其缺少商业价值，鼓励私人开发利用的立法选择无法有效激励私人对民间文学艺术的保护，与此同时也扰乱了政府对其有效的开发利用。既然私权保护无法有效承担民间文学艺术保护的功能，那么就应该为政府的公权保护创造条件。因此民间文学艺术的私权保护应该配合公权保护而设计。《非物质文化遗产法》要求建立民间文学艺术数据库的做法就是一种私权保护服务于公权保护的思路。显然我国著作权法关于委托作品与职务作品的规定与之相悖，导致政府的民间文学艺术数据库建设项目在获取资料方面困难重重，授权问题始终无法得到很好的解决。《非物质文化遗产法》规定的数据库来源制度，赋予政府对自己采集的数据录用入库公开传播的权利，相对于著作权法，它考虑了民间文学艺术保护的特殊性，因此是一个进步的规定。与此同时，它是专门为非物质文化遗产数据库建设制度而设定的，与委托作品、职务作品的规定呈现出特殊规定与一般规定的关系,因此应该优先适用《非物质文化遗产法》的规定。由于《非物质文化遗产法》的规定没有明确民间文艺资料产权的归属,因此不能取代著作权法的适用,但是对著作权法的适用构成某种限制,对其解释产生影响。

鉴于集成志书项目是由政府组织实施的,产生的基础性资料应该属于政府根据《非物质文化遗产法》可以录用的资料范围,并用之于数据库建设。根据委托作品、职务作品的规定,基础性资料的著作权归属于收集整理者个人的,政府有关组织可以取得使用权,该使用权的范围应该根据《非物质文化遗产法》的精神去解释,即政府为了数据库建设需要有权对自己组织采录的民间文学艺术资料用于数据库建设,这样文化部民族民间文艺发展中心有权取得基础性资料的数字化使用权。在著作权法上,民间文学艺术资料使用权应该根据民间文学艺术保护工程的终极目的和由此确定的使用范围来解释使用权的范围。

五、作品中包含的某部分作品、作品片段或基础信息

可以说,作者原创性作品中包含的公有素材在一定程度上构成了公有领域的基础。

(一)作品的非原创部分与公有领域

在著作权作品中,存在着作者完全独立创作的内容和作者从先前作品或者思想、事实、素材中移植的非原创部分。但在作品著作权保护中,这些非原创部分是和独立创作部分作为一个作品的整体受到著作权保护的。也就是说,作者将非原创的部分也延伸到可著作权的原创性作品中予以保护。这些非原创部分是从著作权的公有领域部分抽回到专有领域部分的,它使后来的原创作者在部分或者全部意义上为创作而使用"原材料"受到了限制。这导致著作权法鼓励原创性的特质却阻碍了其他同样具有创造性的作者与其他社会公众占有社会文化产品的形式。解决这一问题需要求助于公有领域的帮助。在著作权法中,作者通过使用和重新解释过去的作品进行创作,基于此他们也需要接触并使用公有领域。如美国《著作权法》对可被保护的著作权客体与不被保护的客体之间划分的基线是作品中的原创性表达,而在可被保护的原创性表达中,思想、概念等被纳入公有领域的材料不在著作权保护之列。美国有关著作权的立法报告则要求法院在处理著作权纠纷案件时仔细划分保护范围,把作品的不被保护因素置于公有领域范围[181]。

(二)作品中包含的公有领域元素

如果我们判断出一部作品并不属于公有领域,即我们想使用的作品是受版权保护的,那么并不意味着所有的都是不可用的。固然,在未首先从版权所有

者处获得许可并为使用支付费用的情况下,我们不能使用整部作品或者作品中的实质性的部分。然而,几乎所有有版权的作品都包含属于公有领域中的成分。这些元素是由作者用来创作作品的实际性的文字或其他具有创造性的构造之外的部分组成的。这些公有领域元素包括:

(1)想法、事实、体系和发现。

(2)虚构性作品的主题、设置、情节、定型角色和标准场景。

(3)非虚构性作品的研究、解释、引用、虚构的元素和非原创性的构造。

下文讨论由文字组成的作品中的公有领域元素,因为这些作品类型比其他类型相比包含有更多的公有领域成分。在此讨论的基本原则则可适用于有版权的所有的作品类型。

1. 想法

版权只会保护作者表达他或她的想法的特定方式,而不保护想法本身。想法、程序、步骤、体系、操作方法、概念、原则和发现都属于公有领域,所有人都可自由使用。对此有一个好的解释:如果作者被允许获得对他们的想法的垄断,那么版权法会走到对版权想促进的两个目标——新的创作和知识发展的对立面。

版权不会保护三种想法类型:

(1)创作作品的想法。创作一种特定类型的作品的想法是从不被版权保护的。例如,为鲁迅写自传的想法是没有版权的。任何人可以创作这种作品。许多这种自传者已经对此进行了创作的事实并不能组织其他作者创作一部新的作品。但是这并不意味着你可以复制或者对之前的鲁迅的传记中的文字进行接近改述性的创作。

(2)创造性的构造。创造性表达的构造也属于公有领域。如果这些被版权保护,那么对于任何人去塑造新的创造性的作品几乎是不可能的。这些构造的组成取决于涉及的作品的属性。在小说领域,他们包括作品的主题、设置、情节、定型角色和情形以及创作手法。在非小说性的作品中,他们包括作品中包含的事实。

(3)方法、体系和步骤。版权保护并不延及写作方法、体系或步骤。例如,版权并不保护在一本书中所描述的簿记系统。任何人有权未经作者许可的情况下使用这一体系,或者甚至创作另一本关于它的书,但是不能未经许可复制作者的描述。

虽然版权不保护想法,但是他们会以其他方式获得法律上的保护。

想法、事实、研究、概念、原则和发现通常属于公有领域。在书中和其他著述中的文字也属于公有领域。这意味着你可以未经许可地复制或以其他方式使用这些事物。但是这并不一定意味着你不应该注明这些文字、想法、事实、或者研究的出处。没有做到这一点的可能会构成剽窃。如，软件的设计思想、算法和通用处理方式，以及为维持逻辑性、保证软件运行效率或者为满足特定市场需求而需要具备的功能安排、技术或方法等。这些因素能够帮助创作者提升软件创作效率，帮助消费者提高软件运行效率，实现软件功能或增加软件兼容性，有益于消费者选择和使用，在技术和经济方面体现出实用功能[182]。

对于虚构的作品，例如小说、电影剧本和舞台剧，注明他们灵感的来源（不论是其他虚构性的作品、新闻报道还是历史）既不是习惯性的也不是必要的。但是当然，他们应该适当地注明来自于公有领域材料中的引用。

2. 事实

版权并不保护事实，不论是科学性的、历史性的、传记性的还是当天的新闻。如果记录一种事实的第一个人对它具有垄断，那么知识的传播就会严重受阻。著作权法不保护事实的另一个原因是作者并不是独立的创造出事实，大多数情况下，他或她是发现了之前不知道的事实。例如，当哥白尼在1514年创作他的里程碑式的著述《天体运行论》时，并没有创造出地球围着太阳旋转的事实。这一事实在自然界中一直存在，只是哥白尼通过密切观察和他的天赋发现了它。但版权并不保护发现。

所以，在诸如新闻故事、历史、自传和科学性论述中包含的事实并不受版权保护。所有受保护的是作者对这些作品中的事实的原创性的表达——作者用来描述事实的文字和可能的他或她组织或构造材料的方式。

事实可包括地理事实（现象）或其客观描述（如地图的经纬线）、历史事实、现实事件、基本数据统计等。事实一般是纪实性文字作品（包括新闻报道）和地图作品的要素，也是统计报表或调查数据的重要内容。事实具有提供信息的功能，能够满足人们的信息需求，帮助人们认知世界并及时调整应对之策。

3. 虚构作品中不受保护的成分

虚构作品包括小说、短篇故事、诗歌和戏剧等。

美术、音乐、书法和舞蹈等艺术作品创作中的常用技法、技巧和素材等，如美术作品中的色调、音乐作品中的音调、书法作品中的笔法与布局、舞蹈作品中的步法等因素或其组合以及相应的作品创作技巧，能够帮助作者提高创作效率，使作品具有基本的美感，体现出艺术作品元素在艺术作品创作中的功能性。虚构作品中存在不会获得版权保护的部分，因此属于公有领域的成分。

（1）主题。在虚构性作品中，主题就是它的基本想法，这是不受保护的。只有作者表达他或她的主题的原创性的方式才会受到保护。例如，任何人可以创作一本表达人类对抗自然的主题的作品,但是这并不意味着你可以大规模地复制海明威的著名小说《老人与海》。

(2)事实背景。虚构性作品的事实背景——就是,故事发生的事实性的实践和地点——不受版权保护的。例如,任何人可以写在泰坦尼克号上或者北京市中的故事。然而,作者用来描述背景的特定的文字是受到保护的。不过,虚构性的背景则是另一回事。当故事发生在一个完全的想象中的世界中时——诸如由克里斯多福·托尔金在小说《指环王》中创造的世界——这一背景很可能受到版权保护。那么,你不应该未经许可复制这种想象中的背景。

(3)情节。虚构作品中的情节(作者表达他或她的主题或想法的事件排序)是对想法的选择和编排。虽然想法本身不受保护,但是作者对想法的选择和编排只要是具有独创性(就是,独立创作的)就是受保护的。因此,只有达到作者独立创作的程度,情节才会构成受保护的表达。

由于在实际中很少有独立创作的情节,所以对于一个情节受到版权保护是很少见的。例如,作者重复了屡试不爽的整个世纪一遍又一遍的男孩遇到女孩、男孩得到女孩、男孩失去女孩、男孩又得到女孩的情节。自然的,这些基本的情节属于公有领域,否则,对任何人创造一个新的虚构作品将是困难的。

尽管情节本身通常不会受到版权保护,但是作者表达情节的特定方式——即作者用来充实和推进情节所使用的特定文字一般是受到版权保护的。任何人可以写一本关于来自于争斗的自杀的年轻恋人的话剧,但是几乎没有人会复制莎士比亚在《罗密欧与朱丽叶》中的表达这一情节所使用的文字。

(4)定型角色。随着时间的推移,在虚构作品中形成了许多标准的角色类型。例如,古怪的老太太、邪恶的继母、高大强壮的牛仔、强壮的嗜酒如命的私人侦探、耍小聪明的滔滔不绝的城市骗子。由于他们不是具有原创性的发明,所以这些角色类型并不为版权保护,他们是所有小说的作者都会利用的大量的想法中的部分。然而,当作者描述一个定型角色的特定的方式达到原创性的程度时就是可以受到保护的。

一旦虚构性的作品进入公有领域,那么作品中的任何元素都可以未经许可的加以使用,包括角色。

例如,所有的柯南·道尔关于福尔摩斯的故事在美国都属于公有领域,因为他们的版权已经到期。但是那些涉及福尔摩斯的较为现代的作品中的大部分仍享有版权。

(5)标准情形(一个场景主义)。即由一个既定主题或背景的虚构性的作品必然会产生某种顺序的事件、场景、情形或者细节。法语称这为一个场景主义(必须由一个特定的情形产生)。在处理一个给定的话题时,一个场景主义是不可缺少的,或者至少是标准性的。他们照惯例地从被描述的情形中产生,因此属于公有领域。一个场景主义的例子包括:

在一部关于奴隶的小说中的涉及试图逃跑(如《汤姆叔叔的小屋》中的情节)、被猎狗追逐的在丛林中逃脱、奴隶的悲伤或者欢快歌唱的情景。

在电影《夺宝奇兵》中涉及的藏在有蛇栖息的洞穴中的珍宝、用火驱逐蛇和在小酒馆中寻求安慰的情景。

然而,他们达到原创性的程度,作者用来描述或者叙述一个特定的场景所使用的特定的文字是受版权保护的,尽管场景中的想法没有版权。因此,尽管任何作者可以写一部包括涉及超速追逐的场景的警察小说,但是他不能复制另一个作者在先前出版的警察小说中用来描述类似追逐的文字。

(6)写作技巧。诸如故事中套有故事、倒叙、书信体小说(由虚构性的书信构成的小说)、意识流、韵律形式和头韵等修辞手法的写作技巧都是不受保护的想法。这些和大多数的其他写作技巧都属于公有领域。只有作者使用这种技巧的特定的方式是有版权的,而不是技巧本身。

4. 事实作品中不受保护的成分

事实作品包括历史、传记、政治学、哲学、法律、社会和自然科学、参考作品和类似作品。这不仅仅包括专注于这些主题的书籍,也包括杂志、报纸。事实作品中的一些元素属于公有领域。

(1)研究。在研究过程中作者发现的事实属于公有领域,任何人可以自由使用。即使作者在进行研究时花费了相当大的努力也是如此。版权不保护创造性研究的成果,不管研究是如何的令人疲惫或者耗时间。版权只会保护作者表达这一事实的方式。

例如,著名的内战历史学家爱森斯默写了一本关于刺杀亚伯拉罕·林肯的书。这本书包含了一些原创性的研究,包括从警察记录中获得之前从未分析过的事实。随后,一位自由撰稿人写了一篇关于刺杀林肯的杂志文章,其中使用了许多由爱森斯默揭露出的新的事实。自由撰稿者可以自己去查询警察记录,但是他没有。他只是在他的自己的文章中使用了爱森斯默所描述的事实。爱森斯默起诉了这一作者和杂志侵犯版权,但是败诉了。因为法院认为他揭露的事实属于公有领域。

(2)解释。作者对事实的解释本身就是一个事实(或者声称的事实),是从其他事实中推断出来的。解释因此也属于公有领域。不管他们是否是真的正确都是如此。例如,一位作者的兴登堡飞船由于破坏而坠毁的理论被认为属于公有领域。这意味着一个电影剧本作家可以自由地在兴登堡飞船由于破坏而爆炸的想法的基础上创作出一个电影剧本。

(3)引用。新闻故事、传记、历史、口述历史或类似作品的作者不会在他人创作的和作品中引用的陈述中去声明版权所有权。这是因为对他人所陈述的逐字的引用并不具有原创性。

如果一个人创作了一本从公有领域的书、文章或其他来源中复制而属于公有领域的引文的书，那么这本书可能会是有版权的汇编作品，尽管单独的引文不受保护。在这种书中的一个或多个单独的引文可以不经汇编作者的许可而加以复制，但是对于整部作品的逐字的复制就会侵犯汇编者的版权。

(4)虚构性的成分。在不同的事实性作品中的虚构性的成分是可以受到全部的版权保护的。例如，一个发现他写作对象的实际生活故事很乏味，并用虚构性的爱情故事来对他的自传润色的自传作家对于作品中的虚构性的部分有权获得版权保护。

然而，如果一个作者将他的作品描绘成完全事实性的，那么当作品实际上是受保护的小说时，他对于依赖这种陈述并因认为它是不受保护的而对其部分进行复制的人是不可以提出侵犯版权的诉求的。换句话说，一位作者不可以诱使公众认为虚构性的成分是一种真正的事实，然后再起诉有人侵犯版权。

(5)材料的组织结构。为了创作一部事实性的作品，作者必须对事实性的材料进行选择和编排。事实本身属于公有领域，但是作者的选择和编排如果具有原创性是可以享有版权的。

然而，对于一个作者关于如何编排作品的可用的选择范围是极为有限的。这种编排就几乎不会受到版权保护。例如，一部按照年代顺序选择和编排历史事实的历史作品的作者不能对这种编排主张版权。很明显，任何想按照年代顺序（组织历史材料的最普遍的方法）写关于相同事件的历史学家都会遵循类似或者完全相同的选择和编排；并且，历史年代本身是一种不享有版权的事实。

但是，以一种不同寻常（非年代顺序）的方式写关于一个事件的历史学家很可能会对他的选择和编排主张版权保护。例如，如果一位作者写了一部关于英国国王和王后的历史，并在君主的星座的基础上组织材料，那么这种反常的选择和编排很可能是享有版权的。如果第二个作者复制了这一相同的选择和编排，那么他可能会侵犯版权。

六、孤儿作品

孤儿作品是指那些具有独创性可享有著作权、作者身份不明或虽然身份明确却无法联系其权利人或实际权利持有人的作品,它不仅可以是图书、期刊、报纸等文字作品,也可以是电影、音乐盒带或者照片等。

孤儿一出生时也是母亲"十月怀胎,一朝分娩"的结晶。孤儿作品也一样,其产生时是有主的。鉴于当代世界各国立法基本采用"版权自动产生说",该作品一旦完成,其完成人就是天然的著作权人(合同约定或法律规定的特例除外)。后来,它们之所以成为孤儿作品,大致说来,有以下原因:作者放弃署名或采用假名;用以识别的有效信息太少无法联系到权利人,如有名有姓但是查无此人;著作权权利承继者不知情。

在立法和实践中,为了社会公众利益,往往又需要对这部分作品进行利用,使其具备了公有领域的某些属性特征。

在各国目前的版权法律体系中,关于孤儿作品的规定大量存在。因其利用价值逐渐凸显,对其如何使用已成为全世界普遍关心的问题。

(一)欧盟

欧盟数字图书馆的高级专家小组(HLEG)表示,欧盟的旗舰项目欧洲数字图书馆(简称Europeana)在20世纪的孤儿作品或绝版作品中存在一个黑洞。欧盟资助的项目如ARROW项目和the MILE 孤儿作品数据库提供工具帮助找到或确认失踪的权利人。它依靠谅解备忘录(MOU)促成了一个许可模型,适用于绝版作品的版权和Diligent Search Guidelines。然而,准则在法律上没有任何效力,不能赔偿用户,所以即使被认为是风险低,图书馆、档案馆和博物馆仍然容易受到起诉。因此,在图书馆组织的呼吁下,备忘录包含一项承诺,欧盟将寻求立法解决方案。孤儿作品被列入委员会的版权与知识经济的绿皮书。有传言说,欧盟最终可能会指示所有会员在国家立法,要求他们承认对方的计划。

(二)美国

1978年,美国法律对孤儿作品的数量做出限制。为此,版权权利人必须在一定的期限内更新其权利,否则这些作品将进入公共领域。1992年,美国对版权法进行了修改,将延期注册从强制性规定改为任意性规定,从而使本国法开始与伯尔尼公约规定的版权自动保护原则相一致。1998年的修正案——《版权延长法案》(CTEA)——则进一步对延期期限进行了规定(67年),这也在一定程度上加剧了孤儿作品问题。为了对此现象有一个直观的理解,大家不妨参考以下数字:根据康奈尔大学开展的一项对343部仍处于版权保护期间的作品的调查,无法找到的版权权利人竟达198部之多,超过一半!

2005年1月5日,美国参众两院司法委员会主席均对本国版权局提出了针对孤儿作品议题进行研究的要求。2005年1月26日,美国版权局发出了征集关于孤儿作品的信息，其后陆续收到了 100 多份资料，涉及多方面的内容。这些资料提到了个人或机构利用孤儿作品时可能遇到的障碍，并推荐了法律上的解决办法。截至到美国版权局向公众征求意见的到期日 2006 年 1 月 31 日，美国版权局共收到 721 条正式建议和 146 条对正式建议的回应。此后，该局还先后召开了两次圆桌会议，邀请学者、专家就孤儿作品的版权问题进行讨论。美国版权局工作报告（2006）在孤儿作品方面的建议是，孤儿作品的潜在出版商应该首先进行"适当的，努力地搜寻"找到权利人。如果权利人后来出现并要求支付使用的报酬，他们有权享有"合理补偿"，而不是著作权侵权赔偿。但是，美国的做法有一个主要缺点，它不会移除侵权责任，即使侵权损害的威胁可能会被移除。相反，它只是将支付给权利人的赔偿金限制在合理水平。此外，尽力搜寻在大量数字化项目中是不切实际的，抽样的除外。后来，这些措施没有一个在国会的各种条例草案中取得进展。

2005 年 5 月 2 日，美国研究图书馆协会（ARL）、美国医学图书馆协会（MLA）和美国法律图书馆协会（AALL）主办了关于孤儿作品有关法律问题的交互式远程会议。与会学者认为，孤儿作品对作品的应用，对科研和学术及数字化、扩大合理使用的范围都将产生影响。会议指出出现孤儿作品的原因是多方面的。包括：最近 30 年美国版权法的变化拓展了版权法的适用范围，消除了版权限制，对已经进入公有领域的外国作品提供了追溯既往保护；数字化技术增加了对低传播成本、低商业价值作品的需求；图书馆及其他机构的数字化项目使得很多作品更容易获得，数字化对获取许可提出了新要求；出版界的合并使权利的厘清更加复杂等。会议形成了关于孤儿作品版权界定的议案草案。议案提出：不论作品出版与否、时间长短，不论图书馆还是教育机构均适用于此草案；孤儿作品可用于商业目的，也可用于非商业目的。此议案对用户的合理使用提供了指南，在版权人出现之前对著作的利用将不受限制。若版权人出现，对著作的再利用则需要获得许可。

2006 年 5 月，美国版权局向众议院提交了《孤儿作品法案 2006（草案）》。当年 9 月，该法案被合并到《2006 版权现代化法案》之中。该法案的进步之处在于：确认了对孤儿作品的使用仍然是侵权行为，不过鉴于是针对孤儿作品的使用，只要适当或尽量标示作品的权利人，侵权人可以"有限赔偿"原则来弥补权利人的损失。该法案得到图书馆界的普遍支持。意料之内的是，其一经公布也马上遭到了很多组织的激烈抗议。

2008 年 4 月 24 日，美国国会众议院议员霍华德·伯曼、拉玛尔·史密斯与霍华德·科布、约翰·科尼尔斯共同提交了《孤儿作品法案 2008（草案）》。与此同时,参议院议员帕特里克·利希和奥利·哈奇也联合向国会提交了《肖恩·宾特利孤儿作品法案(草案)》。新的议案允许任何人随意使用这些作品,不涉及作者的意图或作品发布的许可证。但孤儿作品提案并没有取消无法找到的版权持有人的权利,它只是使版权收回引起的破坏性后果减弱,即在没有找到版权拥有人之前,使用孤儿作品不算侵权。

美国先后于2006年、2008年出台了专门的《孤儿著作法案》。最后的解决方案可能源自谷歌图书解决方案(GBS),它对于孤儿作品有着深刻的影响,因为这些作品的规模和意义重大,都包含在谷歌数字图书馆中。其正在进行的图书版权登记(BRR)利用海量控制专权,将在实际上变为数据库中孤儿作品的托管人。在另一方面,BRR将是一个重要资源,可用于追踪权利人和版权清洗。

(三)加拿大

当著作权人的作品被确定,但无法找到时,加拿大版权局可授予使用已发表的作品非排他许可。要获得许可,递交的申请表格要说明寻找权利人所做的努力。对于提议的使用的作品,设定了条款和费用。假如权利人在5年内没有出现,费用会支付给收集它的组织。加拿大的制度不适用对于权利人模糊不清的状况。由于该系统在1990年推出,只发出了125份许可。有传闻说,原因是申请的进程烦琐、缓慢,不符合他们的需求。

一些北欧国家在法律中规定了对孤儿作品的系统扩展性集体许可。扩展性集体许可意味着孤儿作品可以被提供许可证的图书馆等组织利用,同时还有赔偿的起诉和其他法律的惩罚等规定,使其能被安全地利用。

(四)相关国际组织的观点

2007年,IFLA(国际图书馆协会联合会),也从保证信息最大限度获取的角度,对孤儿作品的版权问题表明了立场——在一份与IPA(国际出版者协会)就主要原则达成的协议中,双方公认孤儿作品拥有版权,但鉴于其所有者无法明确,可以由那些希望获取权利所有人的许可而使用该作品的人持有。

(五)我国的相关法律规定及发展趋势

相较之下,我国关于孤儿作品的立法尚不完善,略显单薄。

在我国著作权及相关法律法规中,立法者预见了一部分孤儿作品的生存状况,根据当时的时代背景,通过了一定的规则来解决它们的困境。这也源于孤儿作品的信息价值越来越为社会所需要;但是,囿于各方面原因,现在看来,这些法律规定只能解决一部分孤儿作品的问题。

1. 现行法律法规

《中华人民共和国著作权法实施条例》[①]（以下简称《实施条例》）第13条规定，"作者身份不明的作品，由作品原件的所有人行使除署名权以外的著作权。作者身份确定后，由作者或者其继承人行使著作权。"该条规定给予了作品原件权利人在孤儿作品真正主人出现前代行大部分权利的资格和能力。在传统文献知识传播环境下，应该说，该规定还是起到了促进这部分作品真正发挥作用的效果。因为，虽然作者身份不明，但是作品确实存在并且有其价值，如果在找到其作者前任其湮没无闻，显系资源浪费。这有点类似于法定托管。

可是，互联网出现后，就"事情正在起变化"了。这主要源于以数字（指0和1的二进制代码）形式存在的作品的特殊性：原件与复制件完全相同，往往无法辨认。其无形性的特质又决定了它可以摇身一变，化身千百，同时为多人所享有。这将直接导致在作品处于孤儿状态时，无法确定临时监护人。此可谓技术的发展带来的新命题，迫使法律需要尽早与时俱进，保证孤儿不孤。

《实施条例》第18条考虑到了孤儿作品的保护期：作者身份不明的作品，著作权法第10条第1款第5项至第17项规定的权利保护期（指财产性权利，以下同）截至于作品首次发表后的第50年的12月31日。作者身份确定后，适用著作权法第21条的规定[②]。第19条的规定：著作权属于公民的，公民死亡后，第10条第1款第5项至第17项规定的权利在本法规定的保护期内，依照《中华人民共和国继承法》的规定[③]转移。

那么，那些没有继承人的权利人的作品又当如何？《实施条例》规定，作者死亡后，其著作中的署名权、修改权和保护作品完整权由作者的继承人或者受遗赠人保护，著作权无人继承又无人受遗赠的，其署名权、修改权和保护作品完整权由著作权行政管理部门保护。也就是说，由国家的著作权行政主管部门来承担除发表权外的精神权利的保护职责。对于发表权，《实施条例》第17条规定：作者生前未发表的作品，如果作者未明确表示不发表，作者死亡后50年内，其发表权可由继承人或者受遗赠人行使。没有继承人又无人受遗赠的，由作品

---

① 2002年8月2日中华人民共和国国务院令第359号公布，根据2011年1月8日《国务院关于废止和修改部分行政法规的决定》第一次修订，根据2013年1月30日《国务院关于修改〈中华人民共和国著作权法实施条例〉的决定》第二次修订。

② 一般指作者终生加死后50年或者首次发表后50年。

③ 该法第2条规定继承从被继承人死亡时开始，第3条则将公民著作权中的财产权利纳入公民死亡时遗留的个人合法财产范围。

原件的所有人行使。对于财产性权利,《继承法》第32条的规定可谓相辅相成:"无人继承又无人受遗赠的遗产,归国家所有;死者生前是集体所有制组织成员的,归所在集体所有制组织所有。"著作权属于法人或者其他组织的,法人或者其他组织变更、终止后,第10条第1款第5项至第17项规定的权利在本法规定的保护期内,由承受其权利义务的法人或者其他组织享有。没有承受其权利义务的法人或者其他组织的,由国家享有。也就是说,同样是看其有无承继者,如果没有,则将这些孤儿收归国有,直接由国家著作权行政主管部门代表国家"养"起来。

2. 从《著作权法(修订草案送审稿)》[①]相关内容看孤儿作品的立法趋势

为适应数字网络环境下海量使用作品的需要,为解决特定情况下,著作权人查找无果但仍需使用作品的实际,《中华人民共和国著作权法(修订草案送审稿)》增加了相关规定,允许使用者在向有关机构申请并提存使用费后以数字化形式使用作品。具体条文如下:

"对著作权的保护期未届满的作品,使用者尽力查找权利人无果,符合下列条件的,可以向国务院著作权行政管理部门指定的机构申请并提存使用费后使用:

(一)著作权人身份不明的;

(二)著作权人身份确定但无法联系的。

前款具体实施办法,由国务院著作权行政管理部门另行规定。"

(六)其他

英国早在《1988年版权、设计和专利法案》中,对孤儿作品的利用采用法定许可模式,2014年10月,英国已经对其《著作权法》修改完毕,其中针对孤儿作品的著作权授权问题、《著作权法》中的限制和例外,以及著作权集体管理等内容进行了修改[183];日本、韩国则以发放强制许可证的主要方式来使孤儿作品从"无家可归"到"妥善安置"。

美国斯坦福大学的莱斯格教授是对孤儿作品的版权问题予以较早研究的专家。在2003年和2004年,他就提出可以采用新的征税方式来解决问题。按照他的设想,一部作品发表50年后,作者或权利持有人应向政府缴纳1美元的税金(日后使用人可以通过查阅纳税登记簿向作者寻求授权)。若3年内未交,该作品即进入公有领域。同为斯坦福大学教授的斯普利格曼则提出了另一套方案,他主张建立一套新的、"自愿的"版权保护形式要件体系,不满足条件的作

---

① 国家版权局办公厅.国家版权局关于报请国务院审议《中华人民共和国著作权法(修订草案送审稿)》的请示(国版字2012[10]号),2012年12月24日。

品即自动适用强制许可。至于许可费用标准则是统一的,由政府负责确定。

2005年,美国的一个非营利组织——知识共享组织(CC)提出了新的方案,该方案以一定期间内(25年后)的主动登记作为权利人垄断权存续的前提,否则即视为对他人使用本人作品的行为予以默认。

七、适用国际公约保留所致公有领域

(一)版权公约的保留

条约的保留是与条约的缔结程序有关的一项重要制度。《维也纳条约法公约》第2条规定,条约的保留是指一国在签署、批准、接受、核准或加入条约时所做的单方声明,其目的在于排除或改变该条约的某些条款在对该国适用上的法律效果。根据该定义可以看出,一国对条约提出保留的目的是为了免除该国的某项条约义务或变更某项条约义务。保留主要发生于多边条约。由于多边条约涉及国家多,各国利益往往又相互矛盾,要使所有缔约国对条约全部条款都完全同意,有时不易做到又或经常做不到。在这种情况下,为了保证条约的广泛适用性,不至于因为一些个别的分歧而将某些国家排除在条约范围之外,所以发生条约的保留问题。

国家对条约提出保留的权利是基于国家主权原则。一般地说,只要有关条约没有明文禁止保留或所提的保留与条约的目的与宗旨不相抵触,任何国家都有权对任何条约提出保留。保留必须在条约签署时提出,或在批准或核准等其他任何表示接受条约约束行为时提出。如果一国在签署须经批准、接受的条约时提出保留,该项保留还须在批准、接受时正式确认。缔约国在签署时未提出保留,并不排除其在批准、接受条约时再做出保留。但条约一旦对本国生效,则不能再做出保留。

实践中,各国在缔结条约时提出保留是很普遍的。例如,我国1975年11月加入了1961年《维也纳外交关系公约》,我国政府在交存加入书的同时发表声明,对该公约第十四条、十六条以及三十七条(二)、(三)、(四)款持有保留。又如,我国于1981年9月签署了《联合国国际货物销售合同公约》,1986年12月我国政府交存了核准书,核准书中载明,中国不受公约第1条第1款(b)、第11条及与第11条内容有关的规定的约束。

有的国家对于某项条约还可能既在签字时保留,又在批准时保留。如1976年英国在批准《公民权利与政治权利国际公约》时,又在1968年签署时提出保留的基础上增加了一些新的保留内容。主要针对该公约第12条有关迁徙自由的规定,英国认为只适用于英国领土,并保留有继续适用其移民法的权利[184]。

(二)我国加入的版权国际公约及其保留情况

版权公约一般规定了不适用国民待遇原则的保留事项。其实质内容主要是基于互惠产生国民待遇原则在适用时事实上的保留。即在某一事项上,如果某缔约国没有给予其他缔约国国民充分、有效的版权保护,则后者有权在该事项不适用国民待遇原则[185]。

保留事项包括:对某些作品形式是否给予保护的保留,如对实用艺术作品的保留[186];对某些作品是否给予保护的判断标准的保留,如对录音制品的首次制作或首次发行标准保留[187]、对广播节目的广播组织总部所在地和发射台所在地标准的保留[188];对某些具体权利形式的保留,如对翻译权[189]和追续权[190]的保留、对录音制品的再度使用和公共场合公开转播电视节目的保留[191]等。

改革开放以来,我国陆续加入了一些重要的版权国际公约,丰富完善了我国的知识产权保护体系,也最大程度地利用了保留制度,来维护我国作为发展中大国的相关权益。表3.2为我国参加的主要版权公约及其保留情况。

表3.2 我国参加的主要版权公约及其保留情况一览表

公约名称	我国加入情况	是否允许保留	保留的内容
《世界知识产权组织公约》	1980年3月4日,中国交存加入书;同年6月3日中国成为该公约成员	否(第16条明文规定:"对本公约,不得作任何保留")	
《保护文艺作品的伯尔尼公约》	我国于1992年7月10日正式加入该公约	是	中华人民共和国根据《公约》附件第一条的规定,享有附件第二条和第三条规定的权利
《世界版权公约》	我国于1992年7月30日正式加入该公约	是	中华人民共和国根据《公约》第五条之二的规定,享有该公约第五条之三、之四规定的权利

续表 3.2

公约名称	我国加入情况	是否允许保留	保留的内容
《保护录音制品制作者防止未经许可复制其录制品公约》	我国于 1993 年加入该公约	否（第 10 条申明：对本公约不得作任何保留）	
《保护表演者、录音制品制作者与广播组织公约》（简称"罗马公约"）	1993 年 4 月 30 日中国成为该公约成员	是	
《与贸易有关的知识产权协定》（简称 TRIPS）	我国从 2001 年 12 月 11 日起正式成为世贸组织成员	否	
《世界知识产权组织版权条约》（WCT）	中国 2006 年年底加入，2007 年 6 月 9 日起该公约正式对中国生效	是	中国政府声明，该公约暂时不适用于香港和澳门地区
《世界知识产权组织表演和录音制品条约》（WPPT）	中国 2006 年年底加入，2007 年 6 月 9 日起正式生效	是	对其第 15 条进行了保留①
《视听表演北京条约》（尚未生效）	2014 年 4 月 24 日，十二届全国人大常委会第八次会议批准了《视听表演北京条约》	是	

（三）保留可导致公有领域

保留可以有两个法律效果：一是排除条约的某个规定对保留国的适用；二是更改通常是缩小条约的某一规定对保留国的适用范围。显然，保留能够减少保留国的条约义务。保留也必然对缔约国国内的立法与司法产生影响，从而有可能形成版权法意义上的公有领域。

---

① 该条是表演者和录音制作者享有因他人播放或向公众传播录音制品获得报酬的权利。

1. 国际公约保留的法律适用

从国际法来看,缔约国如何在国内适用条约原则上是其自由决定的事情,国际法通常只管条约义务是否得到履行,而不问缔约国是如何履行的。现代国家一般都是通过本国法律对条约的国内适用加以规范。这一实践起源于英、美宪法。英国不成文宪法很早就形成了"(习惯)国际法是本国法一部分"的原则。美国宪法则规定,条约是美国联邦的最高法律,效力优于州法。英、美宪法开创了由本国法来规范国际法及条约在国内适用的先例。

我国在处理国际条约法律适用问题上大致有三种方式。第一种是将国际条约的规定在国内法上直接予以规定,如宪法第 18 条关于对外国投资者保护的规定即属此例。第二种是根据我国缔结或参加的国际条约的规定,及时对国内法做出相应的修改或补充,如为了配合 2001 年加入世贸组织,我国对有关的经贸法律进行了较大规模的"废、改、立"工作,在我国加入世贸组织前修改的专利法、著作权法及商标法就吸收了 TRIPS 协议的内容,这显然主要是为了将 WTO 规则转化成为国内法而采取的措施。这两种方式实际上都是将国际条约的规定转化为国内法。第三种适用方式是虽然没有将国际条约、国际法规则的规定转化为国内法,但是就国际条约的适用问题做出原则性规定。如民事诉讼法第 262 条有关涉外民事诉讼送达和司法协助的规定。此种方式实际上是将国际条约直接纳入国内法[192]。

我国现行法律中最早对国际条约的适用做出原则性规定的是 1982 年的民事诉讼法(试行)。该法第 189 条规定,中华人民共和国缔结或者参加的国际条约同本法有不同规定的,适用该国际条约的规定。但我国声明保留的条款除外。此项适用原则为后来的若干法律所承继。例如,针对伯尔尼公约在中国的适用,国务院于 1992 年 9 月 25 日颁布了《实施国际著作权条约的规定》,该法规第 19 条规定,本规定与国际著作权条约有不同规定的,适用国际著作权条约。从上述规定可知,我国采用的是国际条约优先适用的原则,如若出现著作权法律与伯尔尼公约和 WCT 不一致的情况,应优先适用国际公约,但均以国际条约与国内法规定不同且我国未声明保留为前提。

2. 可能形成公有领域的情形

从以上各"但书"条款不难推论,对那些我国声明保留的版权国际公约,则不存在所谓的国际条约优先使用问题,径行适用相关国内法即可。此时,就具备了形成公有领域的可能。如,对实用艺术作品,若我国立法不予保护,则国外此类作品在我国就形同公有领域,我国公民、法人和其他组织自可放心无偿利用之。再如,《世界知识产权组织表演和录音制品条约》(WPPT)对其第 15 条进行的保留实为不保护"表演者和录音制作者享有因他人播放或向公众传播录音制品获得报酬的权利",则这两种主体的此种权利在我国不受保护,与虽受保护但过了保护期的权利产生同等的进入公有领域的效果。又如,关于追续权,若我国立法未予规定,则国外著作权人的此项权利就不会受保护。

反之,若未作保留,作为缔约国,应履行相关义务,对此类作品或权利进行保护,这属于国内著作权主体不受保护而国外著作权主体受保护的"内低外高"的超国民待遇现象。

八、部分侵权作品可能导致的公有领域

(一)非法演绎作品的属性

1. 我国承认其享有著作权

演绎作品是在既有作品上再创作所形成的作品,我国《著作权法》第12条就是有关演绎作品的规定。按目前的通说和司法实践,演绎作品一旦创作完成即产生著作权,权利瑕疵不得成为第三人非法使用演绎作品的抗辩事由[193]。对未经原作者许可演绎而来的作品著作权属性的认可,首先源于非法演绎作品满足独创性的作品属性;其次,演绎者毕竟通过自己的演绎努力,为公众带来了全新的文化形式,使人类享受到了有别于原作品的全新知识形态,从而使公众的文化福利得到了增进[194]。非法演绎作品尽管在权利上有瑕疵,但至少不应因其前期的侵权行为,而对其权属进行全盘否定,与之类比,对停止侵权予以适当限制也是合理的。

我国原《著作权法》对违法作品的否定态度十分坚决,第4条第1款规定:"依法禁止出版、传播的作品,不受本法保护。"造成在《著作权法》立法之初,该条规定就因违背了版权自动保护的国际原则,抹杀了我国《著作权法》的民事权利法的性质,不恰当地用调整不平等主体之间纵向关系的行政法律手段来调整平等主体间的民事法律关系,而受到批评。直到2010年2月26日全国人民代表大会常务委员对我国《著作权法》进行了修改。修改后的《著作权法》第四条规定:"著作权人行使著作权,不得违反宪法和法律,不得损害公共利益。国家对作品的出版、传播依法进行监督管理。"并且在第四十五条规定,如有"未经著作权人许可,以表演、播放、展览、发行、摄制电影、电视、录像或者改编、翻译、注释、编辑等方式使用作品(本法另有规定的除外)"等侵权行为的,应当根据情况,承担停止侵害、消除影响、公开赔礼道歉、赔偿损失等民事责任。

2. 美国排除版权保护

《美国版权法》将"演绎作品中违法使用现有内容的任何部分"(第103(a)

条)排除在版权保护之外。不予保护侵权性的演绎创造成果也反映出了公共政策的导向,因其不鼓励对现有作品的侵权。

3. 印度不承认其著作权

根据印度著作权法第三章第13条第(3)款规定,以下作品不享有著作权:

(a)任何电影,如果其实质部分侵害其他作品的著作权;

(b)任何文学、戏剧或音乐作品的录音,如果录音的制作侵害该作品的著作权。

(二)歪曲、篡改或抄袭、剽窃他人作品形成的作品及其处理

1. 民法通则有关条款

我国民法通则第一百一十八条规定,公民、法人的著作权(版权)、专利权、商标专用权、发现权、发明权和其他科技成果权受到剽窃、篡改、假冒等侵害的,有权要求停止侵害,消除影响,赔偿损失。

2. 著作权法有关条款

我国著作权法第四十五条规定,有下列侵权行为的,应当根据情况,承担停止侵害、消除影响、公开赔礼道歉、赔偿损失等民事责任:

"(四)歪曲、篡改他人作品的;"

第四十六条规定,有下列侵权行为的,应当根据情况,承担停止侵害、消除影响、公开赔礼道歉、赔偿损失等民事责任,并可以由著作权行政管理部门给予没收非法所得、罚款等行政处罚:

(一)剽窃、抄袭他人作品的;

……

3.《中华人民共和国科学技术进步法》的相关规定

根据该法第七十条:违反本法规定,抄袭、剽窃他人科学技术成果,或者在科学技术活动中弄虚作假的,由科学技术人员所在单位或者单位主管机关责令改正,对直接负责的主管人员和其他直接责任人员依法给予处分;获得用于科学技术进步的财政性资金或者有违法所得的,由有关主管部门追回财政性资金和违法所得;情节严重的,由所在单位或者单位主管机关向社会公布其违法行为,禁止其在一定期限内申请国家科学技术基金项目和国家科学技术计划项目。

综上,对以上两类被侵权的作品,在其司法救济上有:停止侵权、消除影响,赔礼道歉,赔偿损失等形式,如判令停止销售侵权作品。

(三)侵权形成的作品可能归于公有领域

根据一些国家,如前文提到的美国、印度的立法例,非法演绎或严重侵权形

成的作品,不受版权保护,可归入公有领域。这类作品固然侵权,但很多作品中的内容并非一无是处,如果设计得当,对其中的有价值部分是可以规定相应利用制度,让有使用需求的人无偿利用,从而发挥其"改过自新"作用的。

九、违反公序良俗原则形成的作品

根据我国著作权法第四条:"著作权人行使著作权不得违反宪法和法律,不得损害公共利益。"这可视为民法上公序良俗原则在特别法上的表现。

(一)公序良俗原则

公序良俗,即公共秩序与善良风俗的简称,是法国、日本、意大利等大陆法系国家以及我国澳门和台湾地区民法典中使用的概念。在德国民法中,与公序良俗相当的概念是善良风俗。在英美法中,与此类似的概念则是公共政策。公序良俗原则是指民事主体在民事活动中不得违反公共秩序和善良风俗,不得违反社会公德,不得损害社会利益和国家利益。

公序良俗原则的具体内容主要包括以下两个方面:

第一,民事活动应当尊重社会公共利益和社会公德;第二,民事主体不得滥用权利。

公序良俗原则由公共秩序和善良风俗组成,前者指国家社会之一般利益,后者指社会的一般道德观念。从词义上来看,公共秩序的落脚点在于秩序,正是在这一秩序下,生活于社会之中的人们能够处于一种安全稳定有序的环境中并获得一种可持续的发展。民法学者史尚宽先生将其谓之社会之存在及其发展所必要之一般秩序,如个人之言论、出版、信仰、营业之自由,以至私有财产、继承制度。

(二)我国法律中的公序良俗原则

我国民事立法中并无"公序良俗"这一概念,学者们将《民法通则》第 7 条[①]概括为"尊重社会公德和社会公共利益的原则",作为我国民法的一个基本原则,并一般倾向于将这一原则等同于公序良俗原则。但是公共利益的内涵很窄,不能涵盖社会中所有为法律所禁止但不能或难以纳入社会公共利益的行为。

根据《民法通则》第一百五十条:"依照本章规定适用外国法律或者国际惯例的,不得违背中华人民共和国的社会公共利益。"也可视为这一原则在国际私

---

① 指民事活动应当尊重社会公德,不得损害社会公共利益破坏国家经济计划,扰乱社会经济秩序。

法领域的体现。

其他,诸如《合同法》第七条和《物权法》第七条关于社会公德、社会公共利益和社会经济秩序的规定,通常被认为是承认了公序良俗原则。

(三)违反公序良俗原则形成的作品

对于内容违反公序良俗原则的作品是否享有著作权保护的问题,如,被查禁的小说,尽管存在争议,但目前的趋势是承认其著作权,只是限制其权利的行使——"国家对作品的出版、传播依法进行监督管理。"

十、对民间文学艺术类作品是否属于公有领域的讨论

(一)我国民间文学艺术作品的立法变迁

1.《图书、期刊版权保护试行条例》

国家版权局于1985年1月1日颁布了《图书、期刊版权保护试行条例》,现已失效。

该条例第十条规定:民间文学艺术和其他民间传统作品的整理本,版权归整理者所有,但他人仍可对同一作品进行整理并获得版权。民间文学艺术和其他民间传统作品发表时,整理者应注明主要素材提供者,并依素材提供者的贡献大小向其支付适当报酬。

2.《民间文学艺术作品著作权保护条例(征求意见稿)》

根据现行著作权法,"民间文学艺术作品的著作权保护办法由国务院另行规定。"但自1990年以后,该保护办法一直未出台。

为保护民间文学艺术作品的著作权,保障民间文学艺术作品的有序使用,鼓励民间文学艺术传承和发展,根据《中华人民共和国著作权法》,按照《国务院2014年立法工作计划》,国家版权局起草了《民间文学艺术作品著作权保护条例(征求意见稿)》[195]。2014年9月2日,国家版权局网站发布了《民间文学艺术作品著作权保护条例(征求意见稿)》,公开征求意见。

根据该征求意见稿,民间文学艺术作品,是指由特定的民族、族群或者社群内不特定成员集体创作和世代传承,并体现其传统观念和文化价值的文学艺术的表达。民间文学艺术作品包括但不限于以下类型:

(1)民间故事、传说、诗歌、歌谣、谚语等以言语或者文字形式表达的作品。

(2)民间歌曲、器乐等以音乐形式表达的作品。

(3)民间舞蹈、歌舞、戏曲、曲艺等以动作、姿势、表情等形式表达的作品。

(4)民间绘画、图案、雕塑、造型、建筑等以平面或者立体形式表达的作品。

在保护客体上,一般仅适用于中国民间文学艺术作品。外国民间文学艺

作品依据该国与中国签订的协议或者共同参加的国际条约,才受本条例保护。

在权利归属上,民间文学艺术作品的著作权属于特定的民族、族群或者社群,不是普通的自然人或法人及其他组织。

在保护期限上,民间文学艺术作品的著作权的保护期不受时间限制。

授权方面,遵循先授权后传播原则。

但是,民间文学艺术作品的著作权人或者专门机构不得向任何使用者授予专有使用权。

特定的民族、族群或者社群的成员基于传承目的以传统或者习惯方法使用本民族、族群或者社群的民间文学艺术作品,可以不经授权。

关于口述人、表演者和记录者:搜集、记录民间文学艺术作品的人为记录者。记录者在搜集、记录民间文学艺术作品时应指明口述人、表演者身份。记录者应当与口述人、表演者等就劳务报酬问题进行协商。使用记录者搜集、记录的民间文学艺术作品,应当指明口述人、表演者和记录者身份。

关于权利转让和权利负担:为保障其可被广泛使用性,规定民间文学艺术作品的著作权不得转让、设定质权或者作为强制执行的标的。

权利限制与例外方面:规定在下列情况下使用已经公开的民间文学艺术作品,可以不经著作权人许可,不向其支付报酬,但必须指明来源,不得贬损著作权人,不得与民间文学艺术作品的正常利用相冲突,不得损害著作权人依法享有的以下合法权利:

(1)为个人学习或者研究目的使用的。

(2)为教育或者科研目的使用的。

(3)为新闻报道或者介绍评论目的使用的。

(4)图书馆、档案馆、纪念馆、博物馆或者美术馆等为记录或者保存目的使用的。

(5)国家机关为执行公务目的使用的。

(6)其他法律法规有规定的。

兜底条款:对出版者、表演者、录音制作者以及广播电台电视台的权利的保护以及其他本条例未作规定的事项,适用《中华人民共和国著作权法》相关规定。

从旧原则(衔接条款):本条例施行前发生的使用民间文学艺术作品的行为,依照使用行为发生时的有关规定和政策处理。

(二)民间文学艺术作品与公有领域

未专门立法前,虽说《著作权法》明确规定民间文学艺术作品受著作权法保护,但是因为"由国务院另行规定"的民间文学艺术作品的著作权保护办法十多年来一直迟迟未出台,对其的保护一直处于弱保护状态,偶尔有几个司法判决案例的出现,如乌苏里船歌案,才会使人们意识到原来这种作品形式是受版权保护的。从这个意义上来讲,大多数民间文学艺术作品未受到有效的保护,从而在事实上处于公有领域状态。不然也不会出现发达国家放开手脚、大肆使用发展中国家民间文学艺术表达元素的案例,如花木兰、功夫熊猫等题材即是。

至于权利限制方面,《民间文学艺术作品著作权保护条例(征求意见稿)》的相关条款,无疑是体现了对其利用的公有领域性的一面,但这是所有受版权保护作品的通例,对论证其本身的公有领域性并无说服力。

(三)民间文学艺术作品保护的发展趋势

该征求意见稿对"特定的民族、族群或者社群的成员基于传承目的以传统或者习惯方法使用本民族、族群或者社群的民间文学艺术作品,可以不经授权"的规定,使其仿佛具有多数人无障碍免费使用的属性,貌似与本书前文对公有领域的定义接近。但,因为使用人仅限于特定的民族、族群或者社群的成员内部这一狭小范围,此种使用方式并不能证明其具有实质意义上的公有领域性。

这一点,从其保护期的永久性、不得专有授权或转让,也可以做出判断。

十一、无继承人或无受遗赠人的作品

著作权的主体既有自然人也有法人。一般来说,著作权主体成为被继承主体是有限制的:只有在著作权的主体是自然人时,即自然人著作权主体死亡时才发生财产权的继承;法人和组织则不能成为著作权中的财产权的被继承主体。这是由继承法律关系的特殊人身性质所决定的。对于权利义务的接续与权利主体转移,则不分自然人与法人、其他组织,可通称为权利的承继。

(一)国外的立法例

如果原著作权人死后,既无法定继承人又无遗嘱继承人,也无人受遗赠,著作权将如何归属?综观各国的立法与实践,主要有两种模式:

第一种模式是,如果死者的著作权无人继受,则导致该著作权终止,该作品进入公有领域。

日本著作权法第62条第一款则规定:"著作权在以下情况即告消亡:(一)著作权所有者已死亡,该著作权依民法(明治29年法律第89号)第959条(归国库的继承财产)的规定应归国库时;(二)作为著作权所有者的法人解散时,该著作权依民法第72条第三款(归国库的剩余财产)或依其他法律的规定应归国库时。"

巴西著作权法第三编第三章"著作财产权及其保护期"第45条规定,作品的著作财产权的保护期届满后,该作品的作者死亡后,无继承人的,作品将进入公有领域。哥斯达黎加著作权法第66条亦有类似规定。

第二种模式是,如果死者的著作权无人承受,该项著作权并不终止,作品在受保护的有效期内,著作权收归国家所有。在这种情况下,由代表国家的单位(一般是著作权行政管理部门)代国家行使著作权。

俄罗斯联邦民法典(著作权部分)法典第四部分第七十章第1283条"作品专有权的继承转移"规定,在本法典第1151条规定的情形下[①],作为遗产组成部分的作品专有权终止,并且作品将变为公共财产。《俄罗斯联邦著作权法》第29条第2款规定:"作者没有继承人的,由俄罗斯联邦专门机构全权实施对上述权利的保护。

韩国著作权法第二章第四分节第49条"著作财产权的终止"规定了著作财产权因下列情形之一而终止:①当作者死亡且没有继承人时,著作财产权根据民法及其他法律条款,属于国家所有。②当作为著作财产权人的法人或其他组织解散后,著作财产权根据民法及其他法律条款,属于国家所有。

越南著作权法规定,著作权人死亡而无法定继承人者,其著作权收归国家。

还有一些国家没有在著作权法中对这种情况进行规定,如德国、法国等国的著作权法。

第二种模式则是从保护国家利益的角度考虑的。如果将知识产权制度放在国际的层面上,则可以看到任何一个国家的知识产权制度首先服务于本国的政治、经济、文化目标,以满足本国产业发展的利益需求。国家可以将该项权利委托给著作权集体管理机构来行使,对内公益性使用,对外维护国家文化主权。

(二)我国关于无人继承之著作权的规定

1. 著作权法及相关法之规定

《著作权法》第十九条第1款规定:"著作权属于公民的,公民死亡后,其作品的使用权和获得报酬权在本法规定的保护期内,依照继承法的规定转移"。

---

① 《俄罗斯联邦民法典》第1151条规定:"1. 有下列情形之一者,死亡人的财产被认为是无主财产:既不存在法定继承人,也无遗嘱继承人;继承人中的任何人均无权继承或者所有继承人均被排除继承(第1117条);继承人中的任何人均不接受遗产;所有继承人均放弃遗产而且其中任何人均未指明为另一继承人而放弃(第1158条)。2. 无主财产按照法定继承程序归俄罗斯联邦所有。3. 取得无主财产的程序和登记办法以及移转给俄罗斯联邦所有或地方自治组织所有的程序由法律规定。"

而我国继承法第三十二条规定:"无人继承又无人受遗赠的财产,归国家所有;死者生前是集体所有制组织成员的,归所在集体所有制组织所有。"作为司法解释,《最高人民法院关于贯彻执行〈中华人民共和国继承法〉若干问题的意见》(法(民)发〔1985〕22号)[196]在第五十七条规定:遗产因无人继承收归国家或集体组织所有时,按继承法第十四条规定①可以分给遗产的人提出取得遗产的要求,人民法院应视情况适当分给遗产。

《著作权法》第十九条第1款同时规定:著作权属于法人或非法人单位的,法人或非法人单位变更、终止后,其作品的使用权和获得报酬权在本法规定的保护期内,由承受其权利义务的法人或非法人单位享有;没有承受其权利义务的法人或非法人单位的,由国家享有。

依继承法之规定,这里的继承人为公民的包括法定继承人、遗嘱继承人,也可是履行遗赠抚养协议的扶养人。他们可以是中国公民,也可以是外国人或无国籍人。

2. 著作权法实施条例相关规定

实施条例第十四条规定:合作作者之一死亡后,其对合作作品享有的《著作权法》第十条第一款规定中的第五项至第十七项的权利无人继承又无人受遗赠的,由其他合作作者享有。

第十五条第一款规定,作者死亡后,其著作权中的署名权、修改权和保护作品完整权由作者的继承人或者受遗赠人保护。

第十五条第二款规定,著作权无人继承又无人受遗赠的,其署名权、修改权和保护作品完整权由著作权行政管理部门保护。

第十六条规定,国家享有著作权的作品的使用,由国务院著作权行政管理部门管理。

关于著作人身权中的发表权,实施条例第十七条规定:作者生前未发表的作品,如果作者未明确表示不发表,作者死亡后50年内,其发表权可由继承人或者受遗赠人行使;没有继承人又无人受遗赠的,由作品原件的所有人行使。作者死亡50年后,发表权与财产权一并消灭,进入公有领域。

3. 计算机软件保护条例相关规定

我国"依照著作权法"而制定的《计算机软件保护条例》,则规定在无继承

---

① 继承法第十四条:对继承人以外的依靠被继承人扶养的缺乏劳动能力又没有生活来源的人,或者继承人以外的对被继承人扶养较多的人,可以分配给他们适当的遗产。

人或无承受单位的情况下,版权进入公有领域。

具体内容见第二十条:

"软件著作权保护期满后,除开发者身份权以外,该软件的其他各项权利即行终止。

凡符合下列各项之一者,除开发者身份权以外,软件的各项权利在保护期满之前进入公有领域:

(一)拥有该软件著作权的单位终止而无合法继承者;

(二)拥有该软件著作权的公民死亡而无合法继承者。"

4. 集成电路布图设计保护条例相关规定

根据该条例第十三条第一款,布图设计专有权属于自然人的,该自然人死亡后,其专有权在本条例规定的保护期内依照继承法的规定转移。这意味着无人继承又无人受遗赠的布图设计专有权应按照继承法第三十二条的规定处置,即无人继承又无人受遗赠的遗产,归国家所有;死者生前是集体所有制组织成员的,归所在集体所有制组织所有。

5. 上海市的立法

我国一些地方的立法还对此进行了细化,例如于 2000 年 1 月 3 日发布的《上海市著作权管理若干规定》,其中第 6 条(无主著作权的行使)规定:

享有著作权的公民死亡后,其著作权无人继承又无人受遗赠的,作品的使用权和获得报酬权在法定保护期内,由下列组织代为行使:

(1)作者生前是集体经济组织成员的,由所在集体经济组织行使;

(2)作者生前是非集体经济组织成员的,由市版权局代表国家行使。市版权局按照本条第一款、第二款规定代为行使作品的使用权和获得报酬权的,应当提前发布公告,并将作品使用报酬上交国库。

享有著作权的法人或者其他组织终止后,无法人或者其他组织承受其权利义务的,作品的使用权和获得报酬权在法定保护期内,由市版权局代表国家行使。

(三)小结

总之,无论是国外的一些立法,还是我国国家层面以及地方层面的立法,都规定了在版权保护期内无人继承或无受遗赠作品的最终归宿:要么直接归于公有领域,要么属于国家所有,要么先归国家历经一定期间(如澳门为 10 年)后再归入公有领域。唯有合作作品之情形,得按照一定的规则归其余合作者所有。

第三节 其他因素导致作品版权进入公有领域

一、战争

因战争退出国际公约,则导致至少其交战国之作品不受本国国内法之保护。关于此事由,民国时期的法政杂志(上海)在 1914 年登载的《记事:世界之部:因开战消灭工业所有权及著作权之保护条约》可为佐证。

二、非战争因素退出国际公约或双边条约

因断绝外交关系、国家分裂等原因,也可能导致短暂或长久退出国际公约之情形,从而有可能造成原来受版权保护的作品不再受到保护。

三、在相关法律制定前产生的作品

在相关法律制定前产生的作品也可能属于公有领域。

比如威廉·莎士比亚和贝多芬的作品,以及阿基米德的发明(但是他们作品的译本可能具有版权),不能得到知识产权的保障。这主要存在于法律不溯及既往的立法例当中。在保护精神权利的大陆法系国家,在相关法律制定前的作品的精神权利仍受保护。在承认法律溯及力的国家,相关法律出台前的作品,仍有可能受版权法保护,如我国。

司法实践当中,该类作品受当时的类似法规文件约束。若已经一审审结的,二审时似仍应援用当时的法律依据;若新法出台后方进入诉讼,则应用新法予以规范。

第四节 精神权利与公有领域

一、公有领域作品与精神权利

(一)精神权利

精神(人身)权利与经济(财产)权利的分别一般存在于法国、德国、日本与我国这类大陆法系国家的著作权法或版权法中。而英美(海洋)法系国家是不承认精神权利的。

(二)精神权利与保护期

根据我国现行著作权法,著作权人身权包括以下 4 项:

（1）发表权，即决定作品是否公之于众的权利；
（2）署名权，即表明作者身份，在作品上署名的权利；
（3）修改权，即修改或者授权他人修改作品的权利；
（4）保护作品完整权，即保护作品不受歪曲、篡改的权利。

其中，作者的署名权、修改权、保护作品完整权的保护期不受限制。即这几项权利是永久的。为此，我们所说的公有领域通指作品的财产权进入公有领域。

关于发表权的保护期，则与其他经济（财产）权利的保护期并无明显不同：

公民的作品，其发表权的保护期为作者终生及其死亡后50年，截至于作者死亡后第50年的12月31日；如果是合作作品，截至于最后死亡的作者死亡后第五十年的12月31日。

法人或者其他组织的作品、著作权（署名权除外）由法人或者其他组织享有的职务作品，其发表权的保护期为五十年，截至于作品首次发表后第50年的12月31日，但作品自创作完成后五十年内未发表的，不再保护。

电影作品和以类似摄制电影的方法创作的作品、摄影作品，其发表权的保护期为50年，截至于作品首次发表后第50年的12月31日，但作品自创作完成后50年内未发表的，不再保护。

二、保护精神权利的意义

对公有领域作品精神权利的保护主要是为了保护一个国家或民族文化的统一性和完整性。"创作人死亡之后继续保护精神权利的真正原因在于，社会需要保护其文化的完整性。"从特定历史时期创作的作品来看，绝大多数的作品在问世后不久即逐渐为人们所遗忘，失去了其原有的使用价值，只有少数优秀的作品会流传下来，并积淀在民族文化中，成为该民族文化的组成部分，这些优秀的作品（如我国古典四大名著、英国莎士比亚的戏剧等）哺育了一代又一代的国人，反过来，深受这些作品影响的人们又产生了对自己民族文化的认同感和自豪感。因此，对公有领域作品的胡编、乱改有时已不仅仅是对公有作品的滥用和损害，其影响还可能波及文化层面，甚至伤害了人们的民族情感，从而引起人们的不满，乃至招致公愤。

所以，为了维护民族文化的完整和尊严，国家有必要制定法律对故意歪曲、篡改公有领域作品的行为实施一定的制裁；法国即曾在维护法兰西文化的旗号下，对歪曲、篡改公有作品的人做出过刑事处罚。当然，以刑法保护公有领域作品的做法是否妥当，仍然是一个值得人们进一步讨论和研究的命题[197]。

第四章 影响公有领域的因素

第一节 立法上的权利扩张影响公有领域

一、受保护的权利客体类型不断扩张

(一)我国版权制度中权利客体类型的演变

1.《图书、期刊版权保护试行条例》(已失效)

国家版权局1985年1月1日通过的《图书、期刊版权保护试行条例》在第二条规定了版权权利客体——作品的载体为图书或期刊:"我国公民创作的文学、艺术和科学作品,由国家出版单位印制成图书出版或在期刊上发表,其作者依本条例享有版权。"

在第三条规定了作品的类型:

"本条例所称的文学、艺术和科学作品,专指以下书面作品;(一)著作、译作;(二)剧本、乐谱、舞谱;(三)绘画、书法、照片;(四)地图、设计图、示意图、科学图表等。"

同期颁布的配套文件《图书、期刊版权保护试行条例实施细则》第二条则提及了图书期刊外的其他类型:

"(五)《试行条例》仅适用于本条(三)和(四)两款所规定的图书和期刊。"

"对于未以上述图书、期刊形式出版的作品,如未发表的原稿,内部使用的讲义、未定稿、征求意见稿,内部刊物,报纸上发表的作品,公开表演、广播、展览的作品,录音、录像、幻灯片、电影片、电视片等音像作品或电影作品,雕塑、雕刻、版画作品,服装设计、舞台设计、装潢设计、建筑设计等设计作品,实用工艺美术作品,与地理、地形或建筑艺术有关的立体作品等,国家出版单位或其他单位和个人应尊重其作者依其他法律、条例或国务院有关部委及省、自治区、直辖市政府制定的规章获得的版权。"

该条例及其实施细则自1985年生效。以前文化部所属机构颁发的有关规定、办法,凡与该条例抵触的,均以该条例为准,其效力一直延续到1990年著作权法的制定颁行。

2. 著作权法及实施条例的规定

《中华人民共和国著作权法》第三条则规定:"本法所称的作品,包括以下列形式创作的文学、艺术和自然科学、社会科学、工程技术等作品:

(一)文字作品;

(二)口述作品;

(三)音乐、戏剧、曲艺、舞蹈、杂技艺术作品;

(四)美术、建筑作品;

(五)摄影作品;

(六)电影作品和以类似摄制电影的方法创作的作品;

(七)工程设计图、产品设计图、地图、示意图等图形作品和模型作品;

(八)计算机软件;

(九)法律、行政法规规定的其他作品。"

根据 2013 年 1 月 30 日《国务院关于修改〈中华人民共和国著作权法实施条例〉的决定》第二次修订的《中华人民共和国著作权法实施条例》第二条明确规定,著作权法所称作品,是指文学、艺术和科学领域内具有独创性并能以某种有形形式复制的智力成果。

在第四条,给出了著作权法和本条例中下列作品的含义:

"(一)文字作品,是指小说、诗词、散文、论文等以文字形式表现的作品;

(二)口述作品,是指即兴的演说、授课、法庭辩论等以口头语言形式表现的作品;

(三)音乐作品,是指歌曲、交响乐等能够演唱或者演奏的带词或者不带词的作品;

(四)戏剧作品,是指话剧、歌剧、地方戏等供舞台演出的作品;

(五)曲艺作品,是指相声、快书、大鼓、评书等以说唱为主要形式表演的作品;

(六)舞蹈作品,是指通过连续的动作、姿势、表情等表现思想情感的作品;

(七)杂技艺术作品,是指杂技、魔术、马戏等通过形体动作和技巧表现的作品;

(八)美术作品,是指绘画、书法、雕塑等以线条、色彩或者其他方式构成的有审美意义的平面或者立体的造型艺术作品;

(九)建筑作品,是指以建筑物或者构筑物形式表现的有审美意义的作品;

(十)摄影作品,是指借助器械在感光材料或者其他介质上记录客观物体形象的艺术作品;"

(十一)电影作品和以类似摄制电影的方法创作的作品,是指摄制在一定介

质上,由一系列有伴音或者无伴音的画面组成,并且借助适当装置放映或者以其他方式传播的作品;

(十二)图形作品,是指为施工、生产绘制的工程设计图、产品设计图,以及反映地理现象、说明事物原理或者结构的地图、示意图等作品;

(十三)模型作品,是指为展示、试验或者观测等用途,根据物体的形状和结构,按照一定比例制成的立体作品。

可以看出,相对于已经失效的《图书、期刊版权保护试行条例》,作品的类型范围已经大大拓展。

(二)从司法实践看新出现的著作权客体类型

1. 博客

2010年,内蒙古出租车司机李某将著名跳水教练于某告上法庭,称于某的博文《如何突破难度与稳定的瓶颈,继续领跑世界跳坛》,使用了自己的博文《西方理念是科学,东方思想是宗教》的整段内容,且未以任何形式注明引文的作者和出处,构成了侵权行为。经审理,李强胜诉,博文的著作权得以维护。科学技术的发展,必然引起作品载体形式、使用方式和传播手段的变化,但这种变化并不影响作者对其作品享有的专有权利,博客只是一种新兴的网络传播形式,博文的著作权同样受到法律的保护和规制。

2. 网络文学、音乐、视频、数据库等

网络著作权案件审理初期,涉案作品以文字作品居多。1999年首例网络著作权纠纷案,引起了大批文学创作者对网络著作权的关注,其中也包括网络文学创作者。2000年,全球最大的中文原创作品网站之一——"榕树下",以侵犯专有出版权为由,将某出版社告到北京市第一中级人民法院。经过审理,法院最后认定,某出版社出版网站发表的网络原创作品构成了对"榕树下"网站出版权的侵权。这意味着网络文学也进入了网络著作权保护范围。随着网络传播技术的不断发展,网上音乐、视频、数据库等成为网络用户的主要需求,近几年,涉及这些作品的案件不断攀升。

从2005年起,中国音乐著作权协会接到其会员投诉,称百度网大量提供歌曲在线播放、下载服务,音乐著作权协会遂多次与百度公司联系交涉,均遭拒绝。2008年1月,中国音乐著作权协会向北京市海淀区人民法院提起诉讼,要求百度公司停止其侵权行为。最终在2010年经过北京市第一中级人民法院做出二审判决,要求百度公司停止其行为,并做出相应赔偿。多年来,音乐著作权人针对百度公司的诉讼由于种种原因一直未获得有效成果,该案判决开创了权利人在面对"百度"的维权诉讼中获胜的先例。

2008年,80多家版权方组建反盗版联盟集中起诉某网站,在法院宣判前,某网站主动要求庭外和解,赔偿因盗播电影而对其造成的经济损失。2009年9月15日,搜狐联合激动网和优朋普乐三家,发起成立"中国网络视频反盗版联盟",并向几家涉嫌盗版的网站发起新一轮诉讼,继续维护网络视频的版权[198]。

二、受保护的地域范围逐渐扩大

(一)版权保护本质上是国内法保护

版权的地域性决定了其首先是一国的版权。根据属地原则,在一国的行政辖区范围内普遍有效适用。

(二)版权的国际化

随着世界经济政治与文化的发展与交流,双边、多边条约乃至国际公约开始不断涌现并逐渐增多。其对等原则、国民待遇原则等使得版权走出国门,冲向地球村,使得在一国受本国国内法保护的作品在另一国或第三国,乃至全世界有版权公约义务的国家都受到保护。去除保留等因素,即使受到的保护存在"小异",但"大同"绝对是占主流。

(三)全球版权的案例:《大变革》全球版权授予国内出版商

1982年推出的《大趋势》被无数人奉为神作,并由此影响了很多人的人生。该书作者、86岁的著名未来学家约翰·奈斯比特的新作《大变革:南环经济带将如何重塑我们的世界》2015年1月由吉林出版集团与中华工商联合出版社共同推出。值得一提的是,约翰·奈斯比特将这本新书的全球版权授予中方——这意味着将来全球出版商如果想推出该书诸如英语、法语、西班牙语等各语种版本,都须取得中方出版社的授权[199]。

三、不断延长的权利保护期对公有领域的影响

(一)限制与危害

经济需求被认同成为延长版权保护期的重要动因。就像欧洲当初批准1993年保护期指令时的情形一样,有人同样提出了人类寿命延长的问题:作者及其两代后人均应从版权中受益,但从人口学角度来说这一目标无法通过作者死后50年保护期规则得以实现。但是,作为考虑因素的还有"版权的必要生命期"。它是指作品具有的生命力,是其在市场上有价值的期间。换言之,如果作品还有商业价值,版权应当存在,保护期应相应地延展。根据这个逻辑,公有领域的范围将会缩小到一些没有价值的垃圾作品(至少从经济角度看),版权制度也将仅根据市场需要而塑造,而公有领域将很可能仅由那些在市场上低水平的

作品构成。这表明时间性的公有领域并不是占支配地位的原则,而且公有领域在版权制度中的定义并未强大到足以抵御保护期的持续延长。延长保护期对公有领域的影响在这种立法过程中并未被评估。

作为"经济联合国"的国际组织,世界贸易组织超越各国立法者的主权管辖,成为知识产权保护规则的新的主导者和制订者。其管辖的《知识产权协定》(TRIPS)改变了以往国际公约注重协调的传统,从实体到程序实现了知识产权保护规则的一体化。在实体性规范方面,《知识产权协定》规定了知识产权保护的制度标准,主要表现之一即为延长保护期限。

从总体趋势来看,版权的保护期限一直处于不断的延长进程中,在主要西方国家中,基本没有出现过保护期限的回调。这表明,版权保护期限的延长,从版权产生之日起,就是一个基本不变的发展趋势。

这一趋势是伴随着经济发展水平提高、版权产业逐渐在经济中获得更重要的地位这一过程而发生的,这在一定程度上也契合当前逐渐趋于主导的"知识经济"的社会背景。在知识经济中,过去被认为应进入公有领域的"知识"越来越多地被保留在私有领域之中,这在某种意义上而言,是推动和维护"知识经济"发展的一种必要条件。但是,这种发展应该与公众获得知识的能力相匹配,如果公众获得知识的能力较弱,例如大多数人都没有能力承担购买相应知识产品所需的费用,同时又没有其他的公共配套支持,则私有领域的扩张就可能会导致公众因为公有领域的萎缩而陷入知识的贫乏。

反过来看,如果公众获得知识的能力较强,则给予作者以更广的私有权利,就并不会造成太大的不利影响,而且还可能会进一步推动"知识经济"的发展。而随着公共配套机制的不断发展,以及知识产品消费能力的不断提高,在将来某一天将版权的保护期提高到更高水平也并非是不可能的。

(二)美国延长版权保护期极大缩小了公有领域

在好莱坞电影制片厂等大型的法人性质的版权拥有者的鼓动下,美国国会通过了一系列法律,极大地缩小了公有领域。这直接导致数百万曾在美国属于公有领域的外国作品重新拥有了版权,数百万以上的本应在随后的20年中进入公有领域的国内作品的版权保护期限得到延长。因为这些新的法律,直到2019年也不会有额外的出版物进入公有领域了。

虽然国会立法缩小了公有领域,并且得到了工商业界的利用,但是一些旨在保护公有领域的草根运动正酝酿发起。图书馆员、法律学者、历史学家、艺术家、音乐家、档案管理人员、网站制作者等日益对这种公有领域的攻击感到警醒。众多的组织和团体已经开始帮助公众了解公有领域的重要性来鼓动对其的保护,并鼓励版权享有者将其作品贡献给公众。由于公有领域重要性的新意识,国会将再也不可能从公有领域中将数百万的作品予以排除或者无抗争的延长版权期限。这些组织有:公有领域中心、创作公域、网上档案室、电子自由基金会、公共知识、自由表达政策项目、电子公域、由美国图书馆协会资助的信息共享空间、艺术和文化中心、哈佛大学法学院的伯克曼互联网和社会研究中心等。

(三)我国著作权法演变中的著作权保护期限

1. 新中国成立前

新中国成立前著作权的保护期限为作者终生及死后继承人继承30年。若继承人发行遗著,则著作权的保护期仅为30年。凡以官署、学堂、公司、局所、寺院、会所等团体名义发表的作品,著作权保护期为30年。照片的著作权保护期为10年,但专为文书中附属的照片,不适用此期限。发音片、电影的著作权保护期为10年。翻译作品的著作权保护期是1915年提出的,保护期为作者终生及死后继承人继承30年。1928年开始,翻译作品的著作权保护期改为20年。原来著作权的保护期由注册日起算,1928年,改为由最初发行日起算。应特别注意的是:著作权人死后无继承人者,其著作权自行消亡。

2. 图书、期刊版权保护试行条例①

1985年1月1日起生效的《图书、期刊版权保护试行条例》第十一条规定:

第五条(五)、(六)项规定的权利②,有效期限为作者终生及其死亡后三十年。该三十年自作者死亡之年年底起计算;对于合作作品,该三十年自最后去世的作者死亡之年年底起计算。

对于照片,本条例第五条(五)、(六)项规定的权利,有效期限为三十年,自作品首次发表之年年底起计算。

对于版权归机关、团体、企业事业单位或其他单位集体所有的作品,本条例第五条(五)、(六)项规定的权利,有效期限为三十年,自作品首次发表之年年底起计算;但其中可以单独使用的作品适用本条第二款的规定。

本条例第五条(五)、(六)项规定的权利,作者死亡后,依照有关继承的法律继承。本条例生效之前已经发表的作品,凡未超过本条第二款、第三款和第四款规定期限的,版权所有者在其剩余有效期限内仍享有版权。

第十二条规定:对于作者死后首次发表的作品,条例第五条(五)、(六)项

---

① 文化部文出字(84)第849号(1984年6月15日)文件,现已失效。
② 指:"(五)通过合法途径,以出版、复制、播放、表演、展览、摄制片、翻译或改编等形式使用作品;(六)因他人使用作品而获得经济报酬。"

规定的权利有效期为三十年,该三十年自作品首次发表之年年底起计算。如作品(原作)由非合法继承人保存,经作者的合法继承人或文化部出版事业管理局同意后发表,则上述权利应由作品(原作)保存人与作者的合法继承人共同享有;如作者或作者的合法继承人无法确定,则由保存人享有;但如该作品依法属于国家文物,则按文物保护法处理。

3.我国现行著作权法

我国现行著作权法在第20条规定,"作者的署名权、修改权,保护作品完整权的保护期不受限制",即受到永久保护。第21条规定了其他权利的具体保护期限。电影、电视、录像和摄影作品为50年,其他作品均为作者终生加死后50年。此外,如作者死亡后无继承人,著作权归国家所有而不是消亡。

可以看出,与之前的图书、期刊版权保护试行条例相比,衡量版权保护期限的基础标准从30年延长到了50年。

(四)关于我国版权保护期是否延长的建议

就目前的中国来看,暂时还不适宜立即延长保护期。

原因在于,第一,从国内层面来看,目前的公共支持机制及公众的知识产品消费能力都还比较弱,如果轻易延长保护期限,必然会对公众获取知识的能力造成消极影响,从而阻碍文化教育事业的发展;第二,从国际层面来看,我国的版权产业也不具有优势。据统计,我国1998年到2008年的图书版权贸易一直处于高额逆差之中,2008年的进口种数约为出口种数的6.47倍[200],而延长版权保护期可能会加剧这一逆差。

四、受保护的权能不断拓展

人类进入信息社会后,著作权法涉及的范围超越了以传统手段创作的作品,数码科技、电子产品都成为著作权法调整的对象。增加或调增的权利也不断出现。在应对信息社会对本国著作权法提出的挑战时,各国立法者纷纷开始对本国著作权法进行修改,希望通过尽快调整国内法保证其在文化产业迅猛发展的大潮中能够先拔头筹。

(一)印度《2012年版权(修正)法》

印度现行《版权法》已经修订过5次。为了解决数字技术和互联网环境下出现的某些新问题,2012年5月,印度议会两院批准了《2012年版权(修正)法》。该法修订的主要内容包括扩张权利范围,在权利转让与转让方式方面维护文字或者音乐作品作者的利益,与《世界知识产权组织版权条约》(WCT)、《世界知识产权组织表演与录音制品条约》(WPPT)相关的修订,强化权利保护的限制与例外促进作品的使用,以及加强集体管理协会的管理等五个方面[201]。

(二)德国著作权法修订

为了转化《计算机程序保护指令》《出租出借法指令》和《关于对作品保护期进行协调统一的指令》,德国分别于1993年和1995年对其著作权法进行了大范围的修改。1996年为了转化《关于保护数据库的指令》颁布《关于调整信息与通讯服务框架调价的法律》第7条,1998年为了转化《关于卫星播放与有线播放的指令》又对著作权法进行了修改。2002年颁布《关于强化作者与表演者合同的法律》为自由职业者及团体、集体管理组织规定了报酬制度。

因为整个欧洲范围内的立法努力总是伴随着代表消费者利益团体和作者与制作者协会的大量游说活动,并且各国内部均有自己的法律传统,修改国内法来实现指令会牵动各方的利益神经,因此在短期内完成指令的完全转化、进行彻底的改革是不现实的。由此,德国将信息社会著作权法修改的进程分为三个阶段,即所谓的"第一只篮子","第二只篮子","第三只篮子"。其中第一阶段和第二阶段的修改工作已经完成,目前德国联邦司法部正组织进行第三阶段的法律修改。

德国为了贯彻执行欧盟指令中规定的强制性义务部分,于2001年开始对《德国著作法》《著作法实施法》和《刑事程序法》进行第一阶段的修改,此阶段修改还考虑到了世界知识产权组织的两个附加条约,即WCT和WPPT。

第一阶段修改的法律于2003年9月13日起开始生效。主要从四个方面对著作权法进行了修改:(1)为了弥补网络时代著作权人网络性权利的缺位,引入新的"向公众提供权"——网络传播权;(2)对保护著作权和邻接权的例外和限制做了几项修改;(3)根据欧盟指令的要求,引入了技术保护措施;(4)对表演者权利进行了重新规定,进一步明确了表演者财产性和精神性权利的保护范围。

2004年9月9日德国联邦司法部发布了关于著作权修改第二只篮子的媒体公开信息,阐述了第二阶段修改的重点内容,主要有7点:(1)私人复制制度;(2)私人复制的补偿制度;(3)报酬金额的确定;(4)技术保护措施;(5)作品未知使用类型;(6)公立图书馆、博物馆、档案馆作品的作品使用;(7)电影经济产业的特殊权利。

2009年2月德国联邦司法部启动了德国信息社会著作权法修改的第三阶段,开始就此阶段法律修改重点进行听证,截至2011年10月已就私人复制限制、科学文献二次报酬请求权、图书馆作品使用及禁止智能录制软件等问题进行了两次听证。

从德国著作权法的发展历程来看,它是一个积极应对科学技术手段不断更新、多元化的过程,是国内著作权法不断多边化、国际化的过程[202]。

(三)我国著作权法的修订情况及发展趋势

1.增加信息网络传播权,拟调整播放权

2001年著作权法修订,新增"信息网络传播权",从保护内容上回应了网络技术对传统著作权的挑战,明晰界定了网络著作权的法律定位。

2014年9月20日,在第三届卓亚法治论坛上,国家新闻出版广电总局政策法规司司长介绍,此次《著作权法》送审稿涉及互联网的修改。送审稿明确了信息网络传播权与播放权的界限。现行《著作权法》只规定了广播权,而没有播放权这一概念。而在实践中有根据播放主体区分的现象,如认为广播电台、电视台行使的是广播权,而网站行使的是信息网络传播权。此次修法,将原来的广播权改为播放权,专指直播、转播,在非交互式的情况下使用;信息网络传播权仅适用于交互式。这样一来,"以后电台、电视台同样可以通过交互式的方式传播技术。对网络的现场直播和转播,则也可以由播放权来控制。"[203]

2.关于视听作品,拟增加或调整二次获酬权、整体著作权等

在修改草案第二稿中,权利内容普遍增加。视听作品作为集体创作的作品,其著作权保护主要包括明确视听作品本身权利归属和保护参与创作的各类作者两个方面。我国现行法没有规定视听作品各创作作者的"二次获酬权"——即各创作作者从视听作品后续利用中获得报酬的权利。此次,明确规定原作作者、编剧、导演以及词曲作者等五类作者对视听作品后续利用行为享有"二次报酬权"。

基于产业的实际情况,并参考世界主要国家和地区的立法实践,将视听作品整体著作权归属由原草案中可以约定的规定改回为现行法中直接赋予制片者的规定;并明确规定原作作者对视听作品享有署名权。

关于视听表演者权利,参考2012年6月26日世界知识产权组织外交会议通过的《视听表演北京条约》第十二条规定,并与前述视听作品著作权规定的调整保持一致,本次修改将视听作品中的表演者的权利赋予制片者,同时规定主要演员享有署名权和"二次获酬权"。

3.关于广播电台、电视台权利

本次修改,从推动广播电视节目市场交易、促进我国广播电台电视台发展的角度出发,借鉴相关国际公约和主要国家的立法,对广播电台、电视台权利进行了下列调整:(1)将广播电台、电视台的权利从禁止权改为专有权;(2)根据前述播放权与信息网络传播权的权利内容的调整,考虑到非交互传播已经纳入播放权的控制范围,因此删去原草案第三十八条第一款第四项。

4.权利限制范围进一步缩减的趋势

从权利限制范围缩减方面体现出权利加强的倾向,在著作权和邻接权限制方面,合理使用和法定许可的修订还是有相当的缩减,普通公众的权利在此次修改过程中相对被忽视了。

《草案》最大的修改之处是将以"欣赏"为目的的个人使用剔除在合理使用范围之外,从这一修订来看,个人的合理使用范围明显缩减。

《草案》将"使用"他人作品行为限定为以"复制"方式的使用,进一步缩减了个人合理使用的范围。

此外,《草案》对作品的使用从"量"上加以了限制,将合理使用的范围指向"作品的片段",具体表述为:"为个人学习、研究,复制他人已经发表的作品的片段"。从各国著作权立法规定来看,大多数规定以个人目的使用他人作品(如复制时),应仅限于制作一份。从数量上对个人复制行为加以限制是无可厚非的。而《草案》此举与现行法过于宽泛的条款相比,转变过于激烈,难免有以偏概全之嫌。实践中,基于个人学习、研究目的而进行整本图书复制、照片拍摄的现象非常普遍,该条修改的初衷意在禁止普遍存在的整本复制现象,因为整本复制会产生代替购买作品原件的后果,损害著作权人潜在的合法权益。但是,禁止整本复制与仅指向"作品的片段"不能当然画上等号。况且这一规定在实践中也无法执行[204]。

五、技术措施的合理规避范围太窄

立法上的权利扩张,或曰对公有领域的逐渐蚕食,还反映在对技术保护措施的合理规避方面,范围太窄,缝隙太小。

除了对数字内容的技术商品化,还有一附加层面可能会强化这种保护。一旦技术被视作加强有效行使版权的手段,类似的技术就会被用来破解这些技术保护措施。这导致了反规避立法规定的诞生。1996年世界知识产权组织的两个条约(WCT与WPPT)要求禁止对用于保护作品版权的技术措施进行规避。目前许多国家都遵循条约的规定,实施了反规避立法。这些立法有双重效果:它认可对创造性表达使用技术性保护措施的做法和合法性,并且对任何干扰这一技术保护层的人进行处罚,以强化这一效果。事实上,在每一层面上,对公有领域的侵犯都将产生。

首先,大多数反规避条款并不试图保护对公有领域作品的自由接触,如P. Goldstein所指出的那样:"世界知识产权组织版权条约第11条,以及任何基于此的立法的问题在于它的不对称性:该条款只规定:对受版权保护的客体进行解密的行为是违法的,但没有规定:对不受版权保护的客体进行加密也是违法的。……只有采取措施,将对产品中很容易分离出来的公有领域成分进行加密列为违法行为,才能取得版权保护的平衡——对受版权保护的内容加密,同时使公有领域内容向公众开放。"[205]

对公有领域内容所附的技术保护措施进行法律规制的诉求,可基于世界知识产权组织版权条约"适当保护该(技术)措施"的要求。适当性应根据该条约前言的精神来衡量,其坚持"需要维护作者权利和更大的公共利益(尤其是教育、研究和信息获取)之间的平衡"。由于公有领域及其保护与可获得性是信息获取与公共利益的核心要素,任何针对规避技术措施的规定都可吸取该前言的精神,以规制对使用公有领域进行技术性限制的做法。

在这方面,欧盟维系版权例外、使之不受技术限制措施影响的做法,可以成为有用的类比。2001年《关于信息社会中版权的指令》第6条第(4)款要求成员向那些受保护作品的技术措施影响、无法利用某些基本例外的使用者提供救济手段[206]。欧盟成员已经实施了这一义务,有的在版权保护例外的受益者与采取过度技术保护措施的权利人之间建立起了调解或仲裁程序,有的向被阻挠的使用者提供司法或行政的救济措施。

因此,在(技术措施)不当影响对公有领域内容进行自由使用的情况下,可在考虑公有领域内容服务提供者合法利益时,提出类似的解决方案。

其次,反规避立法既禁止对技术保护措施的规避,也禁止所谓的准备行为(如,任何散发和制造用于规避或便利规避的设备的行为)。这一禁止对公有领域内容的接触和自由使用的影响通常是不存在的,因为世界知识产权组织版权条约和实施这一条约的国家均将对规避行为的禁止限于受版权保护作品的技术措施。相应地,对附在公有领域作品之上的接触控制或者反复制系统的破解也不是违法行为。

然而,这对公有领域仍然有一些间接影响。某些技术性限制手段可以主要应用于与受版权保护的新创作成果相伴的公有领域作品。如一段很小的介绍加在莎士比亚戏剧的电子版中,或者加在其新版的中文译本中的情形[207]。因在嵌入技术保护措施的物质载体中有受版权保护的因素存在,因而足以使得对该技术措施的规避构成违法。

再次,法律禁止交易用于协助或便利规避行为的设备,而并不考虑设备获得者对这些设备的后续使用。即使它们被主要用于对公有领域成分所附的技术措施进行规避,这并不影响这些设备提供者的责任。如果对用于协助公众获得公有领域作品的设备进行交易是违法的,而不顾及过度限制性的技术措施锁定公有领域的事实,那么对用户而言唯一的救济途径就是提高自身的技术水平,以自行解开这些技术锁,而这种方式并不可行。

总之,反规避条款将可能对属于公有领域的作品进行自由获取产生不利影响,即使这并非这类条款自身的目标或者意图。

第二节 政策障碍——以受公共资金资助项目智力成果为例

说到科研项目成果知识产权归属这个问题,就不能不谈在科研中影响较大的、我们常说的所谓"纵向项目",如国家社科基金资助项目、国家自然基金资助项目、863攻关计划项目(又称《高技术研究发展计划》)、国家973攻关计划项目(又称《国家重点基础研究发展计划》)以及国家中长期科技发展规划,这些项目均属于国家"资助"研究。但是,这类项目的成果,著作权归属却未明确确定。

一、《关于国家科研计划项目研究成果知识产权管理的若干规定》的相关规定

由国家财政资金支持的科研计划项目研究成果的知识产权归谁?项目该如何应用、由谁来应用?

为贯彻落实《中共中央、国务院关于加强技术创新,发展高科技,实现产业化的决定》(中发〔1999〕14号)精神,促进我国自主知识产权总量的增加,加强科技成果转化,保障国家、单位和个人的合法权益,对以财政资金资助为主的国家科研计划项目(包括科研专项项目,以下简称科研项目)研究成果的知识产权管理,科技部与财政部于2002年3月5日联合发布了《关于国家科研计划项目研究成果知识产权管理的若干规定》。其相关精神被2007年《科学技术进步法》修订时吸收。该规定相关内容如下:

(1)科研项目研究成果及其形成的知识产权,除涉及国家安全、国家利益和重大社会公共利益的以外,国家授予科研项目承担单位(以下简称项目承担单位)。项目承担单位可以依法自主决定实施、许可他人实施、转让、作价入股等,并取得相应的收益。同时,在特定情况下,国家根据需要保留无偿使用、开发、使之有效利用和获取收益的权利。

(2)国务院有关部门和省、自治区、直辖市人民政府可以根据国家需要,报请国务院批准,决定科研项目研究成果在一定的范围内推广应用,允许指定的单位实施,并区别不同情况,决定实施单位或无偿使用,或由实施单位按照国家

有关规定向项目承担单位支付知识产权使用费。

（3）项目承担单位要按照《中华人民共和国促进科技成果转化法》《中华人民共和国专利法》和《国务院办公厅转发科技部等部门关于促进科技成果转化若干规定的通知》（国办发〔1999〕29号）等有关规定，对科研项目研究成果完成人和为成果转化做出贡献的人员给予奖励和报酬。

（4）科技部、财政部会同有关部门，根据本规定修订和完善各项科研计划管理制度，明确知识产权管理办法，制定科研项目合同知识产权标准条款，并负责组织实施和监督检查。

二、《科学技术进步法》

2007年12月29日，十届全国人大常委会第三十一次会议表决通过了修改后的《科学技术进步法》，该法自2008年7月1日起施行。在新的《科学技术进步法》中，知识产权占有重要地位，除了第七条关于国家知识产权战略的内容以外，最重要的莫过于在第二十条明确规定了国家资助科研项目的知识产权归属。至此，新的《科学技术进步法》与《专利法》、《著作权法》、《计算机软件保护条例》《集成电路布图设计保护条例》《植物新品种保护条例》等一起构建了我国完整、系统的知识产权归属制度，明确了国家、单位和个人之间利益的划分，有利于在保障国家利益前提下激发科研单位、人员的积极性。这一规定得到了社会各界的高度评价：上述规定是对我国知识产权法律制度的一个重要补充，是借鉴了美国的拜杜法案，也可以说是"中国版的拜杜法案"。

《科学技术进步法》第二十条规定："利用财政性资金设立的科学技术基金项目或者科学技术计划项目所形成的发明专利权、计算机软件著作权、集成电路布图设计专有权和植物新品种权，除涉及国家安全、国家利益和重大社会公共利益的外，授权项目承担者依法取得。"

从另一个角度，我们可以理解为，那些涉及国家安全、国家利益和重大社会公共利益的智力成果，依法由国家所有。这是从源头上来说的。

该条第二款规定，项目承担者应当依法实施前款规定的知识产权，同时采取保护措施，并就实施和保护情况向项目管理机构提交年度报告；在合理期限内没有实施的，国家可以无偿实施，也可以许可他人有偿实施或者无偿实施。项目承担者依法取得的本条第一款规定的知识产权，国家为了国家安全、国家利益和重大社会公共利益的需要，可以无偿实施，也可以许可他人有偿实施或者无偿实施。

第二十一条规定，国家鼓励利用财政性资金设立的科学技术基金项目或者科学技术计划项目所形成的知识产权首先在境内使用。

前款规定的知识产权向境外的组织或者个人转让或者许可境外的组织或者个人独占性许可实施的,应当经项目管理机构批准;法律、行政法规对批准机构另有规定的,依照其规定。

此种情况属于为了国家利益与公共利益的情形。

三、公有领域范围大为缩小

根据国家相关法规,科研项目研究成果及其形成的知识产权,一般情况下,国家授予科研项目承担单位。在涉及国家安全、国家利益和重大社会公共利益的时,国家可以无偿实施,也可以许可他人有偿实施或者无偿实施。

从公有领域类资源利用的角度,鉴于这些智力成果中的著作权一般归项目承担者,与国家直接享有相比,其公有领域的效果并未显现,只有在特殊情形下,即事关国家安全、国家利益和重大社会公共利益的时,才发生公有领域的部分效果。从这个意义上来讲,其导致原本可能的公有领域呈缩小之势,当无异议。

第三节 技术壁垒

技术壁垒主要体现在技术保护措施致使无体物之物权化的趋势。数字版权管理(DRM)或技术保护措施(TPM)通常不区别受版权保护或不受版权保护的内容。在别的途径无法获得的情况下,这一把铁将军将使人们隔着门缝儿看见的某些公有领域作品(哪怕只是整个数据库中微不足道的微小部分),变成咫尺天涯,不付出高昂代价则永远只能望洋兴叹。

数字化进程见证了在作品中对技术措施的利用。其被用来保护作品不被未经授权地使用。基于密码技术或者技术性手段,所谓数字版权管理或技术保护措施在最近几年已经得到发展,以应对在数字环境中保护和管理版权的棘手问题。这些技术工具不断地被嵌入作品的数字化有形载体中,如 DVD、软件或电脑游戏,以及对音乐、新闻、电影、书籍或图片的在线发行。它们旨在控制作品的使用,例如阻止未经授权者获取作品、阻止对作品进行未经授权的复制、仅允许已经付费的使用,或限定只能在某些特定的设备上或特定区域内观赏或聆听作品。

技术保护措施通常不区别受版权保护或不受版权保护的内容[208]。它们在有版权或公有领域的作品中被无差别地使用。例如,一个在线提供图书的网站可能采用技术措施防止这些图书被复制、打印或分享。通常而言,这样设计的技术保护机制对作者最近出版的书籍与早已进入公有领域的莎士比亚的戏剧以同样的手段加以保护。技术锁同样可以被用于保护无法受到版权保护的内容,如无独创性的成果、新闻或官方文件。这样一来,法律独占性的缺失可以通过对该内容采用技术保护措施而得以弥补。由此,事实上的或者技术性的独占性取代了法律上的独占性。

这是最近最受谴责的对公有领域可能进行侵蚀的情形之一[209]。早在1996年,欧洲委员会的法律咨询委员会已经警告"技术保护措施的广泛使用可能在事实上导致新的信息垄断。对于公有领域内容而言,问题尤为严重。"①

至少在受到技术措施限制的作品还可大量地以不受保护的格式或载体而存在的情况下,由技术措施导致的对公有领域内容的获取限制,在程度上可能尚不严重。电子图书的销售商将莎士比亚的戏剧嵌入访问控制机制中可能并无问题,只要这些戏剧可轻易在别处获得。在这里,对作品载体的接触和对作品的使用是有区别的。人们不能阻止内容提供者对他们销售的商品或服务寻求报酬,也不能妨碍他们通过接触控制工具来确保对这些报酬的获取。但如果作品仅仅在受技术措施保护的形式下才能被获得的话,公有领域内容则反而会真的被(技术措施的使用者)获取控制权。在此情况下,公有领域内容的可获得性被不正当地危及。通过技术手段对曾经被合法接触并已付费的公有领域作品的自由使用加以限制,更是带来更为严峻的挑战。无可否认的是,任何限制作品使用(如其复制或传播)的技术措施都与公有领域的本质背道而驰,并对那些本应留作公共财产的内容建立新的独占性。例如,从对莎士比亚戏剧的数字版本的访问中获取报酬可以是合法的,但阻止合法获取者对这些戏剧进行复制,则可能被视为是对公有领域自由使用的不合理限制。

第四节 权利人通过合同滥用权利

在现代私有财产权制度下,契约最重要的基本原则为契约自由原则(the Principle of the Freedom of Contract)。契约当事人可以自主地决定彼此的权利义务关系,包括:缔约的自由、相对人选择的自由、内容决定与变更的自由、方式的自由等。唯有对契约自由的保护,才始能贯彻保护私有财产权的制度。

然而,随着社会生活契约日益复杂化,许多交易情形当事人之一方并无法有效行使其契约自由下应有之选择权,反而因为契约自由原则可能被滥用,而产生负面效应。此举也引发国家机关尝试透过公权力,介入私经济的契约交易

---

① 见 European Legal Advisory Board Reply to the Green Paper on Copyright and Related Rights in the Information Society.

行为。主要方式包括:特殊交易行为之立法规范(例如:水电、电信服务等);消费者保护法,借以保护缔约之弱者;以法律限制契约内容(例如:民法有关利率上限的限制、土地法、劳动基准法等);公平交易法有关不公平竞争行为、结合行为、联合行为之规范;法院有关情事变更的权利等,这些都是契约自由之限制。

目前,著作权法并没有明文规定对于作品财产权之授权进行限制。然而,随着数字科技的利用,作品透过授权契约方式利用,已不局限于传统商人对商人的授权契约,多数计算机软件、电子数据库、电子书、图库等,都是透过授权契约直接对终端使用者进行授权,不再存在作品复制件所有权移转的行为,这使得过去著作权法在设计时的基础事实发生改变,故目前确实有需要对于作品授权契约重新加以审视。而其中与本书关系最密切者乃是作品利用人原依据合理使用规定,本可以享有以不侵害著作权的方式利用作品的权利,作品财产权人能否透过授权契约方式加以规避或限制,此时,在作品财产权的保护与作品利用人权益间,又应如何平衡?

一、许可协议

和虚假的版权主张同样有害的是,使用合同对公众使用公有领域材料的方式进行限制。这些合同一般被称为特许。出售公有领域作品的复制件或允许公众复制其所拥有的公有领域作品的个人或公司,拥有法定的权利对这些复印件和使用收取一定的费用。然而,除此之外,许多公有领域作品的所有者还要求使用者签订许可协议来对作品的使用方式加以限制。

这种许可有多种形式。被要求签署的一些是格式合同,而其他则是根据特定的人或机构调整的谈判协议。如果公有领域作品被放在了网上或是刻在光盘中,这种许可经常是"点击包许可",也就是当使用者试图使用材料时会出现在电脑屏幕上的许可。在使用者使用材料之前,使用者必须通过点击按钮——通常标有"接受"的字样获得这个许可。

一些图书出版商试图对使用公有领域材料的方式强加类似许可的限制。例如,作为公有领域剪辑艺术的图书形式的最大出版商,美国多佛出版公司在它的剪辑艺术收集中就存在下面的有代表性的情形:

如果在同一个出版物或课题中你使用不超过 10 件作品,那么你可以为了图形和工艺应用而免费且不需要获得许可地使用这些图案和插图。

许可被广泛地应用于电子书中,即使这本书只是公有领域作品的再版。例如,一个制作了公有领域乔治·艾略特的小说《三月中旬》的电子书的出版商就在书中包含了一个许可协议,它的条件是许可读者每 10 天只能将 10 个文本部分复制入电脑的剪贴板内存中,每天打印这部小说不得超过 10 页。

二、许可限制

(一)许可限制

这些许可协议还对被许可者(获得或接触作品复制件的人)使用作品的方式强加限制。通常,被许可者被禁止制作超过特定数量的复制件或转售给公众。被许可人甚至会被禁止从公有领域中创作新的作品或在公共场所对作品进行展览或表演。

如果被许可人违反了许可中包含的限制条款,那么许可者(对公有领域作品的复制件拥有所有权的人)不可以提起侵犯版权的诉讼,因为材料属于公有领域,它们不受版权保护。实际情况往往相反,许可者会威胁或对被许可人因违反许可真的提起诉讼。这一诉讼是基于针对违反合同的地方法律。

实际上,使用这种许可的人试图通过合同获得著作权法中所给予的相同的排他性权利,而他们不能获得这些权利是因为作品属于公有领域。

(二)许可限制的合法性

在美国,许多版权法专家认为,那些对公众使用公有领域作品方式进行强加类似版权限制的许可在法律上不应得到强制执行。这是因为联邦版权法优先于(凌驾于)州合同法,并禁止人们使用合同创造他们自己的私有版权。并且,使这种许可限制不能被强制执行还有稳妥的政策上的原因——它们的广泛使用减少了公众进入公有领域的机会。

然而,对这一问题做出裁决的初审法院却会认为限制公有领域作品使用的许可具备强制执行力。这一案件涉及一个包含 9 500 万商业电话名单的光盘驱动器。这个名单里的电话都存在于公有领域,但是这个光盘驱动器有一个"点击包"许可协议。它要求使用者在获得信息之前必须同意一些限制条件。例如,这个许可限制光盘驱动器的购买者复制、改编或对名单进行修改。当 Matthew Zeidenberg 复制了这个名单并把它们放在他的网站上时,拥有光盘驱动器的这个公司成功起诉了他,理由是侵犯许可。结果法院认为许可限制是可以被强制执行的,即使名单内容属于公有领域[210]。

自此,以上 ProCD 的案子便是决定性的。大部分法院赞同它的判决理由,并强制执行设在公有领域材料上的许可限制。这导致了更为广泛的许可的使用。

一家名为 Jurisline.com 的公司的经历说明了忽视或与使用许可限制公有领域材料使用方式的公司进行抗争是多么的不可能,而这也是实际情况。Jurisline 公司是由两名想创建一个网站使公众可以自由利用法院裁决——由州和联邦法官发表的意见书的律师成立的。这些裁决是不受版权保护的。Jusisline 公司从一个叫 Lexis 法律出版商处购买了 60 张包含数千份裁定书的光盘驱动器，并把它们放在了网站上。Lexis 公司要求所有驱动器购买者接受一份许可协议以禁止复制。当 Lexis 公司和它的母公司——出版商巨头 Reed－Elsevier 公司发现 Juriline 公司的所作所为时，它们立即提起了诉讼，诉称这种复制违反了许可协议条款。Juriline 公司主张许可协议不具备法律上的强制执行力，因为法律裁决属于公有领域，许可协议因联邦版权法而无法执行(被废弃)。不幸的是，联邦预审法庭支持了 Lexis 公司，认为许可协议可以被强制执行。法官详尽论述了协议的执行没有受阻，因为它只对同意该协议的人具有约束力。与版权不同，它不能针对整个世界强制执行(这个预审法庭法官的意见对其他法院没有约束力)。

Jurisline 公司并没有继续进行诉讼从而最后对法官判决提出上诉，而是决定停止。由于没有经济资源来继续进行法律上的抗争，Jurisline 公司与 Lexis 公司进行了和解，同意将网站上那些从光盘驱动器上复制的所有法院裁决予以删除。最后的结局是，这个网站关闭了。

(三)慎重对待许可协议

许可协议(或其他合同)只有针对签署或以其他方式同意它的个人时才具有强制执行力。没有接受它的人是不会受到法律上的约束力的。

往往，你需要花费很大力气寻找没有附带许可协议的公有领域资料。例如，你需要从档案馆或本地历史学会中寻找允许你复制而不需要签订许可协议的地方，而不是快速、轻易地从使用许可协议的图片存储机构处获得一张公有领域中的照片。

然而，有些情况下，获得你所需要的公有领域资料而不同意许可协议是不可能的。所以，要经常仔细阅读每一份协议，并试图与许可者谈判尽可能减少限制，从而使自己可以承受该协议。

第五节　财产权的消极影响

试想一下，当作品只在所有权人拥有的独一无二的有形载体中存在(如达·芬奇的名作)，对公有领域作品的欣赏就必须对该载体进行接触。若这种接触途径或接触的可能被阻断，则其公有领域性注定无法实现。

一、作品载体所有权的永久性与版权保护的期限性

无论公有领域是什么，它似乎都包含着二维或三维物件的复制品，这些物

品一旦进入公有领域，便可被随意复制和摆弄。不过，为了获得复制品，一个人需要接触到原件。

以前，所有版权保护已经到期的作品，都会以两种实体形态中的一种存在：或是诸如雕塑这样独一无二的创造物，或是类似图书这种大规模产品的实例。如果作品仍然存在，则必然在某一方手中。这一方可能是一个人，一个政府，一家学术机构，一个基金会或者一家企业。不过，尽管各机构允许研究者们现场查阅手稿、画作等作品，但它们并没有必须在何处提供作品的义务。的确，自20世纪90年代中期互联网早期时代开始，博物馆往往便会在网上提供其藏品中原本隐藏的部分供人们一览，不过其所提供的图像通常分辨率低，而且权利受到限制。迄今为止，要想获取某一物品的高质量扫描件或照片，机构往往会征收费用，并对使用施加额外的限制。这就造成这样一种现象：版权或许已经过期，但产权却依然有效[211]。这便是财产权对公有领域影响的典型表现之一。

二、控制对物质载体的"接触"影响公有领域使用

要获得和使用智力创作成果，就需要能够对载有该作品的物质载体进行接触。该种接触可以被作品有形复制件的所有人合法地控制。版权专有权及公有领域，只针对无形作品，并应与对物的财产权相区分。而且对版权与财产权通常是分别行使权利的。对作品有形复制件接触的控制是对财产权的合法行使。

一般而言，只要已有许多复制件被投入了流通领域，对特定复制件的所有权就不会延及对已处于公有领域的作品的自由使用和复制。即使《蒙娜丽莎》这幅画是罗浮宫的财产，对它的接触并非完全自由，但因为对这一名画有很多复制件，因而对作品的复制和传播也很容易。

但是，也存在财产权成为对公有领域自由使用造成困扰的情况。当作品只在所有权人拥有的独一无二的有形载体中存在，对公有领域作品的欣赏就需要对该载体进行接触。试想一种情形：一副楚·高的画作并无复制品，而它的所有人对原件严格控制。就像未出版作品一样，该创作成果即使在理论上属于公有领域，在现实中也可能在公有领域之外，因为无人可以欣赏它。

迫使一个重要文化财产的所有人提供接触该文化财产的便利，应首先是有关文化遗产法律规定的任务：财产所有人不应放弃其对其财产的控制，但是也至少应被鼓励制作一些作品的复制件，以便被公众所获。相较之下，版权法与此并无太大关联。

三、以其他方式干扰公有领域

财产权还可以其他方式干扰公有领域,就如在法国关于肖像权的一起争议所示。1999年,法国最高法院认定:1944年盟军解放的第一间房屋的所有人有权阻止对该房屋制作复制件。法院的理由很简单:她的财产权及于财产的形象。这一判例对版权和公有领域都引发了一个难题。如果作品有形载体(可以是一个其建筑设计受版权保护的房屋,也可是其他类型作品)的所有人有权授权或者禁止对其复制,那么这些作品作者的独占权还有什么意义?而且,如果作品不再受版权保护,那么这些对有形财产权的行使还会意味着公有领域的终结吗?因为任何复制都会侵犯所有权人的垄断权。许多版权学者已谴责这一对版权的新扩张,不仅因为其违反了物质财产权和智力财产权分离的核心原则(肖像权属于后者),而且还因为其威胁了对公有领域的自由使用。

幸运的是,几年后,法国最高法院推翻了自己的判决,认定只有在拍摄或者利用房屋形象时,对房屋所有人的特定权利或利益(比如隐私,或对其享用财产的权利)造成过分损害,或侵入其财产时,房屋所有人才有反对的权利。这是应用使两种权利共存的逻辑得出的结果,对一种权利的行使不能危及对另一种权利的行使和享有。但是财产权自身并不能对其财产形象赋予独占性。

不受版权保护作品之有形载体的所有人试图对其财产的形象获得独占权。要保护公有领域,就应防止这种行为。

第六节 隐私权与邻接权的消极影响

一、隐私权的消极影响

隐私权有可能妨碍对某些作品的出版或者公开传播,即便它们已经进入公有领域。它主要涉及保密信息或私人通信,披露这些内容可能会损害作者家庭或友人的私人利益。就像对财产权的分析一样,对公有领域的利用不能绝对到损害他人私人权利或利益的程度。

在这方面,意大利提供了对隐私权与公共利益进行必要协调的实例。它规定在出版机密私人信件或家庭回忆录之前,应获得作者或其继承人的同意,无论该作品是受著作权保护的,还是已进入公有领域(意大利著作权法第93~95条)。

二、邻接权的消极影响

对公有领域作品可以给予邻接权保护，从而降低了对这些作品的自由使用度。因此，这种限制应该有一度的限度。公有领域作品的表演者和相关产品制作者的权利与新的客体相关，即表演或对声音的新录音①。公有领域作品，即使其是表演或录制的对象，也将以其他形式和在其他媒介中存在；并且从某种程度上讲，其本身仍然可被使用，而不侵犯任何（因表演和录制而）产生的新权利。

但是，在评估一个文化项目是否处于公有领域的状态时，相关权的存在应得到承认，这就要求将可能不再受保护的、作为基础的创造性作品与对该作品的表演或录音制作相互区分开。例如，对巴赫作品的录音而言，自由使用是仅仅针对音乐自身的。但是对音乐的表演或者录音仍然有某些独占权存在。

下面以数据库的特别权利为例。

存在对数据库的特别权利时，对由版权制度产生的公有领域可能造成更多的问题。在欧盟和韩国，这种特别权利保护没有独创性，但必须有大量投资的数据库。保护期通常是数据库制作完成时起15年，并可在有进一步大量投资的情况下被续延。

受到这样保护的数据库可以是公有领域作品要素的集合。例如，单纯的数据、不受版权保护的作品如官方文件或超过保护期的作品。对这些不受保护要素的特别权利保护导致其重新获得了独占性。这常被谴责为对公有领域的不当侵蚀[212]。欧洲法院曾经给该权利一个很大的范围，而不论这些数据库中是否存在大量不受保护的内容[213]。

应采取措施减弱这些威胁，并将这些威胁说清楚。

需要说明的是，对这种特别权利的保护只针对作为要素汇编的数据库，而非这些组成要素自身。被汇编在数据库中的纯事实或数据仍可被单独使用，而不构成对数据库的侵权。虽然如此，有两种要素仍可能引发一些问题。根据欧洲法院的判例，如果对要素的收集、核实或展示需要大量投资，则该要素自身可以成为数据库的实质性部分，因此对其提取和再使用也是受特别权利控制的[214]。不过，这种情况并不多见。欧洲法院最近重申了这种可能性："数据库中所含部分内容系官方性质的和可向公众提供的事实，并不减少国内法院的义务……以去核实被控从数据库中提取和再利用的内容，是否从量上被评估为构成实质性部分，或是否在特定情况下，因在获取、核对和展示内容方面体现了大

---

① 公有领域作品中电影制作者不大可能再享有版权权利，因为这一权利在电影首次固定时候被授予，而对老电影的重新录制或者数字化则被认为不能产生版权。

量人力、技术或财政的投资,从而在质上被评估为构成实质性部分"。

最让人担忧的可能性是:单个数据仅在汇编中与其他数据相关联使用时才有价值。在这种情况下,对系列数据的提取是必需的,但可能侵犯数据库的权利。再以包含一国法条的数据库为例,对某一特定领域的全部法条的提取,可能与公众获取官方文件的需要相关,但是仍可能进入特别权利的领域。在此情况下,数据库的权利构成了更为让人担心的、对数据库中包含的要素或数据的公有领域性质的损害。

让人担心的另一个原因是这种特别权可能有无限制的保护期。最初15年的保护期完全可以通过用以更新数据库的大量投资而不断续展。在欧盟,看来这一保护期的续展并不仅仅适用于因大量投资而产生的新要素,而是及于整个数据库,包括原有要素。这是缺乏正当性的。更合理的保护应尊重知识产权有限保护期的逻辑及公有领域,应仅将续延的15年保护期适用于新的大量投资所产生的新客体上。

最后,当数据库是某些不受保护的信息或数据的唯一来源时,其很可能被证明为对公有领域自由使用的一个实际障碍。

第七节　同族其他知识产权带来的消极影响

凡是对20世纪80年代留有记忆的人们,一定不会忘记我们曾经爱穿的在袖子侧面或裤腿侧面镶有"二道杠""三道杠"或"五道杠"图案的针织运动衣。而且,如今一些崇尚"复古"的潮人也还在网上留恋小时候穿过的天津梅花牌"三道杠""五道杠"运动服。但是,当有人告诉你说:对不起,这"三道杠"的服装图案经本人大规模使用,所以本人已经获准商标注册了,以后谁也不许在衣服上随便镶上"三道杠"的图案了,而且,哪怕"二道杠""四道杠"也是有问题的! 你是不是会觉得很不可思议呢?

中国的一些运动服装厂至今还都在使用的这种服装设计图案,怎么就变成了某个企业的商标了呢? 这种"知识产权"是不是就可以这样轻而易举地把那些大家公知、公用的"知识"据为己有呢?

通常来说,已经进入公有领域的知识是不可撤销、不可逆转的。美国的一位法官就曾在判决中说:"我有信心拥护这一点:国会没有授予某已知处于公共使用中的某事物以垄断权的权力……该事物的享用再也不能是独占的、为某个个人所控制的。"因此,一旦某种东西已成为公共财产,政府就无权通过授予专利权、商标权或著作权而将它私人化。否则,把公有领域的知识和信息纳入私有的知识产权领域,这样的知识产权只能成为阻碍技术创新、妨碍市场竞争的垄断工具,而无法实现知识产权推进科学技术进步、鼓励文学艺术创作、促进市场自由竞争的宗旨[215]。

对于那些试图把处于公有领域的传统知识、民间文艺、遗传资源等纳入专利或者版权保护,把人们熟知的、常见的商品图案设计等据为独占的商标的图谋,我们必须加倍小心、慎重对待。

以上案例充分说明,版权中的公有领域可能被在公有领域作品中存续的其他知识产权所影响。其结果是,对这些内容的使用终于可以不受版权保护的限制,但是可能被其他知识产权制度所赋予的独占权所影响。

一、商标保护对版权公有领域的消极影响

事实上,公有领域的关键问题在于商标保护。名称或角色的视觉形象、一幅图画或一个物体的形状,都可能有资格获得商标注册,即使在该作品上授予的版权已经过期。通过给予商标权保护,标记的所有人在理论上可以禁止对这些名称、形象或形状的自由使用。可以想象,米老鼠的外形已被注册为视觉商标(在多个国家确实如此)。当这只小老鼠上的版权过期时,迪士尼公司仍可以基于其注册商标无限期地阻止对这一著名形象的某些使用。

作为一项原则,进入公有领域的作品是供所有人自由使用的。因此,这一使用自由还包括将其注册为商标,而之前的版权人无法再阻止这种注册[216](但精神权利除外,如果精神权利永久受保护,而且如果注册可能损害作品完整权)。在商标注册机构,可以找到公有领域作品被注册为商标的众多实例,从卡通或漫画英雄到音乐片段以及著名绘画都有①。然而,对公有领域作品重新获得不适当垄断权的威胁在很多方面被商标自身的原则所限制。商标保护的首要原则是显著性要件。要求保护的标记必须在相关商品或服务的消费者眼中具有足够的显著性。流行的形象或音乐可能缺乏固有显著性,因为公众更惯常于将它们视为文化背景下的创造性表达,而非将它们视为指示其附载商品商业来源的标识[217],除非它们可以形成第二含义。在很多情况下,无论作品是否处在公有领域中,作品所追求的首要创作价值,将会妨碍其被合法注册为商标。例如,"泰山"或"哈利波特"的名字在比利时、荷兰、卢森堡三国没有被接受为有效商标,因为它们主要将大众引向那些角色、作品和它们的作者,而非与所要求注册的商标相关的商品提供者[218]。

这一点对由产品形状构成的商业外观或商标尤其明显。可以想象,一个三维产品形状是独创的,因此可由版权保护。将其注册为商标,则其可以在超过

---

① 至少在承认将声音注册为商标的国家中是如此。

版权保护期后仍受保护。但是,对形状商标的注册受到了更多的限制。除了显著性要求和证明一个产品形状具有显著性的先天困难之外[219],还有在一些情况下不予注册的规定。如欧盟规定使产品具有实质性价值的形状不得注册为商标。著名的雕塑作品当然是被排除在外的,因为它们的实质价值在于该形状。至于实用艺术作品的形状,例如具有可识别外观设计的家具,该特定设计可能被认为对产品自身具有实质性价值,而无论其是否对公众而言具有显著性。这种不予注册的规定同样成为将三维角色注册为商标的障碍。

此外,商标法仅仅允许注册特定的标识,这本身就可以限制对角色的商标保护[220]。换言之,米老鼠本身不能被注册,能够被注册的只是一些指代它们的特定图示(尤其在欧盟,被注册的应是图示)。确实,如果(这种近似度)有使公众混淆的风险时,商标保护将延伸到与注册标识近似的标识,但是这一情形在图画被注册为商标的情况下就不起作用了,因为图画有着独特的表征。

对商标保护的最终和核心限制是其专属性原则。对所需显著性的评估是在待注册标识使用的产品和服务基础上进行的,并且给予的保护也局限于该类指定的产品。因此,"米老鼠"可能会作为名称或视觉标记而获得注册,但是只能在某些指定的产品或服务上有效。例如,维梅尔(Vermeer)著名的画作《倒牛奶的女仆》(Milkmaid)被注册为商标并在奶制品上有效,因此,其通常不会不合理地影响作品属于公有领域的性质。该作品仍可供所有人自由使用、复制,并作为演绎创作的基础。唯一受到限制使用的是针对在该商标有效的地域内其所附着的牛奶产品。

如上例所示,通过商标注册重新获得的垄断是相对狭窄的,因此只是部分地侵蚀了根据版权原则构建的公有领域。然而,这个令人安心的结论在某些情况下可能被证明是不正确的。一方面,在许多国家,对驰名商标的保护在某些条件下超越了专属性的领域,如在商标淡化或玷污的情况下。法院因此应注意,当驰名商标由公有领域的作品组成,(他人)对其创造性表达的自由使用被商标权人视为对其标识的商誉造成损害的时候,不要将驰名商标淡化或玷污的概念太过广泛地加以应用。另一方面,商标权人会被诱使在很多类别的产品上去注册商标,从而使得专属性原则在现实中失去意义。更糟糕的是,在与该作品及其创造性价值紧密相关的产品类别上进行商标注册将可能危害对与公有领域作品相关的自由使用。作为实例,"米老鼠"的名称在第44类的产品和服务上被注册为(欧洲)共同体商标,尤其是"教育、提供培训、娱乐、文体活动",或者将"丁丁"的名称注册在同一类别:"提供教育、培训、教学、娱乐,为文化、教学和教育目的组织活动和会展,游乐园、电影制作、现场演出和动画、图书、报纸和期刊的出版与分发。"通过这些注册,这些流行文化偶像的权利人将在商标有效并且足够显著性(这是不一定的,见上)的情况下,在版权过期后仍阻止这些偶像们在书籍或电影中被复制。

这些就是公有领域在商标垄断权下真正的危险。

为了使得版权公有领域不至于被重新商品化,如果商标注册将导致类似于原先版权赋予的垄断权得以恢复,并阻止对作品中创造性表达的使用,该注册应该被拒绝。公共利益或一般利益也可作为拒绝这种注册的考量因素。在某些时候,判例法也用这些考量因素去阻止后续的知识产权重叠保护,如果其会有损于公有领域的话。在提交给欧洲法院的一个案子中,总法律顾问指出:"公共利益不应容忍商标权对其他有时间限制的排他性权利进行不当侵蚀,即便只有很少的风险。此外,事实上制造商可以用其他有效的方法去显示其产品来源。"[221]在该案中,商标被用于重新保护对一个已过专利保护期的发明,但是法院的这一论断适用范围很广,足以作为普遍性的原则适用于版权的公有领域。

二、外观设计权或专利权的消极影响

通常来说外观设计权或专利权不会产生这样的问题。首先,这些权利的保护期比版权保护期短,因此当作品已经因超过版权保护期而进入公有领域时,其还能受专利权或外观设计权控制的情况是极少的,甚至是不可能的。作品的先前披露已经破坏了其新颖性,这在大多数情况下可防止其在超过版权保护期之后,通过附带的外观设计权或专利权而延长保护期。此外,难以想象一个有权获得版权保护的文学和艺术作品还有资格作为技术发明被专利权所保护。至于版权和外观设计权之间的相互关系,也难以想象一个缺乏为获得版权保护所需独创性的作品将会具有为获得外观设计保护所需的足够的新颖性及个性特征。但,由于同一知识财产客体可以受到一种以上知识产权的重叠保护,权利冲突和重叠保护便不可避免。

就设计而言,一项设计理论上可同时获得版权、设计权和商标权的保护。为了解决版权与设计权的冲突与重叠保护问题,印度《版权法》第15条参照英国版权法确立了两者的非共存制度。

首先,已经根据2000年《设计法》注册的任何设计没有版权;

其次,就能够根据该法注册但却尚未注册的设计所享有的版权而言,只要版权人或者其授权的其他人以工业生产方法将该设计用于制造物品达50次以上,则该版权将终止。

此外,结合印度新法新增的第52条(w)款,为了对任何实用装置的纯粹功能性部分进行产业应用,从而利用设计之版权制造三维物品属于合理使用,印度《版权法》完全排除了某些设计获得设计权与版权重叠保护的可能性。

第五章 排除影响因素的解决方案

第一节 寻求立法支持

一、对数据库类汇编作品采用权利续展制度

国内立法上,考虑到加入国际公约的因素,可对数据库类汇编作品实行内外有别的政策。

(一)针对中国公民、法人或其他组织发表的数据库类汇编作品

对中国公民、法人或其他组织发表的数据库类汇编作品,实行灵活的保护期制度,试行延时申请登记制度:

(1)中国公民发表的数据库类汇编的作品,发表后15年应进行延展保护期的登记,未在一定时间及其延长期间登记者,视为进入公有领域;

(2)对法人或其他组织发表的数据库类汇编的作品,首次发表后15年进行延展保护期的登记,未在一定时间及延长期间登记者,视为进入公有领域。

(二)同时给予国外著作权人必要的超国民待遇

坚持内外有别,各得其所,仍然保持与国际接轨;仍然保持对外国人发表的数据库类汇编的作品的规定,保护期为其死亡后50年;对外国法人或其他组织发表的数据库类汇编的作品,保护期为首次发表后50年。

二、出台政策与法律法规促进国家享有著作权作品的利用

就对国家享有著作权作品的利用而言,国家可出台关于促进该类作品利用的行政法规或部门规章。建议由国务院出台《国务院关于促进国家享有著作权作品利用的若干意见》,或者先由国家版权局出台行政规章——《国家享有著作权作品利用办法》。主要应包括以下内容:

各地政府要处理好本地区信息资源的著作权问题,本着先易后难的原则,逐步加以解决。由国家投资并享有著作权的文化产品(包括但不限于文字作品),要无偿提供给公益性图书馆使用。同时,各地也要创造条件,动员和鼓励著作权人将其作品著作权捐赠或低价转让给公益性图书馆或文化信息资源共享工程。对于农村急需的该类文化产品,可由政府购买作品使用权,提供给广大农民群众。

三、把无人继受作品与某些孤儿作品放归公有领域

(一)关于无人继受作品

1. 现行法处置不妥之处

从我国著作权法对于自然人著作财产权继承的规定来看,其结果并不是确定唯一的。因为我国继承法 32 条规定:无人继承又无人受遗赠的遗产,归国家所有;死者生前是集体所有制组织成员的归所在集体所有。

正如有学者指出的那样[222],无人继受的无主著作与无人继承的无主专利一样属于"创造性成果",我国法律规定其归国家或公民生前所在集体所有制组织所有,将造成以下恶果:

(1)对于创造性成果权利,其立法目标重在保障成果的传播应用,推动相关产业的发展,但同时要兼顾对权利人的激励。但当权利主体消灭后,其价值目标便仅剩前者。此时由国家成为权利人,可增加国库收入,推广成果应用,促进科技进步和经济社会发展,此为大利;收取知识产权许可使用费用,相形之下为小利。

(2)无主著作、专利等创造性成果被收归国家或集体所有后,由于权利主体的缺位和无法充分占有信息等原因,往往容易被束之高阁,造成研发成本的浪费。

(3)若由国家获得该类成果的权利,再由国家授权他人专有使用,未免有"公器私授"之嫌,并可能直接诱发"权力寻租"。

2. 落入公有领域的优势

当物处于无主状态时,为避免物的闲置,也为了避免对物的争夺,法律必须设定该物的新的归属状态。一种方案是归先占人所有,"对于无主财产的归属,近现代民法通常规定由发现人(先占人)取得其全部或者部分所有权。"一种方案是归国家所有,无论采哪一种方案,其目的是共同的:一是促进物的利用;二是安定社会秩序。这说明在物权规则中,无主物的国有并不是唯一的、不可替换的处理方案,首先应当还原处理方案的目的,然后再考虑达到此目的的最佳手段。我们可以把无主物处理的最佳状态概括为"物尽其用,秩序安定",国有固然是能够达此状态的方案之一,但并非全部。

不应忽略知识产权法中还有一种更好的制度安排:进入公有领域。因为作品属于公有,同样可以满足无主财产国有制度所追求的目标,即"在不引起利益争夺的前提下促进作品的利用"。有观点认为,著作权的国有与公有领域相比至少有一个优势——可以向外国人收取报酬。对此,不敢苟同:我国加入的诸多知识产权公约均规定了国民待遇原则,不可能只对外国人收费;即便可以,其他规定"无人继承之著作权进入公有领域"的国家也可能对我国国民施加对等

限制。综合考量,国有方案不具优越性。不可否认的是,物之国有与作品之公有领域追求的目标是共同的,但物的全民利用存在事实不能的障碍,还不得不承担国有的制度成本。既然知识产权的对象可为全民事实利用,那么,只需宣告进入公有领域即可达到此效果。

进入公有领域是比任何主体拥为私权更能便于知识传播和应用的方式,是最充分实现立法目的的途径:在版权的主体消灭而无继受者的情形,公法的束缚一旦解脱,该创造性成果自然就应汇入公知公用知识的海洋。

其实,我国现行法律法规已显此端倪,如《集成电路布图设计保护条例》第13条第2款规定:布图设计专有权属于法人或者其他组织的,法人或者其他组织变更、终止后,其专有权在本条例规定的保护期内由承继其权利、义务的法人或者其他组织享有;没有承继其权利、义务的法人或者其他组织的,该布图设计进入公有领域。

3. 关于解决方案的建议

(1)立法技术上,秉承特别法优于普通法之原则。包括版权在内的知识产权是有别于传统财产权的新型民事权利,难以采用罗马法以来的物权理论加以阐释[223]。虽然知识产权法可归为民法类,多数国家却并非简单地援引其他单行法或民法一般原则来处理著作权继承问题,而是在著作权法中对著作权继承做出专门、具体的规定。有些国家甚至在著作权法案中特别指出,民法中关于继承的某些一般性原则不能适用于著作权继承。在这一类著作权法中,较典型的恰恰是民法典中对继承的规定最为详尽的法国和前联邦德国[224]。

日本著作法第62条规定著作权在无人继承时消灭。日本学者对此的解释是:"无继承人时,根据版权的文化使命,与其将之归国库,不如将之作为人类社会的公有财产,让一般人都可自由使用。为此,《著作权法》规定,无继承人时,版权失效。"[225]中国台湾地区"著作权法"第42条做了类似规定,采用了几乎相同的处理方法,将著作权存续期间无人继承之著作财产权视同保护期届满之著作财产权。而联邦德国著作权法更是在对著作权继承作专门规定后指出,联邦德国民法典第2210条(即民法中的继承条款)不适用于著作权继承。

综上,在立法技术上,可以借鉴以上做法:即对无人继承作品不适用民法中的继承条款或专门的继承法,而直接适用著作权法的特别规定。

(2)后果处理上,将无人继承作品著作权中的财产权归于公有领域。除前文日本及中国台湾地区规定无人继承作品的版权财产权于存续期间消灭外,另外有两个国家,将死后无继承人的作者的作品置于公有领域。即哥斯达黎加(哥斯达黎加著作权法第66条)和巴西(著作权法第45条)将无人继承作品的产权捐入公有领域,可被理解为国家自愿不对创造性作品行使私权,而是让它们进入公有领域,转变为了公共财产。

借鉴国外做法,对于无人继受的作品版权,即无人继承又无人受遗赠的作品以及对无承继者的法人作品的处理,应一步到位,跨越国家享有的阶段,使之进入公有领域,以推动其尽早实现充分应用,促进科技进步和经济社会发展。具体方案为:

①著作权法修订时在《著作权法》第 19 条增加一款,当著作权中的财产权出现无人继承又无人受遗赠之情形时,不适用于《继承法》。在符合一定前提条件下直接归入公有领域。

②将《著作权法》修订草案的第二十二条第二款的后半部分修改为……无人继承又无人受遗赠的,以及没有承受其权利义务的法人或者其他组织的,视为已经进入公有领域。

(二)对孤儿作品的著作权立法及政策建议

1. 规定图书馆、档案馆、文化馆等公益性机构的"例外"

为适应数字网络环境下海量使用作品的需要,为解决特定情况下,著作权人查找无果但仍需使用作品的实际问题,《中华人民共和国著作权法》(修订草案送审稿)[①]增加了相关规定,允许使用者在向有关机构申请并提存使用费后以数字化形式使用作品。具体条文如下:

"对著作权保护期未届满的作品,使用者尽力查找权利人无果,符合下列条件的,可以向国务院著作权行政管理部门指定的机构申请并提存使用费后使用:

(一)著作权人身份不明的;

(二)著作权人身份确定但无法联系的。"

建议将营利机构与图书馆、档案馆等社会公益机构在对孤儿作品的使用方面区别对待。支持图书馆、档案馆等积极利用孤儿/无主作品向社会提供服务,避免此类作品被商业机构变相"代替"权利人实施垄断。建议在该送审稿以上条文或随后的著作权法实施条例修订中增加以下内容:"如果使用者为图书馆、档案馆、文化馆等公共文化服务机构的,可向国务院著作权行政管理部门指定的机构登记备案后使用作品。作者或者其他权利持有者有权向图书馆或者档案馆声明其为上述作品的权利所有人,并有权要求停止使用或者从未来的使用中获得报酬。"

---

① 国家版权局办公厅.国家版权局关于报请国务院审议《中华人民共和国著作权法(修订草案送审稿)》的请示(国版字 2012[10]号).2012 年 12 月 24 日.

2. 孤儿作品的使用费用问题

虽然《著作权法》修订草案明确了孤儿作品的使用问题，但是对于此类作品的使用费是否在一个合理范围内，有待政策的进一步明确。图书馆是公益性文化机构，向社会公众提供公益性服务，对孤儿作品的使用并无盈利目的与行为。因此，建议在修订草案第二十五条提到的"前款具体事项，由国务院著作权行政管理部门另行规定时"，考虑到以上情况，增加以下内容：

公益性文化服务机构使用孤儿作品时，应向国务院著作权行政管理部门申请报备后，对其在收取提存费用标准上进行一定程度的倾斜。

四、对本来就可能处于公有领域的民间文学艺术作品等部分非物质文化遗产资源慎行版权立法保护

联合国教科文组织在《保护非物质文化遗产公约》中，对非物质文化遗产的概念、种类做出了规定，我国在确定各级"非遗名录代表作"实践中，也涉及"非遗"的分类。同时，世界知识产权组织正在探讨的知识产权保护主题——"传统知识"和"民间文艺"也属于"非遗"的范畴。综合各方观点，非物质文化遗产可以归整为以下几种：第一，民间文艺，即传统口头文学、表演艺术和美术等；第二，传统知识（狭义），包括有关自然界和宇宙的传统知识和实践、传统医药、手工技艺、传统设计等；第三，传统名称与标记（传统名号），如有关传统部族长期使用的"语词、标记、名称和符号"；第四，传统风俗、礼仪、节庆；第五，与上述各项相关的语言、文字、实物和文化场所等。在上述各种"非遗"中，从知识产权角度看，传统知识、民间文艺、传统名号，与发明、作品、商标等现代知识产权客体在技术品质和经济品性上具有一定的相似性，如创造性、实用性等，故具有知识产权意义。其他的非物质文化遗产则不具有知识产权意义，如传统风俗、礼仪、节庆、语言等。因此，在知识产权视野中，非物质文化遗产主要涉及传统知识、民间文艺、传统名号三类，包括仍依社区习惯传承的动态的"非遗"和不再按社区习惯传承的、已经书面化的静态的非遗。

（一）世居族群的传统创作属于一种特殊的公有领域

传统知识的呈现、世居族群的传统创作是否可以纳入公有领域的范畴？

以世居族群的传统创作来说，许多国家都以法律规范，世居族群有其传统创作的专用权，非经一定程序外人不得使用。世居族群传统领域内的创作，与公有领域里的著作性质不同（未经授权不得使用），也不是受著作权法限制的著作（非个别族人所有），但传统领域内的创作可为该世居族群的众人自由使用的情形，与公有领域内的著作可为众人自由使用的情形，却有些类同。有些学者认为，讨论不同的公有领域时，应该探究关于某些专属的文化资源可被不同的

群体差别使用的情形,或者从另一方面来说,应该探究关于某些共有的文化资源,可被不同的个体差别使用的情形。

有一种观点认为无须对传统知识提供版权保护,也即其属于公有领域之范畴。

因为,传统文化表现形式往往没有固定形式,也非独创,也没有确定的作者,以上三种皆为获得版权保护的要素。此外,大部分的民间文学艺术表现形式均非作为在商业使用以兹识别的方法,因此也不符合获得商标保护的资格。从定义上而言,专利权也不适用于保护传统知识,原因是传统知识乃代代相传,即使已公开纪录,这类在公开前的使用也有可能将传统知识排除于专利保护之外。因此,似乎传统知识的若干特点使其难以融入上述三种主要的知识产权保护法律。再者,保护传统知识与保护知识产权法例背后的原则性目标并不相符。没有证据显示保护传统知识是促进创作文化表现形式所必需的诱因,反而其他因素更能成功推动源远流长的创作过程。另外,奖赏勤勉理论(labor-desert theory)也不太适用于保护传统知识,原因是创作传统表现形式者难以确定,有可能是集体创作,也有可能是作者已身故多时。从奖赏勤勉的角度来说欠缺申索保护的有力理据。

部分人可能认为,自由民主的原则是知识应该可以自由分享而非仅限于若干人士或族群。保护传统知识将剥夺外来人因土著文化的传统、医学或其他而获益的机会。

(二)不宜以著作权及邻接权制度保护民间文艺

就著作权制度而言,伯尔尼公约"未出版作品"规定,对作者不详的、"未出版"的民间文艺作品可以提供保护。《与贸易有关的知识产权协议》《世界知识产权组织版权条约》及我国现行著作权法所建构的数据库著作权保护制度可以保护具有独创性的民间文艺数据库。就邻接权制度而言,《世界知识产权组织表演与录音制品条约》建构的民间文艺表演者保护制度可以为民间文艺表演者的"表演"提供邻接权保护。

但是,利用著作权及邻接权制度保护民间文艺存在以下问题:第一,就著作权制度而言,民间文艺很难符合伯尔尼公约规定的作品保护条件,如独创性、保护期等。另外,我国现行著作权法没有吸纳伯尔尼公约"未出版作品"著作权保护规则,故利用这一规则保护民间文艺,在我国没有法律依据。第二,就数据库保护制度而言,其只能保护民间文艺数据库的独创性编排这一"表达",不能保护民间文艺本身。第三,就邻接权制度而言,其所保护的"民间文艺表演",本质上属于现行著作权法下"表演作品"的范畴。可见,现行著作权制度几乎不能为民间文艺提供知识产权保护。

第二节 寻求政策支持

一、政府购买使用权或实施国家许可

(一) 文化信息资源共享工程的经验

作为全国重要文化工程的文化信息资源共享工程(以下简称共享工程),一直以来受到国家的重视,已逐渐发展成为全国公共文化服务体系中的重要力量。其在著作权解决方案方面,也一直在努力积极探索,并取得一定进展。根据《文化部 财政部关于进一步推进全国文化信息资源共享工程的实施意见》[226],为加快数字资源建设步伐,共享工程要求"各地要处理好本地区信息资源的著作权问题,本着先易后难的原则,逐步加以解决。由国家投资的文化产品和文化系统拥有自主版权的文化产品,要无偿提供给工程使用。同时,各地也要创造条件,动员和鼓励著作权人将其作品版权捐赠或低价转让给文化共享工程。对于农村急需的其他文化产品,可由政府购买作品使用权,提供给广大农民群众。"

(二) 国家图书馆的实践

至于实施国家许可方面,国家图书馆进行了不懈的努力,取得了众所瞩目的成绩。详见本书第六章第二节相关内容。

二、建立统一的国家版权作品库

(一) 欧盟委员会建议权利持有人进行版权登记

根据欧盟委员会建议,权利人应该向欧盟主管机关进行注册,以便在版权法下行使其所有权利,这无疑可使孤儿作品或其他公有领域作品"现出原形"。

一个由三位专家组成的委员会表示,这一措施可以预防孤儿作品的产生,材料的创作者原本应该进行注册以便享有所有的版权。一份报告中也提到:如果作品私人所有者不将处于商业传播范围之外的版权作品进行数字化处理,那么图书馆、美术馆和博物馆应该能够对这些作品进行数字化。一个"高级别的反馈组织"Comité des Sages 向欧盟委员会数字文化政策及其名为 Europeana 的数字图书馆提供了一些建议。Comité 由广告客户专员 Maurice Lévy、德国国家图书馆主席 Elisabeth Niggemann 以及作家 Jacques De Decker 组成。

这份报告称:"未来阻止孤儿作品是重点。在未来创意产品(用户创作的内容)在互联网中激增且没有明确指出作者联系方式的情况下,避免孤儿作品的出现应该考虑某种形式的注册,将其视为充分行使权利的先决条件。"

该报告指出,"Comité 认识到,这将需要伯尔尼公约和相关文书有所改变,""其成员认为应该在世界知识产权组织内部展开'更新'该公约的讨论,并由欧盟委员会进行推进。"Comité 强调了确保孤儿作品数量减少的重要性。这份报告表示:"需要尽快地采用一份欧盟立法文书以处理孤儿作品问题。"这份报告列出了孤儿作品数字化之前必须满足的八类条件,并指出某些情况在欧盟一国被视为孤儿作品,在 27 个成员中也将视为孤儿作品进行使用。Comité 说道,欧盟委员会还要处理已不在商业传播范围内的作品。该报告指出应该通过一项法律,给予文化机构进行作品数字化的"机会之窗",并向版权所有人支付一定的费用。"如果权利人没有直接、共同的或与私人伙伴合作使用其材料,文化机构应该有让作品数字化并进行使用的机会之窗。"

虽然权利人及其代表就允许公共机构未经许可将其作品数字化的法律并不表示欢迎,Comité 认为其建议平衡了各类有关人士的权利。

这份报告表示:"为了遵守知识产权法律规则,数字化要求明确每个版权和相关权利""因此要发展承认权利人权利和利益的机制,但在促进数字化的同时,反过来会引起创新和创造力的更大发展。""考虑到整理权利的成本,以公正、平衡的进行权利整理是符合欧洲人民公共和个人及公共利益的。"[227]

(二)个人作品登记体系的作用及实践

现在,网络上现在越来越多地出现私人的作品登记系统。它们通常不认定作品或创作成果的公共状态或受保护状态,而仅仅提供永久性附在作品上的电子权利信息语言。这些登记也可在审理中作为证据,通常以数字签署的登记证书形式提供。总体来说,提供这些服务的公司既为受版权保护的作品提供登记,也为经由开放许可或版权"左派"许可的作品提供登记,但并不涵盖狭义公有领域作品,除非是由作者捐赠给公有领域的作品。例如,专长于标记和登记开放许可作品的公司或网站有位于西班牙的"安全创作"(Safe Creative)(它们和知识共享项目 CC 有紧密合作),"公地登记"(Registered Commons)和纳姆利(Numly)公司。

(三)我国的版权登记进展及推进建议

我国著作权登记包括作品登记、计算机软件著作权登记和著作权质权登记。可建立全国性的版权信息管理平台,根据作者的生年、卒年、作品发表时间等,自可判断哪些作品属于公有领域范围。我国版权行政执法机关在版权登记方面对此予以了推进。

1.《作品自愿登记试行办法》

国家版权局于 1994 年 12 月 31 日发布了《作品自愿登记试行办法》,并于 1995 年 1 月 1 日起开始实行,其目的是为了维护作者和其他著作权人以及作品使用者的利益,为了进一步明晰著作权权属情况,同时也可在解决著作权纠纷中发挥初步证据的作用。该办法规定,国家版权局和各省、自治区、直辖市的版权管理部门分别负责全国的、涉外的以及地方的作品著作权登记工作,享有著作权的公民或单位的登记管辖区,原则上以身份证上住所或营业所在地为准。该办法还规定,各省、自治区、直辖市版权局应每月将本地区作品登记情况报国家版权局,应对作品登记实行计算机数据库管理,并向公众开放。从以上规定可以看出,尽管一般作品的著作权登记并非强制性的,但部分作品著作权信息开始有了规范化来源渠道。

2. 全国将建立统一作品著作权登记体系

为强化版权公共服务功能,完善作品登记制度,国家版权局 2011 年 11 月中旬下发《关于进一步规范作品登记程序等有关工作通知》,对作品登记申请受理、审查、时限等方面做出详细规定。此举表明,国家版权局在全国作品登记工作中将统一登记程序、统一作品登记证书格式内容、及时统计作品登记信息,并建立全国作品登记信息数据库[228]。

国家版权局有关负责人表示,自 1994 年国家版权局颁布《作品自愿登记试行办法》以来,作品登记制度在降低作品市场交易成本、促进智力成果转化等方面发挥了重要作用。但各地版权机构在实践中也存在着登记程序、登记证书、登记信息不统一和无法统一公告、查询等问题,使得作品登记制度缺乏应有的严肃性,也给行政执法和司法审判带来了困惑。为改变这种状况,国家版权局下发了该《通知》,以此建立全国统一的作品著作权登记体系。

《通知》要求,今后全国各地登记机构必须使用由国家版权局统一监制的《作品登记申请表》《作品登记不予登记通知书》和《作品登记证书》。登记机构可通过国家版权局网站下载,由各地印制。同时,各地登记机构要完善作品登记信息统计及报送制度,建立作品登记数据库。国家版权局将在指定的报刊和网站上对作品登记情况进行统一公告和查询。

《通知》同时对作品登记申请受理、申请审查做出明确规定:申请人在提交作品登记申请表的同时,还应提交作品样本及申请人身份证明;委托他人代为办理作品登记的,应提交相应的授权委托书以及其他必要材料。对申请人提交的作品著作权归属存在争议的、申请人拒绝提交其他必要材料的,登记机构应做出不予登记决定。

此外,国家版权局为不断扩大作品登记覆盖面,将作品登记纳入版权工作考核的重点内容,作品登记数量等情况将作为省级及国家级版权示范城市、单位和园区(基地)评选的重要条件,同时鼓励有条件的地区建立各种作品登记资助激励机制。

让我们来看两组相关数据。2013年,中国作品登记量呈现突破性增长态势,全年登记数量首次超百万件。其中,软件著作权登记量继续保持高速增长,全国共登记软件16.4万多件,较上年增长18%;其他作品登记超过84.5万件,较2012年增长22.9%[229]。2014年我国著作权登记总量为120余万件,比2013年增长19.97%。其中,计算机软件著作权登记量首次突破20万件。2014年,全国共完成作品登记992 034件,计算机软件著作权登记218 783件,著作权质权登记496件。在作品登记方面,摄影作品数量最多,占登记总量的43.23%,其他依次是文字作品、美术作品、影视作品、音乐作品、图形作品等。从登记作品地区看,北京、上海的登记数量最多,分别占登记总量的51.49%和18.92%。此外,江苏、山东、重庆的登记数量均超过3万件。在计算机软件著作权登记方面,表现出东部地区登记最多、西部地区增速最快的特点,宁夏、江西和重庆分列全国登记增速前三位[230]。

3.运行机制

在这方面,可参考2014年9月《民间文学艺术作品著作权保护条例》(征求意见稿)中采用的模式:"国务院著作权行政管理部门指定的专门机构应当将其收取的民间文学艺术作品著作权报酬及时分配给相应的民族、族群或者社群。专门机构应当建立数据库,每年向社会公示民间文学艺术作品著作权报酬的收取和分配等相关情况。"

国家版权局办公厅2015年4月17日印发的《关于规范网络转载版权秩序的通知》[231](国版办发[2015]3号),对建立作品信息库相关事项做了规定,可资参考:

"报刊单位和互联网媒体应当建立健全本单位版权管理制度。建立本单位及本单位职工享有著作权的作品信息库,载明作品权属信息,对许可他人使用的作品应载明授权方式、授权期限等相关信息。建立经许可使用的他人作品信息库,载明权利来源、授权方式、授权期限等相关信息。"

成本问题也是实行该制度需要面临的关键因素,因为国家要管理一个庞大的作品库,其管理、维护费用及将作品推广使用的费用之大可以想见。

4.为版权出口服务拓展版权调查

面对西方国家不断延长版权保护期的趋势,我国政府及个人应该积极应对,并可考虑采取如下措施。

第一,调查同一作品在不同国家的保护期,避免在版权出口中发生侵权。

根据伯尔尼公约中的国民待遇原则,作者在一国所享有的保护水平不应超过本国的公民享有的保护水平。

以中国与美国为例,中国的版权一般保护期为作者死后50年,美国的一般保护期为作者死后70年,在这一背景下,美国公民的作品在美国可以获得作者死后70年的保护期,而同样的作品在中国则只能按中国版权法的规定获得作者死后50年的保护期。也就是说,如果某一作品已经超过作者死后50年,但未超过作者死后70年,则该作品还可以在美国获得保护,但在中国则应已经进入公共领域,中国的企业与个人可以无偿地利用该作品。但是这里的前提是,中国企业与个人对该作品的无偿利用,只应限于中国,如果将该作品出版后出口到美国,则将会受到美国版权人的起诉。因此,中国企业与个人在从事国内公有领域作品的出口业务时,应注意该作品在进口国是否也已经进入公有领域,以避免侵权事件的发生。

第二,积极将在美国或其他国家还未进入公有领域而在中国已经进入公有领域的作品提供给中国国内消费者。即充分利用国外有"时差"的公有领域作品。

由于各国版权保护期的规定不一,在特殊作品上的保护期更为复杂,再加上作者何时死亡也属于较难调查的事项,一般人很难了解哪些作品已经超过保护期。因此,政府可以建立相应调查机制,并制作和公布相应作品名录,以指导中国企业与个人积极无偿引入他国作品,这在一定程度上可以减少版权贸易的逆差[232]。

三、国家设立公共文化服务版权发展基金

对于公有领域资源的利用,政府可设立相应各级各类公共文化服务版权发展基金。在这方面,可以借鉴对《信息网络传播权保护条例》中的农村扶贫特定许可条款的制度设计。按照该法规规定,基于扶助贫困的许可需要支付报酬,但是法规并没有明确报酬来源。由于基于扶助贫困的许可是对于特定(公益性)网络服务提供者提供特定作品的支持和鼓励,所以不应该由其承担筹集资金的义务。

有鉴于此,考虑到基于扶助贫困许可的特殊性,建议由国务院委托国家版权局、文化部筹建设立相应的特定许可专项基金[233]。网络服务提供者基于扶助贫困许可而向权利人支付的报酬均由该基金资助。这样既可以提升采用该特定许可的积极性,防止该制度在实践中沦为一纸空文,也可以起到示范和带动作用,在全社会树立信息网络传播权付费许可和使用的观念。

建议由国家版权局发布规范性文件,对图书馆类公益性文化传播机构以特定许可方式利用作品做出规定,允许该类机构在公告期满并实际使用该作品的一定期间(如,半年)后,根据公布的标准将使用报酬按照规定的程序向指定的机构(如,相应的中国文字作品著作权协会等五大著作权集体管理机构)提存。

同时,建立此类组织利用作品的目录并向社会公布查询方式(如数据库检索平台等),方便权利人以认领方式主张权利,以弥补该类组织自行公告等公示效果、公信力有限以及单位财务预决算不便执行等不足。

前款所述著作权报酬自提存后5年内,因著作权人无法确认而不能分配的,可归入相应基金,用以鼓励我国文化艺术事业的传承、弘扬和发展。

第三节 建立抑制版权滥用的法律机制

一、立法上限制技术或合同手段的副作用

版权法不应赋予版权持有人利用技术或合同手段,无视在版权法中的限制规定,从而扭曲在国际和地方版权法上的平衡。

许可使用授权协议应该对版权法起到补充的作用,而不是取代版权法。鼓励接触信息,而不是去控制信息,可以增加作品的使用量。

的确,有研究显示,通过技术手段进行过多的控制,将产生反效果。而对不涉及侵权行为的规避技术手段,应该可以接受。

实践中,由于以上权利滥用导致的垄断,往往使本来处于公有领域的作品在事实上反转,仍与受版权保护作品一样,使社会公众无法接触,遑论获取!

所以,对因权利人滥用技术保护措施而导致使用人正常使用障碍的,应在版权立法中规定适当的救济方法。版权法应以平衡版权持有人的权利和用户的权利为目标,即通过技术手段以保护版权人的利益;而对合法的、无侵权目的的用户,则应许可其规避这些技术措施。

二、司法上遵循禁止权利滥用原则

权利人往往通过合同或技术措施剥夺使用人合理使用与法定许可的权利。但许可的合同条款不能凌驾于法定版权免责条款之上。

没有绝对的权利,即使对于有体物的物上请求权而言,物权理论亦认为:"此项请求权另受权利滥用原则、诚信原则、公共利益原则与相邻关系之限制"[234]。

对于著作权而言,由其立法宗旨及客体的特殊性等特点所决定,著作权与公共利益的关系更为紧密,而对于停止侵权这一物上请求权的泛化使用,可能造成著作权最初立法目的的落空。面对著作权案件的个案,法官不能单纯机械地适用法律,而应当在探寻法律背后精神的基础上,遵循禁止权利滥用等原则解释和适用法律[235]。

第四节 技术上的方法

在海量的作品与信息中,如何标识或甄别其中哪些属于公有领域呢?纯人工的方式当然是做不到的。正如版权法的每一步的发展,都离不开技术的推动那样,对公有领域的识别,也需借助技术上的方法。相关需考虑的因素有:

第一,公有领域标志(Public Domain Mark)。在2010年10月11日,Creative Commons(知识共享项目,简称CC)公布"公共领域标志(Public Domain Mark)"。它是一种"标示"著作并无任何著作权限制、可让大家自由使用,并于网络上可以轻易搜寻到该著作的"工具"。"公共领域标志(Public Domain Mark,简称PDM)"与"CC0"有着不同的功能,著作人或宣告人可依照著作的性质,以及其意愿来使用;前者PDM标示该著作之著作权已存续期间届满,并已进入公共领域,后者CC0则使著作人得依照其自身意愿,于著作权存续期间届满前,放弃该著作权。

目前,第一个大量使用PDM的是Europeana——欧洲数字图书馆。Europeana于2011年中起,PDM开始标示于其所典藏、并且著作权存续期满的数百万份典藏品中。Europeana的执行长Jill Cousins表示"我们工作有一个重要的部分,就是透过Europeana,在数字化作品上标示权利信息,例如著作已无任何著作权限制,使老师、学生,或其他人可以自由地使用、混用,或改变该著作。"Creative Commons 也趁这个机会配合公共领域标志的标章用语(Public Domain Mark deed),修正CC0的标章(CC0 deed),同时希望标志设计的改变,可以帮助每个人了解Creative Commons的不同授权以及公有领域标示的工具[236]。

第二,扩张公有领域的CC0。Creative Commons在这几年推动CC0以来,不断地努力开发一个丰富且可以让任何人以任何目的,无条件自由接近利用的公有领域。因为借由CC0,著作人可以宣告其特定的著作已没有任何的使用限制,或者是抛弃著作上所有的权利,因此该著作已无任何的使用限制,并且在该宣告或抛弃书上签名。也因此,CC0可以助长公有领域的扩大,在2009年3月11日的O'Reilly科技会议(O'Reilly Emerging Technology conference)中,Creative Commons的执行长JoiIto再次介绍了CC0以对应当下著作权越来越扩张的问题。虽然CC0也与所有的CC授权相同,有授权标章、法律条款与数字标签,但CC0并非是一个授权条款,而是一个法律上的工具,来证明对于公有领域的奉献(dedication)。CC0经过多年的成长,搭配已有的"公有领域工具"-ccrel与教育工作者、科学研究者的努力,目前Science Commons正致力于制订"开放获取资料议定书(Open Access Data Protocol)"来确保资料与数据库的兼容性。

而 ProteomeCommons.org Tranche network 与 Personal Genome Project 是采用 CC0 的先驱者。由于 CC 具有全球性的特性,各国的 CC 计划主持人也加入 CC0 的讨论,并在论坛中讨论公有领域的相关议题。CC0 1.0 Universal 已公布在网络上,也即将推出可主张公共领域的工具[237]。

第三,公有领域计算器。公有领域计算器是近来主要由个人或非政府机构所开发的技术工具,来帮助计算受版权保护的作品何时进入公有领域。该等计算器旨在自动计算在特定法域中作品受保护的期限,并由此确定其被保护或已进入公有领域的状态。

第四,开发成本问题。所有被开发用于识别、认定或登记作品受版权保护或者不受保护状态的工具都会导致相当大的成本。这些成本有时由个人或非政府组织承担,有时由公共机构如图书馆或国家登记机构承担。任何推广公有领域的项目都必须要解决这些成本问题,或者找到激励非政府机构的单位或个人去积极参与的途径。一个关键目标应当是使发展中国家参与其中,因为它们往往没同等的机会和可能性去独立开发昂贵的公有领域工具。

一、公有领域计算器的设计与应用

(一)公有领域计算器的开发与构成

它通常由两个步骤组成。第一个步骤包括收集适用于版权保护期的法律条文的信息,并将其组织为流程图(即一系列连续的问题,以帮助确定适用哪个准确的规则)。见图5.1。

图5.1 即为由版权接触(Access Copyright)组织、知识共享公司、知识共享加拿大和维基媒体基金会(Wikimedia Foundation)制作的流程图(2008年12月16日版)。之后,这些流程图被转换成代码和运算法则,以自动处理由使用者提交的作品信息,并就其版权状态做出回答。

公有领域夏尔巴(Public Domain Sherpa)是目前基于网络对美国法域内公有领域的计算器。它基于一系列问题和步骤给出一个创造性作品的状态。公有领域计算器因此结合了两套数据。一方面,由询问作品状态的用户输入的数据,该数据可能与作者死亡日期、首次出版或完成日期或与形式要求(如果有要求)相关。另一方面,是与适用法律有关的数据,该数据被计算器的开发员集成到运算法规之中。

位于英国的开放知识基金会(The Open Knowledge Foundation)是公有领域计算器最大的开发商之一。通过与律师、学者和相关利益集团合作,它们已经开始开发针对多达17个国家和地区的这类工具[238]。

■ 版权制度中的公有领域研究

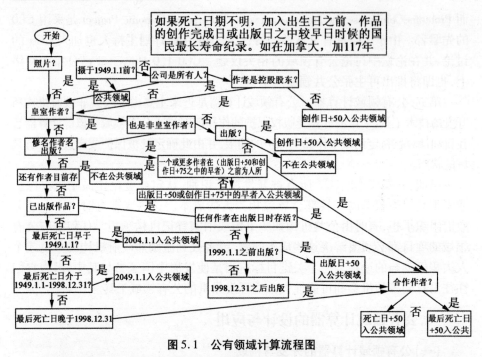

图 5.1 公有领域计算流程图

这些计算器只是显示因版权保护期终止而形成的公有领域状态,由此确定作品是否在前文所说的"时间性公有领域"之中。这是目前评估公有领域最复杂也是最客观的方法,因为与基于缺乏独创性而进入公有领域的情况不同,这是基于确定的数据(如作者死亡时间或出版时间)而认定公有领域状态的。

这些技术工具的关键增值部分在于通过借助于计算机自动回答,来解决有关版权保护期规则的复杂运算问题,并对多个法域的情况提供答案,而该其他法域的具体规定可能是作品的潜在使用者所不知道的。

(二)公有领域计算器的相对局限性

也应意识到:公有领域计算器虽然有其明显的好处,但任何公有领域计算器都有其内在局限。

首先,为了使其正常工作并能够提供准确的答案,输入运算法则中关于版权法的数据和被查询作品的数据都必须完整和正确。在计算版权保护期时需要依赖多重因素的国家,有的数据可能对计算器的使用者来说是未知或者难以获得的。任何试图评估一个在 1978 年之前出版的美国作品的版权状态,但是不确切地知道该作品出版时是否有版权标记且最终被更新的人都会理解这点。如果有关作品的数据或应适用的版权法规定是错误的,将损害法律的确定性。就后者而言,延长版权保护期时可能发生的恢复版权的情况,或适用于外国作品的保护期比较规则①(如果适用),都应被考虑进去。

其次,计算器使用者应该意识到艺术作品及其诸多表现形式之间的区别。对文学创作成果如小说可能以不同的翻译或改编形式进行演绎。当查询某一创作成果是否处于公有领域状态时,人们应该可以区分原始作品和其译本。其中一个可能在公有领域,但另一个却不在。公有领域计算器应该集成可以做出区分的问题。

更重要的是,公有领域计算器是以特定的法域为基础开发的,这无疑是正确的。因为正如我们在上文所看到的,公有领域的范围将根据对作品寻求保护地的国家和地区而定。不过这种地域性引发了很多问题。当使用者试图以公有领域作品为基础创造出某些新东西,或者以其他方式使用该公有领域作品时,其必须确定该作品在任何其准备利用作品的地区都是不受保护的。公有领域计算器的积极结果(也即某作品属于公有领域)可能对其他国家和地区而言是不正确的。此外,伯尔尼公约第7条第(8)款规定的,并且在多国适用的保护期比较规则不应在保护期的计算中被忽略。但是,这将要求运算法则集成所有其他国家和地区适用的保护期规则,以进行保护地国法和来源地国法的比较。

由计算器固有的地域性所引发的问题可能通过开发一种国际超级计算器来解决吗? 答案是可能的,但是这要求等待国内项目的完整开发并委托一个国际机构来从事这个大项目。

公有领域计算器可能永远也不会完美无缺,充其量是提供作品公有领域状态的近似答案。在大多数情况下,作品受保护或不受保护的状态是可获知的,但它始终留下一个无法获得确定答案的灰色地带,这点要么是因为缺少某些关键数据,要么是由许多相关法律被牵涉进来而造成的。

二、建立公有领域作品数据库

基于公有领域计算器、权利信息语言和其他可以评估作品状态的数据,一些网站现在提供公有领域作品的数据库,目标在于推广该类作品。著名的该类数据库有古登堡项目(Project Gutenberg)②,其专注于文学作品并可以下载相关图书;由开放知识基金会设立的公有领域作品数据库(Public Domain Works Database)③;或公有领域电影数据库(Public Domain Movie Database)④。其他虽专

---

① 指均可适用情形下,以较短保护期者为准。
② 见 http://www.gutenberg.org.
③ 见 http://www.public domainworks.net.
④ 见 http://pdmdb.org/.

于提供受版权保护,但可根据知识共享或其他自由许可条款而获得许可的作品的网站。例如,提供免费音乐的嘉门多(Jamendo)网站[①]。

这些数据库常常被一个公有领域中反复出现的问题所约束,即它的地域性问题。大多数时候它们只确认作品在一个法域中是属于公有领域的,但是建议使用者去核实作品在其他法域的状态。例如,在古登堡项目网站上,人们可以免费下载詹姆斯·乔伊斯的《尤利西斯》,该作品据称在美国法中处于公有领域。乔伊斯于1941年过世,其作品在欧洲只有到2012年才进入公有领域,在2012年之前则仍受版权专有权利保护。由于作品的状态在不同国家可能不同,该等数据库充其量能在一个法域做到准确,这取决于法律规定和它们使用的公有领域计算器。但使用者并没有经常意识到这些限制。

很多这类数据库提供者都很小心地否认自己承担任何因认定作品状态而导致的责任,并建议它们的使用者在希望公开利用作品的情况下,应自行核实作品的状态。人们不应忘记公有领域作品的第一个数据库可能还是来自老图书馆和其他文化遗产机构。它们对数字图书馆的发展常常基于它们大部分藏书的公有领域性质。以下两个例子足以表明:

(1)欧盟设立的欧洲数字图书馆(Europeana Digital Library)[②]作为国内机构的门户,已经提供了对超过500万作品的自由获取。

(2)由联合国教科文组织设立的世界数字图书馆(World Digital Library)包含有关世界遗产的1 250份关键文件[③]。

三、在作品发布环节附带明示的公有领域声明

在著作权法的历史演变上,可以看到我们不断地扩张著作权的保护期间,不断扩张的结果将导致各类的作品越发难以进入公有领域内,从而使得创作一事备受阻碍。此外,因著作权保护期间相当长,一般大众也无法轻易判断一个著作是否已属于公有领域而得以自由利用,亦可能造成大众为免有侵权风险而不敢使用,也会使创作的路上更加崎岖难行。

公有领域这一个区域非常重要,它是一块满载各种可自由使用素材使创意无限的地方,因此,到底哪些作品或材料是属于这一区域也就有明确界定清楚的必要性,更应该完善建立完整的公有领域架构。对于这部分,我们应该以可行的工具和政策方式来建构并丰富这个属于全人类资产的地方。在作品进行

---

① 见 http://www.jamendo.org.

② 见 http://www.europeana.eu.

③ 见 http://www.wdl.org.

发布传播时,通过有效工具或法律政策,对其进行公有领域标识,无疑是一种有应用前景的方式。这里,仅对 CC 目前提供的两种工具,简述如下。

（一）CC0

CC 目前提供两种工具可以帮助界定公有领域的内的作品,以减轻大众侵权的风险。第一种是 CC0,如图 5.2 所示。此一工具是针对尚在著作权保护期间的著作,而著作权人主动欲抛弃著作权所给予的所有保护,希望将自己的作品置入公有领域供大众自由且无任何障碍运用时所可以使用的一种工具,使得大众的利用不会受到各国著作权法或是数据库法的拘束。在此种工具的实际运用案例中,BioMed Central(BMC)作为一个以开放获取为理念的独立在线出版社,现在也采用了要求他们的文章数据以 CC0 的标志放置于公有领域区域内的政策;Europeana 则带领了推动世界性的数字文化遗产(digital cultural heritage),其模式被美国数字公共图书馆所采用,且其组织亦成为开放获取的领导者,于 2012 年时,Europeana 对于开放获取此一运动更是释出了两千万笔的元数据(metadata)以 CC0 的方式使之进入公有领域供大众自由使用之。

图 5.2　CC0 Public Domain Dedication 示意图

（二）公有领域标志

第二种工具则是公有领域标志,如图 5.3 所示。所谓的公有领域标志是针对已经超出著作权保护期的作品,为帮助明确标示其已属于公有领域所发展出的一种工具。此种方式使得那些不再受到保护的作品能以简易的方式标明,以便大众能够轻易辨识。

图 5.3　Public Domain Mark 示意图

第六章 图书馆的对策

内容丰富的公有领域是信息社会发展的一个基本因素,可以带来诸多益处,如加强公众教育、提供新的就业机会、鼓励创新、提供商业机遇和促进科技进步等。公有领域的信息应易于获取以支持信息社会,并应受到保护不被盗用。应强化图书馆和档案馆、博物馆、文化藏品机构及其他基于社区的接入点等社会公共机构,以促进文献记录的保存和自由、公平地获取信息[239]。

图书馆作为国家文化政策机制的选择,意义之一在于:自由使用公有领域作品(作为图书馆收藏作品的重要部分),服务于公众读者,促进人类科学技术、文学、艺术的进步,提高社会生产力。如果公有领域受到挤压,图书馆及公众获取作品的成本将逐渐提高,意味着作品创作的成本也将日益提高,作者创作的激情将会减弱。导致的必然结果是,不仅专有领域的作品减少,而且公有领域作品因专有领域作品总量的减少而减损的程度将更为严重。由于作品、信息资源的稀缺,图书馆信息资源总量会随之减少,服务于文学艺术和科学技术作品创造的能力也会下降,国家和民族的持续创新力将会降低,社会生产力将停滞不前[240]。

因此,图书馆在公有领域资源的建设与利用方面,肩负着重要使命,并且拥有大有可为的空间。

第一节 国外的主张与实践

在国外,图书馆相关国际组织与图书馆界,在涉及公有领域及相关资源的认知与利用方面,进行了一系列探索,为我国提供了经验借鉴。

一、相关国际组织的主张

(一)国际图联为世界知识产权组织国际发展计划提出的有关图书馆的几项原则(2005年1月)

这些原则包括:

(1)目标1:强大的逐步增长的公有领域,为创建、研究与学术提供了新的机会。

(2)目标2:有效的图书馆项目和服务是促进知识进步的工具。

(3)目标3:高水平的创造力和技术进步源于个体的研究和学习。
(4)目标4:著作权的一致。

上述原则2004年12月提出,并且最初由下列图书馆协会签署:美国法律图书馆协会、美国图书馆协会、研究图书馆协会、国际图联、医学图书馆协会,以及专业图书馆协会。这些原则准备用于世界知识产权组织的各项讨论,其内容涉及知识产权保护对经济发展、对图书馆、教育机构及残疾人的著作权例外的意义。但这些原则并不被用作法令性的语言,因此并不反映在法令语言中出现的限制和限定条件[241]。

(二)国际图书馆协会与机构联合会(IFLA)关于在数字环境下版权问题的立场①

国际图联是一个全球性的非政府组织,它从事、支持和组织世界性有关图书馆和信息工作的研究,传递所属领域的信息,并组织会议和训练。

在国际版权问题的争论中,国际图联代表了世界图书馆及其用户的利益。版权法强烈地影响着大部分的图书馆工作;它影响着图书馆可能提供给用户的服务和接触版权资料的条件;它也影响着图书馆作为信息领航代理人而且从事有效的资料存储和保存的活动。正因为这些原因,国际图联参与了国际上有关版权问题的争论。

为了维持版权人和用户之间利益的平衡,国际图联确立了以下的原则声明:

(1)在国家版权立法时,被伯尔尼公约准许和世界知识产权组织条约认可的,对版权和相关权利的例外规定,如有必要,应该被修改,以保证被准许的合理使用,可以相同地应用到电子形式的信息和印刷形式的信息。

(2)应该有一个简单的付款机制处理超过有关规定上限的复制。

(3)在使用版权资料时所产生的附带的临时性或技术性复本,应该排除到复制权管辖范围之外。

(4)对于数字形式的作品,不必付费或寻求授权,图书馆所有用户应该可以:浏览公开的版权资料;在馆内或透过远程登录方式私人阅读,聆听或观看市场上公开销售的版权资料;为了个人教育或研究需要,复制或通过图书馆和信息人员复制合理比例的数字作品。

(5)图书馆向用户提供数字形式的版权作品,以满足研究,学习等合法目的,应该被版权法所允许。

---

① IFLA 执委会2000年8月批准,2001年2月1日最新修改,2003年8月中文版最新修订。

(6)图书馆借阅物质形态的数字资料(如只读光盘)不应受到法律限制。

(7)契约的规定,如在许可使用授权协议中,不应不顾图书馆和信息人员对电子资源的合理借阅。

(8)版权法应允许图书馆和档案馆把享有版权的资料转换成数字形式,以实现保存和维护资料的目标。

(9)版权法也应该覆盖电子媒介的法定呈缴问题。

(10)对于许可使用条款中有限制或否定版权法中已有的版权例外或限制规定的授权协议,而该授权协议是由版权持有人单方面订立,没有给用户协商机会,国家版权法应致使该项授权协议无效。

(11)国家版权法应以平衡版权持有人的权利和用户的权利为目标,即通过技术手段以保护版权人的利益;而对合法的、无侵权目的的用户,则可规避这些技术措施。

(12)版权法应确切地阐明,在版权法不可能实际或合理地实施的环境中,第三方应负的责任的限定。

二、国外图书馆及相关机构的实践

这些机构数字化的文献对象是特定的,几乎都是已经过了版权保护期的作品或者关于本国的社会、政治、文化、宗教、科学和经济信息。

例如,日本着手数字化的是1868～1912年明治时期的出版物;美国国会图书馆已经数字化的是关于美国200年历史文化的文献;法国国家图书馆则是中世纪到20世纪初的藏品;俄罗斯锁定16世纪前25年的基利尔文字的书籍、早期的斯拉夫语书籍、俄罗斯古典文献库;英国发起的IDP,其数字化对象是敦煌资料;澳大利亚(Pandora)收集的资源包括澳大利亚作者完成的关于澳大利亚的社会、政治、文化、宗教、科学和经济信息。

据了解,纽约公共图书馆(NYPL)的50万册公有领域图书已根据需求进行数字化并提供利用;欧洲10个国家的18所图书馆开始提供对数字化的公有领域图书按需出版的服务;美国国会图书馆着手开源软件,可以标记是否为公有领域作品;加拿大也启动了公有领域书籍数字化计划:"Project Gutenberg Canada";2008年,位于华盛顿特区的史密森尼学会(Smithsonian Institution)开始在图片共享网站Flickr上发布"没有已知版权限制"的高质量图片,迄今为止,该机构已经以此方式开放了2 200幅图片。康奈尔大学图书馆知识产权专家彼得·赫特勒(Peter Hirtle)表示,自2009年以来,该校已经赋予人们免费接触其很大一部分藏书(但不包括博物馆藏品)的权利(这其中大部分是以低分辨率形式提供的,更高质量的图片在无须付费获得许可的情况下即可获得),并解除了对7万册数字化的公有领域图书的使用限制。

谷歌公司的"Google Book Search"项目显示了其扫描图书馆藏品的持续努力,只是在未过版权保护期的作品方面存在争议。而就大约100万册已经可以在线获取(阅览或下载)的公有领域作品而言,并无任何争议。

以下仅就一些典型案例予以介绍。

(一) Europeana 发布公共领域宣言[242]

该宣言由 Europeana(即欧洲数字图书馆)发布,代表创建 Europeana 的欧盟委员会,和维护 Europeana 系统的 Europeana 基金会的立场。Europeana 基金会是由代表博物馆、档案馆、视听机构和图书馆的各类国际社团组建成立,这些存储机构提供 Europeana 所需要的内容。Europeana 基金会清晰地规定了公共领域的使用和意义。Europeana 属于公众且必须代表公共利益。

鉴于当知识和信息被数字化时,法律合同常常被用于限制获取数字化的公共领域,Europeana 的最终目标是让欧盟公共领域的文化和科学遗产能够通过数字化形式,自由地被公民使用从而鼓励知识的发展并且促进企业创新和发明。

该宣言是一个政策声明,而不是一份合同。它不会约束任何 Europeana 内容提供者。Europeana 基金会发布该宣言的目的是为了影响欧盟存储机构、政治决策者和资助者之间关于公共领域数字化内容在什么情况下可以被获取这一问题的争论。

以下为该宣言的主要内容:

(1)公共领域是社会获得知识并且促成新的文化作品的资料。

(2)拥有一个健康和兴旺的公共领域对于社会和经济财富至关重要。

(3)将公共领域的内容数字化并不会产生新的权利:类似形式存在于公共领域的作品被数字化后继续存在于公共领域。

1. 一个健康的公共领域所需的原则

所有博物馆、图书馆和档案馆是我们文化遗产和科学遗产的持有者。这些存储组织是社会共享知识的守护者。他们在代表市民维护公共领域上扮演着重要的角色,因此他们必须拥有一些基本的原则。这些原则对于维护公共领域的正确理解、确保该理解在网络信息社会的科技环境下发挥作用非常重要。这些原则并不想阻止机构对于其馆藏中的公共领域作品进行商业性开发。相反,这些原则提供了一系列基本标准从而确保公共领域能够在数字环境中正常运行。

(1)著作权保护是暂时的。

(2)任何处于公共领域的知识需要保留在公共领域。

(3)合法使用者能够对一个公共领域作品的数字版本自由地进行使用、复制和修改。

有一些重要的发展威胁着公共领域的功能。在过去的几十年里我们发现著作权的保护不仅在时限上有所延长,同时在保护内容上也有所扩大。这对于公共领域和提高公众及存储机构获取共享文化和知识的重要部分的能力是不利的。以下指南用来抵制这种趋势:

(1)任何涉及著作权保护范围的修改都必须考虑到其对公共领域的影响。
(2)任何知识产权都不能被用于重新设定公共领域资源的专有权。

2. 数字时代的公共领域

网络让人们获取之前根本无法获取的大量知识和创作的数字版本部分成为可能。网络成为大量数字化工作的引擎,并且根本性地改变着文化和科学遗产机构的角色。它既能将类似形式的馆藏数字化,为分享和创新性的重复使用提供了新的契机,又能让人们进一步通过我们法律还未限定的方式来开发和使用我们共享的遗产。同时,数字化馆藏使文化和科学遗产的拥有者对著作权引起重视。我们的存储机构一直为民众保留遗产,并且为这些遗产能够被公众获得履行着公共职责。这两个职责是通过公民——纳税人的花费来筹划的。

为保管我们共享的知识和文化,非营利存储组织应该在有效地确定和保存公共领域作品上扮演特殊的角色。这个特殊的角色需要非营利存储组织通过尽量广泛的开放途径,使得公共领域的作品能够为全社会获取。对于存储组织而言,应意识到作为我们共同的文化和知识的守护者,其自身对于确保公众的创造力和为当代文化、科学、创新和经济发展提供原始的资料是非常重要的。

同时,让这些类似形式的馆藏的守护者转型成为数字服务供应者存在着巨大的挑战。创造和维持数字作品是昂贵的,文化遗产部门也许缺乏履行新职责的资源。政府部门负责人也许会鼓励或要求这些组织通过向大量的商业使用者以许可证形式提供服务来增加收入。

公共-私有合伙形式成为筹建大规模的数字化工程的选择之一。商业性存储机构对作品的数字化工程投入大量资金,由此商业性存储机构对于这些数字化作品设定了获取上的限制。这些行为是对公共领域作品的数字化再生产进行控制的原因之一。这些组织试图对公共领域作品的数字化版本设定专有权利并且与它们的商业合作者建立专有的合作关系。

一旦教师、创新者和市民无法获取被数字化的公共领域作品时,存储机构也许会折中他们的核心使命从而削弱他们与使用者之间的联系。公共领域的类似形式作品务必在转换为数字版本时保留其免费获取性。同时,对于这些作品的数字化必须促进公众更多地获取公共领域作品而不是建立新的限制。在数字化时代,文化和科学遗产组织必须通过将获取其馆藏作为首要目的来加强知识共享和对文化的获取。价值增值服务能够通过不对公共领域类似形式的作品设定专有权利得到发展。

最后,从政治和政策制定层面而言,公共领域知识和信息的数字化完全是为了社会的利益。一旦公共领域被数字化了,创造性公司、高科技创新者和科技型企业应该可以免费获取这些数字化的公共领域作品,并且将其作为创造理念和运用新的理念的基础。

这个宣言的目的是为了给予存储提供者、决策者和公众一个明确的信号:Europeana 和 Europeana 基金会相信并且希望加强公共领域概念在数字化世界的作用。由此,我们需要对于这些重要资源的本质拥有一个不断更新的理解。

(二)耶鲁大学的实践

耶鲁大学在 2011 年 5 月 10 日的声明中表示,其图书馆、博物馆以及档案馆将对公有领域内藏品的高分辨率数字化版本进行全面的免费开放。目前,人们已经可以看到由 25 万张(低分辨率)图片组成的预告版本,这些图片来自该校总量为 150 万的核心目录之中。更多内容以及高分辨率版本将会陆续发布(耶鲁不列颠艺术中心已在其网站上发布了高分辨率扫描件,并将其加入核心目录)。耶鲁大学数字资产与基础设施办公室主任梅格·贝林格(Meg Bellinger)解释道:"我们只是在遵循公有领域意图实现之事的精神。"

允许人们在未经许可的情况下免费接触资料,当然需要额外的服务器资源和带宽,不过这些成本应该不会很高。尤其是考虑到下述事实的话就更是如此。正如许多机构已经发现的那样,对使用许可的管理成本等于或者超过从中获得的收入,同时这种做法还有效阻碍了学术研究的开展。而公有领域的作品以这种方式实现价值的成本则降低为零。

耶鲁大学在其 18 家图书馆中拥有约 1 000 万卷图书以及不计其数的其他文件。单是该校自然历史博物馆便藏有 1 200 万份标本。该校尚未算出这其中有多大比例的藏品实际上已进入公有领域,并受到与捐赠者或在购入时签订的接触限制契约的束缚。即便如此,最终开放的珍品数量依旧注定庞大。

耶鲁大学公有领域作品的数字拷贝并不仅仅向公有领域内发布。该校转而选择了创作共用(Creative Commons,CCBY)模式条款,后者允许人们对作品进行散布和修改,同时礼节性地要求使用者向作品来源致谢。这种许可具有约束力,但却并不苛刻。

这对于解放那些在理论上已经可以免费接触的机构藏品而言,可谓实际层面上的一大步。贝林格承认,耶鲁大学的政策引发了更深的担忧。其中最富争议的问题是,在不诉诸法律的情况下,博物馆年代较为久远的作品和样本面临着以不当方式被曲解模仿的风险。不过,贝林格似乎并不为此类难以估量的情况而担忧。她俏皮地说:"既存在着被我们认为具有文化意义的合法用途,或许也存在着其他用途。"换句话说,对一件作品的冒犯性利用只会令冒犯者而非受到冒犯的作品蒙羞[245]。

(三)美国数字公共图书馆(DPLA)

1. 美国公共数字图书馆的版权策略

早在2012年,学者兼作家的哈佛大学图书馆馆长罗伯特·达恩顿即宣称,超过两百万册图书的美国公共数字图书馆(The Digital Public Library of America,简称 DPLA)将在2013年4月完成。成立 DPLA 的计划于2010年时开始准备,它从众多的图书馆、数据库及博物馆收集了数以百万的数字资源。

达恩顿代表哈佛说,建数字图书馆的想法是想让我们的人民,事实上是世界上所有的人们免费地继承美国的文化遗产。

随着斯隆基金会和阿卡迪亚基金指导委员会的资助,美国数字公共图书馆(DPLA)依靠不以盈利为目的的创始人、政府官员、学者和公共图书馆馆长组成指导委员会。DPLA 指导委员会目前正在努力解决谷歌也曾遇到的版权问题(谷歌计划把数以百万计的书籍数字化来发展"谷歌图书搜索",这一富有争议的计划最终遭到作家和出版商的侵权起诉)。

"谷歌图书搜索服务本质上……是一个很好的想法",达恩顿说,"由于其精湛的技术、精力、财富,肆无忌惮的做法,谷歌开始把世界上最大的研究图书馆内的书籍全部数字化。"但随后谷歌搜索引擎"越过了公共图书和版权图书的分界线"。

要吸取谷歌"失败的尝试"的经验教训。谷歌的尝试有可能建立一个庞大的数字图书馆,但是,"这样的图书馆应该为公众利益设计和运行",达恩顿说。

DPLA,一个致力于公众利益的非营利性组织,在争取收录的版权书籍的同时避免了"毁灭性的诉讼",必须顾及图书行业的合法权益。达恩顿的建议是避开新出版不久的书籍,改为创造一面在5年或10年间馆藏书籍和已出版的书籍的"移动墙"。"大多数书籍停止销售后几个星期,在几年内其完全可能产生不出收益"。他说:"很长一段时间内保持其商业价值的善本由出版商和作者做出选择不收录进 DPLA。排除伤害权利人的经济利益的前提下,DPLA 以这种方式可能会赢得合作的对象。"[244]

2. 美国数字图书馆(DPLA)将所有元数据以公众领域宣言(CC0)释出公众领域

美国于2013年4月18日正式成立了DPLA。

"DPLA将于该日的美东中午时设立一个入口及开放一个平台,用以传输他们在美国图书馆、数据库、博物馆及文化遗产机构所收集的素材给学生、老师、学者及社会大众。而这将远超过一般的搜索引擎,对于他们统一收集的上述资源将提供一个创新的搜索及扫描方式。其几项特色包括动态地图、时间轴的部分,使其使用者关于自己一年年的使用上有可视化的浏览,此外亦有图书馆App的提供等。"

2014年1月,DPLA宣布他们会把所有的元数据(metadata)在CC0公有领域宣言(CC0, Public Domain Declaration)下使之成为公众领域的范畴。开放知识基金会的Joris Pekel则赞扬了DPLA的此项宣布。他表示:对于DPLA选择采用CC0的方式释出其后设数据,将能大幅提高和Europeana(此在欧洲即相当于DPLA)的互相操作性。

现在有越来越多不同的创作者开始出版数字化的文化遗产及其元数据,也因此,互相操作性将变得越来越重要,用以在文化遗产的数据间创造出相互连接的网络。而同样都选择采用CC0的DPLA和Europeana将为达成此目标迈出一个成功的步伐[245]。

3. 与欧洲数字图书馆的合作项目

在2012年5月,两家重要的数字图书馆网络已经就合作达成共识。美国数字公共图书馆提供对美国各个图书馆、档案馆、博物馆数字馆藏的访问,DPLA宣布将设计其技术结构使得能够与欧洲数字图书馆互操作。欧洲数字图书馆建立了相似的系统来连接欧洲的图书馆、博物馆和档案馆。

正如DPLA委员会成员、哈佛大学图书馆馆长罗伯特·达恩顿说:"DPLA与欧洲数字图书馆的联合意味着无论哪里的用户单击后,最终都会获得两个系统联合的丰富馆藏。联合数据库将包括数以百万计的书籍、手册、报纸、手稿、图片、记录、视频以及众多格式的其他资源。"

欧洲数字图书馆的执行馆长Jill Cousins赞同这次合作:"欧洲数字图书馆的目的是开放的、可以共同使用的。能够与DPLA合作是对这个目标的确认。通过这两大洲的共同努力,欧洲数字图书馆和DPLA希望能促进同全球伙伴一起创建国际网络。"

这次合作的另一个成果是从欧洲到美洲的移民虚拟展出。DPLA和欧洲数字图书馆将通过数字化和免费获取,从旧世界到新世界的旅程资料来展示联合馆藏的潜能。这个试点项目将包括文本和图像,这些文本和图像都是关于他们离乡背井,穿越危险的海洋去千里之外的地方寻找新生活的迁离经历。

DPLA 与欧洲数字图书馆发布了共同原则的声明。DPLA 与欧洲数字图书馆共享同一个目标:使图书馆、博物馆、档案馆的丰富馆藏能够被世界上的每个人免费地获取。他们将在这个任务的指引下遵守以下原则:

(1)将其系统和数据最大可能程度的共享。

(2)将推进最大可能程度的开放获取,通过共同的有关内容、数据及元数据的已存和新的政策。

(3)将定期合作系统的特定部分,从以下几个方面开始:可互操作的数字模型;共享的资源规范;合作的馆藏建设[246]。

(四) 大英图书馆释出百万影像图文件

大英图书馆在把 100 多万个无版权的图档上传到 Flickr Commons 上,任何人都可以拿来做使用及其他方式和目的的使用(remix and repurpose)。这些图文件都是微软扫描自 17～19 世纪的书籍,并捐赠给大英图书馆的[247]。

这些影像图文件涵盖的主题相当广,有地图、地质图表、精美的插图、幽默的讽刺作品、壁画和装饰字母、色彩鲜艳的插图、风景照等。不过在 Flickr Commons 上的图档只有出自哪本书,第几页,但针对每张图文件的信息则相当匮乏。

大英图书馆 2014 年启用一个 crowdsourcing 应用,让使用者可以协助描述每个图档,目的是要使用这些数据来训练自动分类机制,这个机制将应用于整个内容。

(五) 日本国立国会图书馆"近代数字图书馆"项目(Digital Library from the Meiji Era)

2009 年 6 月,新修订的日本《著作权法》在日本参院全体会议上正式获得通过,于 2010 年 1 月起实施。新《著作权法》限定国会图书馆在未征得著作权人许可的情况下,也可以将书籍数字化。据悉,国会图书馆正着手将大约 90 万册藏书制作成电子书,为打造数字图书馆,日本政府 2010 年度投入的财政预算高达 127 亿日元,相当于上一年度的 100 倍[248]。

1. 相关法律:《著作权法》

(1)第四节规定:著作权保护期为著者在世及逝世后 50 年,团体作品的著作权保护期为发表后 50 年。

(2)第二十三条规定:使用电讯接收设备公开转播被广播或者有线广播的作品的权利,属作者专有。

(3)第六十七条第一款规定:如果通过相当的努力仍然无法和作品权利人取得联系,可以接受文化长官裁定,在提供一定补偿金的基础上进行使用。

日本国立国会图书馆在网页上有一个"近代数字图书馆"。内容为明治、大正(1868~1921年)时期的图书。其中包括国会图书馆所藏明治时期图书17万册中的13万册,大正时期9万册中的约2万册。这些作品可分为两种,一种过了版权保护期,一种属于典型的孤儿作品。

他们是怎么做的呢？首先是清洗版权人,如果一部图书正文的作者已经去世50年,但如序文、插图作者未满此条件的话,不能进行数字化;能够明确已经去世50年的,进行数字化。如果未过50年或者不明的,对版权人的地址进行调查,地址明确的取得权利继受者授权,地址不明的进行文化厅长官裁定。然后将版权未明的公布在网上,同时将过了版权保护期的添加到数据库里,目前一直在进行更新。日本国立国会图书馆目前已将约15.6万册已过著作权保护期的明治、大正时期的书籍制作成电子书,以"近代数字图书馆"为名,通过网络免费发送。

2. "近代数字图书馆"资源追加情况

资源追加情况详见表6.1,中日的年代划分参见图6.1,著作权处理流程(概念图)见图6.2。

表6.1 "近代数字图书馆"资源追加情况明细表

年度	发布时间	增加资料数量	备注	总量
2008	8月26日	约4 560种5 730册	大正约4 160种5 100册,明治约400种630册	约101 400种,148 200册
2009	8月25日	约6 800种7 800册	大正约5 800种6 500册,明治约1 000种1300册	约108 000种,156 000册
2010	7月27日	约11 000种14 000册	大正约11 000种14 000册,明治约70种100册	约119 000种,170 000册
2011	6月		昭和前期图书	
2012	5月28日	约51 000种	主要为进入公有领域图书、接受文化长官裁定图书	
	8月13日	约16 000种	主要为进入公有领域图书	
	11月22日	约18 000种	主要为进入公有领域图书	
2013	2月21日	约23 000种	主要为进入公有领域图书	图书约340 000种英语官报2 000种医学杂志3 000种

来源:"近代デジタルライブラリー資料あれこれ".国立国会图书馆.2013-0.
该项目著作权处理结果,见6.3和6.4。

■ 版权制度中的公有领域研究

图 6.1　中日年代划分比较示意图

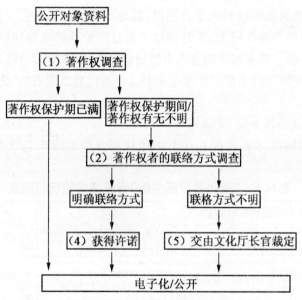

图 6.2　著作权处理流程（概念图）

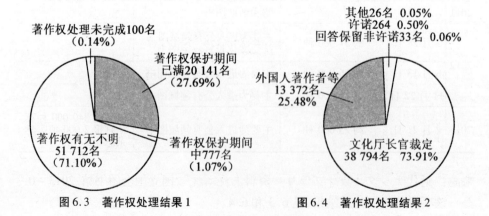

图 6.3　著作权处理结果 1　　　　图 6.4　著作权处理结果 2

（六）西班牙国家图书馆将逐步实现数字化

西班牙国家图书馆近期与西班牙电信签订新合约，计划进一步实现信息化与数字化[251]。

事实上，早在 2008 年，西班牙国家图书馆就已开启数字化进程。目前，已有超过 15 万部作品上传至西班牙语数字图书馆，共计约 250 万页，从 15 世纪的圣歌集到斗牛活动的海报都能找到。迄今为止，西班牙语数字图书馆网站每天访问量约为 0.2 万次，约有 1 600 万份左右的文档被下载。

不过，与馆藏 3 000 万的文档相比，这样的数字并不算多。不久的将来，西班牙国家图书馆会将最早史诗《熙德之歌》手稿、戈雅的版画、卡洛斯·加德尔的探戈等珍贵资料补充到这个容量广、内容精的资料库内。在这个过程中，国家图书馆希望实现双重目标：向全世界传播文化遗产；同时保护文化精华免受时间摧残。

根据《知识产权法》，作品在原作者去世 80 年后可以公之于世。这就意味着到 2016 年，所有在西班牙内战前离世的知识分子的作品都可以从西班牙国图网站上觅得。读者能够在家免费在线阅读到米盖尔·德·乌纳穆诺、巴列-因克兰、费德里戈·加西亚·洛尔卡或拉米罗·德·马埃祖等名家之作。

（七）其他

1. 古腾堡工程[250]

古腾堡工程（Project Gutenberg, 缩写：PG），由志愿者参与，致力于将文化作品的数字化和归档，并鼓励创作和发行电子书。该工程肇始于 1971 年，是最早的数字图书馆。其中的大部分书籍都是公有领域书籍的原本，古腾堡工程确保这些原本自由流通、自由文件格式，有利于长期保存，并可在各种计算机上阅读。截至 2012 年 7 月，古腾堡工程声称超过 40 000 件馆藏。

在可能的情况下，其发布的格式是纯文本文件，但也包括其他格式，如 HTML、PDF、EPUB、MOBI、Plucker。大多数版本使用的语言是英语，但也可以有许多非英语的作品。有多个相关项目，提供更多的内容，包括区域性的和特定语言的作品。到 2007 年 8 月为止，古腾堡工程已经收录了 22 000 部书籍，平均每周将新增 50 部。其中主要是西方文化传统中的文学作品，比如小说、诗歌、小故事、戏剧。除此之外，PG 也收录食谱、书目以及期刊。另外还包括一些非文本内容，比如音频文件、乐谱文件等。收录中主要是英文作品，但也有相当数量的德语、法语、意大利语、西班牙语、荷兰语、芬兰语以及中文等不同语言的著作。

在可能的情况下，古腾堡以纯文本的格式发布，主要使用 ASCII 字符集，也常被扩展为 ISO-8859-1，而中文书籍几乎全部都是以 Big5（大五码）纯文本格式发布。志愿者提交时也可能会采用其他格式，最常见的是 HTML。不容易编辑的格式，比如 PDF，对于古腾堡工程的目标而言并不合适，但还是有一些这样的格式被提交。近年来，有不少关于 XML 格式的讨论，但相关进展还比较缓慢。

古腾堡工程根据美国版权法对其电子书进行版权验证。只有版权过期者才可以加到 PG 档案中来，版权失效的记录将保存以备未来参考。

与其他数字图书馆的项目不同，古腾堡工程不会在其出版物上声明新的版权，从而鼓励自由再加工、再发布。

PG 的大部分书籍都依照美国的版权法律，作为公有领域发布。其中有两种书籍，一种书籍的前段会带有古腾堡工程的商标，这意味着对书籍的再利用有少量的限制，限制内容写在电子书的授权条款中（例如修改后再发布，或者商业用途）。而如果电子书的前段没有使用商标，作为公有领域的书籍就可以不受限地再利用。

古腾堡工程也发布了一些受版权保护的书籍，根据版权所有者的说明，就有进一步的限制。

1998 年的 Sonny Bono Copyright Term Extension Act,将版权期限延长了 20 年。这导致本来在美国将变成公有领域的许多书，古腾堡工程无法添加。

2. 谷歌数字图书馆

谷歌数字图书馆充分开放已进入公有领域的作品，适当揭示非公有领域类作品。谷歌数字图书馆扫描的图书分为三类。一类是版权过期的作品：如果图书已不受版权保护，读者可以在全书视图中浏览该书，即可浏览公共领域图书全文，读者还可以下载、保存并打印 PDF 版本，以便随时阅读；一类是获得授权的作品：会显示五分之一左右的内容；第三类是未经授权的作品，只能看到片段。据统计，谷歌图书馆计划扫描的图书大多是在版权保护期内的作品，其中约 20% 已进入公有领域。

3."维基百科人"进驻凡尔赛宫和大英博物馆

法国凡尔赛宫、国立图书馆及图卢兹政府宣布与维基百科合作，将其文字及影像资料进驻维基百科。2012 年 2 月 14 日,法国凡尔赛宫与维基百科签订合作协议，维基百科将派出一名"维基百科人"入驻凡尔赛宫，与其工作人员一起推进文字、图像、视频等资料的网络推广。

全球顶级博物馆与知名网络平台签订合作协议共同推广艺术品数字化，是对近年来文化数字化工程中遭遇的版权困扰做出积极回应的结果。此前，由于网络平台共享文化资源的特性与艺术机构保护自身艺术藏品版权的要求发生矛盾，有关艺术品数字化侵权的纠纷时有发生。此番"维基百科人"进驻多国重量级博物馆签订合作协议，在与艺术机构达成充分理解的基础上获取数字化资料，可以看出，无论是艺术机构还是网络平台，都在为文化数字化工程突破版权障碍、实现良性发展进行积极努力[251]。

4. 互联网档案馆将百万版权过期的图片上传到 Flickr

互联网档案馆开始向雅虎的图片共享服务 Flickr 上传超过一千万幅已经过

了版权期进入公有领域的图片。目前,Flickr 上的互联网档案馆账户有超过 260 万张图片。互联网档案馆使用 OCR 程序扫描出版日期在 1500 年到 1922 年之间的公有领域作品时,将书中的图像转录成 JPG 文件,并附有上下文文字,以让用户了解图像背景[252]。

5. 美国史密森学会上线 4 万件亚洲艺术藏品[253]

从 2015 年 1 月 1 日起,位于华盛顿特区的美国史密森学会的全部亚洲艺术藏品将陆续上线,共计超过 4 万件藏品,其中约 3.5 万件是首次对公众开放。藏品包括中国古代的玉器、13 世纪的叙利亚金属制品、19 世纪的《古兰经》等,通过高分辨率的图像上传至网络,非商业用途将不受版权限制。

弗里尔—赛克勒美术馆是首家完成这项数字化工程的博物馆,也是史密森学会唯一一家亚洲艺术博物馆。该博物馆发言人表示,该项目耗时数年,一方面是响应史密森的数字化工程,另一方面是响应美国总统奥巴马推动的联邦数据开放式访问计划。据介绍,一些受欢迎的藏品还将提供免费下载服务,供用户设置为电脑、手机的桌面背景。据悉,史密森学会下属的其他博物馆也在陆续推出上线的藏品。2014 年秋季,史密森学会启动了大型馆藏数字化工程,并向公众筹集 15 亿美元用于此工程。

第二节 中国国家图书馆的相关实践

一、争取制度倾斜,为读者代言并鼓与呼

在版权问题上,图书馆毫无私利可言,而是以公众利益代言人的身份同其他利益集团协商文献资源的利用问题。

近年来,中国国家图书馆(下文简称国家图书馆)作为公共文化服务体系中的重要组织,为更好地履行"传承文明 服务社会"的职责,一直在争取国家的立法与政策支持,为广大读者获取信息权的保障而鼓与呼。据不完全统计,先后共向国家版权局、国务院法制办、国务院办公厅等国家法律法规制定机关提出立法建议多次。例如,《国家图书馆关于解决馆藏数字资源著作权问题以促进其有效利用的建议》《国家图书馆关于网络资源存取以及特殊图书进口事项给予许可授权的请示》《国家图书馆关于作为公益性事业单位希望获得数字作品特定使用授权的函》。

二、对公有领域图书(自民国时期起)的版权状态筛查与确认

(一)总体情况

国家图书馆是综合性研究型图书馆,担负国家总书库的建设任务,并承担

对社会传播知识与提供信息服务的重要职责。根据国家数字图书馆工程的数字资源建设和服务目标,除清代之前确定进入公有领域的图书可以充分利用外,还希望甄别出馆藏中民国以来进入公有领域的图书,进行数字化后置于互联网为全国广大读者开展服务。

2008年8月国家图书馆策划并实施"国家图书馆公有领域图书目录征集项目",2012年更名为"国家图书馆公有领域图书筛查项目",搜集并制作民国以来已进入公有领域的、由国家出版行政管理部门批准成立的出版机构在国内正式出版、公开发行(包括限国内发行)的汉语版图书目录。

截至2013年12月,历时五年"国家图书馆公有领域图书筛查项目"共开展五期。确认公有领域书目数据累计达到116 447条,其中,规范数据7 583条,书目数据108 864条,即共有近10万种确定无版权侵权之虞的图书,今后可以通过国家图书馆的网站向广大读者提供服务。目前已经开展2.6万种公有领域图书的数字化加工。

具体项目成果参见表6.2。

6.2 公有领域图书筛查项目征集量明细表

项目期数	时间	书目征集数量
一期	2008年	977条规范,10 056条书目
二期	2009~2010年	4623条规范,35 699条书目
三期	2011年	211条规范,6 606条书目
四期	2012年	419条规范,13 974条书目
五期	2013年	1353条规范,42 529条书目
总计		7583条规范,108 864条书目

(二)解决方案

对于进入公有领域的作品,任何个人、法人与其他组织在尊重其精神权利的前提下即可无障碍利用。通常利用的公有领域图书是无须考证的古籍,但民国以来的现当代作品由于涉及诸多复杂问题,很难考证是否进入公有领域,所以截至目前,并没有相关权威机构或研究部门对进入公有领域的图书进行系统梳理。此次国家图书馆创造性地开展公有领域书目征集项目,开创了公有领域书目甄别方法,丰富了公有领域图书的数量和种类,使得很多实际已经进入公有领域的现当代作品可以得到广泛利用。

1. 法律依据

征集项目充分利用我国著作权法关于作品权利保护期的相关规定,系统梳理进入公有领域的作品,建立起图书馆合理利用法律法规的框架,使得法律法规在图书馆服务方面发挥实际作用,为读者提供更多无版权障碍的数字资源。

2. 筛查目标与对策

由于征集项目开展没有任何类似项目经验可以借鉴,很多始料未及的棘手问题在项目开展过程中层出不穷,经过反复论证创造性的研究出明确解决方法,汇总见表6.3。

表6.3 公有领域图书筛查问题与对策表

类别	问题	解决方法
个人名称规范	生卒年不明确	生卒年应该明确,尤其是卒年必须确定于1965年以前
	遗漏责任者简介重要信息	尽力补充完善,尤其是必备的重要信息
	译著原责任者和古代责任者存在名称规范	译著原责任者和古代责任者无须单做名称规范,但需备注其生卒年或朝代
团体名称规范	团体机构的历史名称或二级机构	团体机构的历史名称或学术性二级机构单做名称规范,但作品5本以下的除外
团体书目规范	只精确查找了团体责任者名称的作品,对于其他简称、全称的作品并未收录	穷尽查找,将所有相关团体责任者(包括简称、全称、异称)的作品收全
	团体书目数据中200字段和711字段中所列责任者不同	比对原书的版权页后,确定责任者
重印书	重复收录	原则上不收录,如果穷尽查找方法后不能查到原始版本,重印书收录一本亦可
再版书重版书	版本不齐	穷尽所有方法收齐所有版本图书,且对所查找的信息源进行说明
多版本选择	是否全部收录	尽可能搜集所有版本
多卷册书	总记录与单册记录并存	以责任者为准筛查,如果是同责任者的多卷书收录总记录即可;责任者为多人时,只收录符合条件的析出记录
丛书	总记录与分册记录并存	保留最下层的单册记录,将总记录备注
合著	只查证了其中一个责任者的生卒年	需查证各责任者是否进入公有领域;个人(古代人、译著原责任者除外)与团体的合著统一放入个人责任者书目数据中
	责任者项为"××等撰",并未查证"等"所包含的责任者生卒年	原书比对后,在备注中修改或说明,甄别"等"包含的责任者是否符合筛查范围
	责任者之一不满足进入公有领域条件的	对不满足进入公有领域条件的责任者不需要制作规范数据
多种责任方式著作个人名称规范	改编、整理、注释作品的责任者未包含原责任者。	以版权页署名责任者为准,无须对其他责任者甄别,无版权页时可参考书名页、封面等
	只查证了其中一个责任者的生卒年	须查证各责任者是否进入公有领域;个人(古代人、译著原责任者除外)与团体的合著统一放入个人责任者书目数据中

续表 6.3

类别	问题	解决方法
译著	各国著作权法不同,关于公有领域的界定不同	以国际条约的规定为准,查证各责任者是否进入公有领域(个人责任者为终身加上死后 50 年,团体责任者为作品发表之日起 50 年)
汇编作品	原书中实际包含很多责任者无法一一甄别	以版权页署名责任者为准,无须对其他责任者甄别 无版权页时可参考书名页、封面等
中国港澳台地区著作	其他国籍责任者的作品	不论国籍,只要是中国出版(包括港澳台地区)的中文图书均属于筛查范围
敦煌资料	存在无馆藏地的敦煌资料	如果存在同样内容的敦煌资料与普通古籍,敦煌资料优先;如果该敦煌资料无馆藏,则普通古籍优先
职务作品	官修史书、地方志	官修史书、地方志可以作为职务作品
	党政要人与团体合著的作品、出版机构编辑人员作品	应该对责任者一一甄别,不符合筛查条件的则不能收录
插图作品	责任者的确定	考查版权页责任者即可,如果插图责任者在版权页署名,则需要查证插图责任者的生卒年
多馆藏地	同一本书仅仅馆藏地不同,记录多条数据	只记录一条数据,将不同馆藏的信息进行备注;对于只有书目数据,没有馆藏地的,应在穷尽查找方法后备注说明,详细记录所查找的信息源
国家图书馆数据中的历史遗留问题	拼音录入	应该排除拼音录入,但计算机系统外字,实在无法表述的,可采取国家图书馆通用做法,用 393 字段字形表示
	同一本书却存在多条数据;出版项不详	原书比对后,在备注中修改或说明
形式问题	重复录入	核查剔重
	统计或录入错误	重新统计或录入
	出现没有书名或只有书名没有责任者的数据	考证后修改
信息来源	信息来源仅列工具书,参考依据不够权威	应将涉及的其他信息源逐项列举,并及时沟通补充新的权威工具书
	信息源的优先次序	权威机构的权威工具书、家谱族谱、地方志、人物传记(自己、亲友、研究者)、普通工具书、存档史料、研究性文章
其他	国家图书馆数据系统号发生变化	如果发现变化了的系统号,则对系统号进行更正

此外，鉴于目前我国对于孤儿作品在法律上并没有明确界定，对这些作者卒年无法考证的作品所存在的真空地带进行了创造性的尝试，即对这部分作品进行仔细甄别后标识"经查相关文献，无法查证其卒年"。目前已经筛查出近5 000条作品的作者卒年不可考的情况，今后如何对这部分作品如何利用可以统一进行规划和处理。

3. 对重难点的把握

通过前期充分调研发现，法律中的公有领域相关规定虽然很明确，但在实践中个人作者的生卒年信息并不确切，要查证非名人的卒年是否已满50年并非易事；有些作品的发表时间无法确定；甄别作品进入公有领域涉及法律知识、图书、情的知识甚至文学历史地理知识。法律方面的难题汇总见表6.4。

表6.4 公有领域图书筛查法律难题与研究方法

问题类别	研究方法
中国港澳台地区著作	研究不同国家和地区的不同法律规定
合著中多个作者的卒年	考证作品版权页上每个作者的卒年
多种责任方式著作	查证编、校、撰等不同责任方式的实际意义
同一作者的多个作品	查找多个信息源，收集完整
判断作者的卒年是否真实	以正式出版物为准，参考其他来源
同一个作者有多少个笔名	从研究文献中考证相关笔名
同名作者的不同作品	以不同研究领域来甄别不同作品
复制影印图书的合法性	考证当时历史背景条件下的出版情况
团体法人的沿革发展	研究团体法人的历史变迁、分立合并等

三、版权捐赠与征集

（一）捐赠概况

国家图书馆是国家总书库。为了促进中文数字资源的永久保存，并利用数字资源更好地开展公益性服务，该馆面向全社会征集数字版权。数字版权，主要是指作品数字化形式的复制权与信息网络传播权。作品权利人既可选择授权专有使用或非专有使用，也可以选择将数字版权全部或部分转让。

数字版权捐赠项目自2008年4月份数字资源部版权管理组成立以来就稳步推进，几年来取得了长足的进步。

截至2013年年底，已经收到各种捐赠作品共计383部（其中版权管理组成立以来收到179部，之前收到的各种形式的捐赠作品204部）。2013年9月国家图书馆出台了《国家图书馆数字资源版权管理办法》。

（二）数字资源版权征集

为联合全国各图书馆共建国家数字图书馆，进一步提高国家数字图书馆的公共文化服务水平,2010年4月起,国家图书馆全面启动了面向全国范围的数字资源征集项目,大规模征集图书馆享有自有版权和可转授版权的数字资源,获得了各地图书馆的热切响应和积极参与,目前已经初步构建起主题类型丰富、区域覆盖广泛、数据规模庞大的数字资源体系,带动了图书馆特色数字资源的建设和应用发展。

2010年至2013年,"数字资源征集项目"共开展四期工作,共征集41家单位的201个资源包,各类型内容单元数量14万余种,已经完成验收清洗的资源容量约为16TB。同时,加大整合和应用的力度,将征集资源通过互联网、"数字图书馆推广工程"等发布,向全国公众提供高质量的数字资源服务。

截至2013年12月,已经分5个批次完成176个资源包的版权验收以及数据的质检和整理,验收合格资源已在国图网站陆续进行发布。

通过4年的数字资源征集工作,充分整合公共图书馆的各类型已建资源,形成有序的资源集合,聚合了一批版权清晰、馆藏互补的优质资源。

在数字图书馆建设与服务过程中,版权因素影响数字资源建设规模、服务模式、服务范围等诸多方面。数字资源征集项目集中解决特色资源通过互联网服务的版权问题,广泛征集全国图书馆建设的公有领域、自有版权和拥有转授权的数字资源,突破数字图书馆建设的瓶颈问题,扩大数字资源建设规模和拓展服务范围。

各图书馆建设的数字资源版权状态不一,权利归属多样,既有公有领域资源、自有版权资源,又有其他来源版权资源;授权使用期限与授权使用范围各异。另外,部分资源存在有版权瑕疵的问题。为最大限度地利用资源,确保征集资源的服务能力,国图确定了征集资源的版权范围:

(1)已经进入公有领域的数字资源。
(2)版权保护期内自身拥有权利并可向第三方转授权的数字资源。
(3)版权保护期内已获权利人授权并可向第三方转授权的数字资源。
(4)版权保护期内权利人主动放弃相关权利的数字资源等。

要求资源拥有确保用户可通过互联网使用资源的权利、确保在数字图书馆推广工程中可以使用的权利,尽可能征集永久使用权,资源授权年限低于5年的不予征集,版权有瑕疵的不予征集。同时制定了《国家图书馆征集数字资源版权证明参考方法》,指导应征单位对版权进行筛查、判断并提供相应的版权证明材料。

在总结历年征集版权验收及解决经验的基础上,2012年国图开始在征集资源申报阶段即要求申报单位提交全部版权证明材料,并进行全面审核,前置性地解决版权问题,确保权利无瑕疵,避免本馆承担版权风险,保障征集资源的服务质量。根据类别不同,指导申报馆有针对性地制定版权解决方案,见表6.5。

对已经通过验收的征集资源,国家图书馆加大整合和应用的力度,通过国家图书馆网站、"数字图书馆推广工程"网站进行发布,向全国公众提供高质量的数字资源服务。

表6.5 征集资源版权解决方式

版权状态	解决方式
公有领域作品	细化地方志、普通图书、期刊、报纸、老照片、美术作品(如字画、年画等)、视音频等各类型资源的公有领域甄别方法
民国时期孤儿作品	明确勤勉寻找的建议方法
未进入公有领域的作品	区分自有版权作品、其他来源版权作品、委托作品、职务作品的处理方式,以及解决授权时间存在期限的问题

四、版权数据回溯项目专项任务

(一)项目工作目标

将近几年的公有领域民国图书、数字版权征集资源以及捐赠版权的资源等相关数据导入版权信息管理系统,以实现版权授权合同结算管理;建立和维护数字资源和纸质文献资源的版权记录的挂接,表明各种资源的版权关系,建立版权与对象实体的授权关系;提供版权相关信息的接收、查询、导航、检索和统计服务。

(二)工作数量

公有领域民国图书共约6.6万种;数字版权征集资源约13.4万余种;捐赠版权资源约1 000余种,数据总量共计20万种,另有相关的合同文档1 000多种。

(三)工作内容

(1)针对版权管理系统现状,按照业务需求并结合组内讨论,完成系统内各个字段的字典配置。

(2)摸查公有领域民国图书、捐赠版权图书的相关元数据,建立统一、规范的数据模板,以便于导入系统(考虑到数据类型繁杂,工作量大,可在元数据模板标准建立后,通过外包的形式完成)。

(3)数字版权征集来的资源来源于各个地方图书馆,且没有统一的元数据标准,为实现将此类资源完整、准确的导入系统,须对照征集合同,按照资源类型,如老照片、家谱、视频资料等,仔细分析,逐一对比,摸清其数字资源的所有元数据,建立规范、统一的元数据模板,同时做好数据的查重工作。

(4)配合开发商进行系统搭建、配置、调试、运行等实施工作。

(5)配合馆内部门对导入系统内的数据信息进行验收。

五、建设公有领域特色专题数据库并提供服务

国家图书馆建设公有领域特色专题数据库有自建、共建、接受捐赠、征集等

方式。其中尤为一提的是近年来开展得如火如荼的海外古籍数字化形式的回归项目。

（一）承办国家动漫公共素材库

2013年8月29日，"国家动漫公共素材库"正式上线发布。

"国家动漫公共素材库"是由国家扶持动漫产业发展部际联席会议办公室支持、国家图书馆组织开发研制的动漫领域公共性动漫素材服务平台，是集多功能于一体的国家级素材资源共享平台。动漫从业者、动漫专业学生及广大爱好者可以通过 http://www.dmsck.org 进行在线访问。素材库以征集和专门制作的精品素材资源为起点，以上传积分贡献制为运转核心，鼓励企业或个人免费注册账户并上传素材资源，获得相应的下载权利，旨在打造一个具有可持续发展能力的素材共享中心，提高全行业的素材复用率，促进动漫产业健康快速发展。

目前，初步建成的"国家动漫公共素材库"确立了以三维动画、二维动画、音效、创意参考等4个素材资源大类，199个素材资源小类为代表的资源分类体系；制定完成一系列标准规范，提升了素材库的整体质量，为未来海量素材储备的规范化建设奠定基础；建成了以中国文化为底蕴的9大精品专题素材子库；加强了素材的审核校验，充分保证用户上传素材的合法性、可用性。

在"国家动漫公共素材库"建设过程中，国家图书馆与北京邮电大学、北京电影学院、中国传媒大学、上海今日动画影视文化有限公司、天津神界漫画有限公司等多家院校及动漫企业建立素材资源合作关系，为引进高质量的动漫素材提供有力保障。

"国家动漫公共素材库"的建设，将进一步促进我国动漫产业的产业链发展和规范化，积极推动优秀民族民间文化元素进入主流动漫创作领域，同时将促进动漫素材创作的学习交流，丰富创作的素材来源，加强素材资源的合理规范复用，降低创作成本，缩短创作周期，有效提升我国原创动漫作品的创作水平和市场竞争力，对我国动漫产业的发展具有深远的战略意义。

在文化部的领导下，国家图书馆将继续完善已有建设成果，并与业界专家和高等院校、动漫企业开展广泛合作，进一步汇聚精品动漫素材资源，扩展和强化平台功能，为促进我国动漫产业的蓬勃发展发挥积极作用[254]。

2014年7月10日至11日，由扶持动漫产业发展部际联席会议办公室主办、国家图书馆承办的国家动漫公共素材库，亮相上海第十届中国国际动漫游戏博览会[255]。

（二）建立海外中华古籍专题网站

流散海外古籍文献的数字化和网络化，是中国古籍文献由纸质转为数字化信息回流而加以传播的重要步骤，是对中华典籍文化传播和继承方式的革命。中国国家图书馆正在不断努力，广泛开展与海外图书馆的合作，推动海外中国珍稀版本古籍数字化，建设规模庞大的中华古籍特藏资源库。国家图书馆专门建立了海外中华古籍专题网站[256]。

2010年5月20日上午，中国国家图书馆举办了"中华古籍善本国际联合书目系统"暨"日本东京大学东洋文化研究所汉籍影像数据库"开通仪式[257]。

1. 中华古籍善本国际联合书目系统的建成与发布

"中华古籍善本国际联合书目系统"是由中文善本书国际联合目录项目发展而来的新数据库。中文善本书国际联合目录项目由美国研究图书馆组织（Research Libraries Group or RLG）建立。项目初始阶段，因缺乏著录中国古籍的经验，曾邀请了北京大学图书馆和中国科学院图书馆共同进行为期6个月的项目试验。1991年，首批正式参加该项目的图书馆包括普林斯顿大学图书馆、哥伦比亚大学图书馆、中国科学院图书馆及北京大学图书馆。普林斯顿大学东亚系为项目提供了办公场所，并在后来接管了项目的行政管理。最终，约有30余家图书馆参加了中文善本书国际联合目录项目。中国的图书馆除了以上提及的中国科学院图书馆、北京大学图书馆，还增加了天津图书馆、辽宁省图书馆、湖北省图书馆、复旦大学图书馆及中国人民大学图书馆。在北美，除了美国国会图书馆以外，所有主要的有中文古籍善本收藏的图书馆都参加了这一项目。中文善本书国际联合目录数据库著录了北美图书馆的几乎全部藏书以及中国图书馆的部分藏书，数据达到2万多条。

2000年，中文善本书国际联合目录项目制定并发表了中英文本的《中文善本书机读目录编目规则》，对项目的编目原则和方法做出了规定和解释。2006年，美国研究图书馆组织宣布与联机计算机图书馆中心（Online Computer Library Center or OCLC）合并，并将全部数据转入OCLC的WorldCat数据库。近几年来，中文善本书国际联合目录项目已将其著录中约75%的首页书影进行了数字化扫描，并与数据库中的对应著录链接。

鉴于中国同人对项目所做的贡献，同时也为方便中国学者使用数据库，中文善本书国际联合目录项目于2009年6月向中国国家图书馆张志清副馆长提议，将其项目中心由美国普林斯顿转移至中国国家图书馆，并希望以原数据库为基础建立一个新数据库对外发布，由中国国家图书馆进行管理与维护。2009年9月至今，中文善本书国际联合目录项目负责人艾思仁先生作为国际访问学者在国家图书馆工作，主要工作内容即为推动上述提议的实现。

在艾思仁先生和国图同仁的共同努力下，新数据库"中华古籍善本国际联合书目系统"初步建成。它在内容方面将尽可能地借鉴原数据库，但是在形式上会更贴近中国的学术传统和需求。

该数据库仅供学术研究参考之用，不允许作任何商业之用。

2. 东京大学东洋文化研究所汉籍全文影像数据库的建设与利用

日本东京大学东洋文化研究所是日本著名的汉学研究中心。2009年11月,在詹福瑞馆长访日期间,双方签署合作意向书。东洋文化研究所将所藏中文古籍4 000余种,以数字化方式无偿提供给中国国家图书馆,将在国家图书馆网站上面向读者提供服务。

詹福瑞馆长访问日本期间,于27日到访日本东京大学东洋文化研究所。该所特别举办中文古籍数字化文献合作意向书签约仪式,詹福瑞馆长与羽田正所长签署了合作意向书。签约仪式后,东洋文化研究所当即将4 000种中文古籍书目数据和影像资源赠送中国国家图书馆。这批数据包括收藏在东洋文化研究所和一些专藏文库中的珍贵宋、元、明、清善本和民国时期抄本,经史子集各类俱全,其中以小说、戏曲为大宗,具有重要的史料价值[258]。

(三) 开通"哈佛大学哈佛燕京图书馆藏善本特藏资源库"

2009年11月初,中国国家图书馆与美国哈佛燕京图书馆达成协议,哈佛燕京图书馆将收藏中文善本古籍以数字化形式提供给国家图书馆。

2010年9月8日,在国家图书馆举行的开通仪式上,中国国家图书馆馆长周和平与美国哈佛大学哈佛学院图书馆馆长柯南希共同启动"哈佛大学哈佛燕京图书馆藏善本特藏资源库"网站。此举标志着中国国家图书馆在国际合作史上规模最大且历时最长的文献数字化项目、同时也是全球图书馆界最大规模的双边合作数字化项目之一的首批阶段性成果,正式通过中国国家图书馆网站服务公众。这也标志着又一批中华珍贵典籍以数字化方式回到祖国。

"哈佛大学哈佛燕京图书馆藏善本特藏资源库"首批正式上网发布了中文古籍善本204种,供海内外读者在线使用。该数据库资源可按照书名、著者、出版信息、分类等多维度进行检索和分类浏览,书目信息为中英文对照,更方便海外读者使用,同时提供全部书影的阅览,以便于用户的全面阅读和深入研究。随着数字化工作的持续展开,资源库将不断得到更新。

哈佛大学哈佛燕京图书馆是哈佛大学文理学院所辖哈佛学院图书馆的一部分,馆藏中文善本古籍特藏以其质量之高、数量之大著称。为方便海内外学人便捷地利用这些资料进行研究,同时以数字化形式保存这些中华古籍精品,中国国家图书馆与哈佛大学图书馆多次协商。2009年10月,中国国家图书馆与美国哈佛大学图书馆达成一致,决定共同开发哈佛燕京图书馆藏中文善本古籍。该合作项目自2010年1月至2015年12月,历时6年,对哈佛大学哈佛燕京图书馆馆藏所有中文善本古籍进行数字化,将完成4 210种51 889卷古籍的数字化拍照。中国国家图书馆负责提供资金、技术支持和数据质量控制;哈佛大学图书馆提供技术设备,承担中文善本古籍数字化、元数据制作和数据传递工作,并在双方共有的基础上使用数字化成果。项目成果将由双方各自保留一份完整的数字化图像文档,分别用于各自网站免费发布和其他学术研究及文献保存之应用。

这一项目是中国国家图书馆历史上与国外图书馆合作开展的规模最大的文献数字化项目,具有普遍的示范意义和表率作用。该项目将成为国际图书馆间文献资源共享和数字图书馆建设的新范式。

本次发布的"哈佛大学哈佛燕京图书馆藏善本特藏资源库",是继"中华古籍善本国际联合书目系统"和"东京大学东洋文化研究所藏汉籍善本资源库"后,第三批以数字化形式回归我国的海外古籍。这三个数据库的开通使用,表明以数字化方式促进"文化回归"的合作方式已逐渐步入正轨,同时也为今后进一步的工作奠定了坚实基础[259]。

(四)国家图书馆自建的其他公有领域项目简介

历年来,其他国图建设的公有领域专题数据库(主要部分),见表6.3

1. 数字善本

"数字善本"数据库是列入"中华古籍保护计划"的"中华古籍数字资源库"项目的重要成果,将陆续发布全国古籍影像。首批发布国家图书馆所藏善本古籍影像,本着边建设边服务的原则,将在四年内陆续提供服务。国家图书馆古籍善本直接继承了南宋缉熙殿、元翰林国史院、明文渊阁、清内阁大库等皇家珍藏,更广泛地继承了明清以来许多私人藏书家的毕生所聚。宋元旧椠、明清精刻琳琅满目;名刊名抄、名家校跋异彩纷呈;古代戏曲小说、方志家谱丰富而有特色。本数据库以保护古籍、传承文明为宗旨,使珍本秘籍为广大读者和研究者所利用,让中国传统文化精粹得到共享。

网址为:http://mylib.nlc.gov.cn/web/guest/shanbenjiaojuan

2. 甲骨世界

被誉为20世纪四大文献发现之一的甲骨文,集文献性、文物性、收藏性于一身,是研究我国商朝晚期不可多得的珍贵史料,该库包括甲骨元数据2 964条,影像5 932幅;甲骨拓片元数据2 975条,影像3177幅,并将不断更新。

网址为:http://mylib.nlc.gov.cn/web/guest/jiagushiwu

3. 碑帖菁华

《中文拓片资源库》现已有元数据23 000余条,影像29 000余幅。

网址为:http://mylib.nlc.gov.cn/web/guest/beitiejinghua

4. 敦煌遗珍

国家图书馆IDP数据库,包括中国国内散藏敦煌文献联合目录、研究论著目录数据等。

网址为:http://idp.nlc.gov.cn/

5. 西夏碎金

数字资源库包括:馆藏西夏古籍书目数据 125 条;馆藏西夏古籍原件影像近 5 000 拍。

网址为:http://mylib.nlc.gov.cn/web/guest/xixialunzhu

6. 数字方志

本库含有 1949 年前纂修的 6868 种古旧地方志类图书,跨越明、清、民国三个朝代。

网址为:http://mylib.nlc.gov.cn/web/guest/shuzifangzhi

7. 年画撷英

国家图书馆收藏了 4000 余幅年画作品。数据库现含元数据 278 条,影像 278 张。

网址为:http://mylib.nlc.gov.cn/web/guest/nianhuaxieying

8. 民国法律

民国法律资源库已发布民国法律文献 11 118 种,并将不断更新,提供简单检索、高级检索和 PDF 在线浏览功能。

网址为:http://mylib.nlc.gov.cn/web/guest/minguofalv

9. 前尘旧影

该资源库收录了国家图书馆收藏的新旧照片 7 000 余种 10 万余张,真实生动地记录了过去的社会事件、历史人物、城乡面貌、名胜古迹和建筑服饰等,人们可从中解读出不同历史时期特定事物的形象特征和真实信息,具有十分重要的历史价值。

网址为:http://mylib.nlc.gov.cn/web/guest/qianchenjiuying

10. 宋人文集

国家图书馆精选所藏宋人文集善本 275 部,首选宋元刊本,次及明清精抄精刻,或经名家校勘题跋之本,通过缩微胶卷还原数字影像,并辅以详细书目建成本全文影像数据库,免费呈献公众利用。

网址为:http://mylib.nlc.gov.cn/web/guest/songrenwenji

(五)国家图书馆征集的公有领域数据库

征集是数字资源的重要来源之一,为更好地履行文化传播和社会教育的职能,营造全民终身教育的良好环境,国家图书馆特在本馆网站开辟征集文献专栏,登载征集的数字文献,供上网读者阅览。

1. 中国古代典籍

中国古代典籍,包括历史、群经、诸子、文学四大类,基本囊括了在我国悠久的历史文化发展过程中所产生的各种经典。

网址为:http://wenjin.nlc.gov.cn/zjtj/zjtj/

2.数字图书馆推广工程征集的资源

如,大连市图书馆碑记拓本、首都图书馆京城舆图等。

附:各相关公有领域数据库数量统计表。见表6.6。

表6.6 各相关公有领域数据库数量统计表(截至2014年1月)

民国文献	民国法律	11 118 种
	海外民国时期文献数字化	149 种
地方志及类书(1万余种)	地方志全文影像	6 868 种
	地方志全文文本	3123 种
	类书	32 种
古籍文献(5万余种)	石刻拓片	23 995 种
	甲骨实物	6 575 种
	甲骨拓片	6 774 种
	善本老照片	7 264 种
	年画	607 种
	西夏文献	124 种
	西夏论著	1 202 种
	新善本	101 种
	敦煌写卷全文影像	1 卷
	朱希祖先生手稿	23 种
	名家手稿扫描数据库	38 种
	普通古籍信札扫描	182 种
	德格八帮寺大藏经	202 函
	永乐大典	38 种
	宋人文集	513 种
	傅雷手稿	31 种
	全球中华寻根网家谱扫描	2 383 种
	家谱谱系整理	39 种
	哈佛燕京图书馆善本全文影像	754 种
	东京大学东洋文化研究所汉籍全文影像	375 172 页(图像)
	世界数字图书馆	60 种
	善本胶卷转换数字资源	45 种
古代专著(173部)	中国古代典籍	173 部

六、以国家许可方式购买数据使用权

直接购买无瑕疵的数据库成为现在的通行做法。图书馆与数据库提供商通过签订资源购买合同的方式,取得所购数据库的版权使用权。以前,往往限于局域网使用。随着受众需求的不断增长,现在图书馆已注意取得包括互联网使用在内的广泛使用授权。其中,利用中央财政直接拨付的资金购买资源的使用权,并供全国无偿使用的方式可称之为一定意义上的国家购买著作权。

(一)购买已超过版权保护期的数据库,提供无障碍使用

1. EEBO 早期英文图书在线(ProQuest)

收录了所有现存的 1 473~1 700 年之间英语世界出版物的资料。收录著作 12.5 万多本共 2 250 多万页电子图像。

2. ECCO 18 世纪文献在线

18 世纪文献在线收录了 18 世纪英国、美国等其他语言国家的著作。涵盖历史、地理、法律、文学、语言、参考书、社会科学及艺术、医学等领域。除了包含 18 世纪著名的作品还包含当代著名的评论它的书籍。原始资料来源于大英图书馆、牛津大学、哈佛大学、剑桥大学、苏格兰国图书馆、爱尔兰国家图书馆、美国国会图书馆。其中,ECCO I 收录文献 12.9 万种,ECCO II 在 ECCO I 的基础上新增文献 5 万种。

3. MOMW 现代经济之路(GALE)

收录了 Goldsmiths´-Kress 经济文学图书馆 1450~1850 年间经济与商业类出版物 61 000 种,全文超过 1 200 万页。涵盖了商业、金融、社会环境、政治、贸易和运输等领域。

4. MOML 现代法律之路(GALE)

包含了自 1800 年后在英国及美国出版的所有法律类图书共 2.2 万种,超过 1 060 万页。此数据库包含 99 个法律领域,涉及了英、美法律体系的所有方面。

(二)国家图书馆网站发布全国授权数据库

1. 剑桥期刊电子回溯库 2011 版

国家图书馆与剑桥大学出版社于 2012 年底联合举办"国家图书馆剑桥大学出版社期刊回溯库全国授权推广活动",以提高我国信息用户对国家授权数据库的认知度,使数字图书馆推广工程进一步走向深入。国家图书馆于 2012 年 9 月以国家授权方式引进国家图书馆新购剑桥期刊电子回溯库,根据协议的授权,从即日起,中国大陆地区的非营利性学术用户均可通过 http://journals.cambridge.org 免费访问其回溯期刊全文内容。

剑桥大学出版社是一家非营利性出版机构,致力于在全世界推动知识、学习、教育和研究的进步,至 2012 年已有 428 年的历史。剑桥大学出版社出版的学术期刊广泛涵盖了人文科学、社会科学以及自然科学的众多领域,尤其在数学、物理、材料学、环境科学和资源保护、农学与生命科学、神经科学、历史、地域研究、经济学、语言和语言学、政治学和国际关系、法律等领域见长。

此次开通的全国在线内容包括 207 种期刊,均自创刊起第一卷第一期回

溯,时间跨度从1770年到1996年左右,共计收录63万余篇期刊全文,430余万页期刊内容。

根据国家图书馆新购剑桥期刊电子回溯库2011版为全国开通服务的通知[260],访问网址为:http://journals.cambridge.org/

使用规则:加盟机构需通过申请并签署相关补充协议后方可开通剑桥回溯期刊访问权限,无须支付任何附加费用。

2. SAGE 回溯期刊数据库

SAGE是一家专注于出版人文与社会科学、科技、医学领域的学术期刊出版社,根据2010年4月7日《国家图书馆新购SAGE回溯期刊数据库为全国开通服务的通知》(国图函[2010]22号)。此次开通的全国在线内容包括380种期刊,共计3.2万多期、460多万页的41.8万篇全文,年代从创刊1879年起至1998年。

3. Emerald 回溯数据库

Emerald以出版人文、社会科学期刊和图书为主。根据2010年3月16日《国家图书馆新购Emerald出版社回溯期刊数据库为全国开通服务的通知》(国图函[2010]12号),开通的全国在线内容包含178种全文期刊,超过11万篇的全文内容,涉及商业管理、信息科学及工程学等领域,年代自1898年至2000年。

第三节 争取相关文化机构的认同并联合行动

此处所说的相关文化机构包括:图书馆、档案馆、纪念馆、博物馆、美术馆、政府设立的信息中心等公共文化服务单位。

一、澳大利亚的经验

澳大利亚2000年通过的《版权修正法案数字议程案》将印刷环境下的图书馆权利例外进行了适当延伸与修改。此外,法案还声明权利例外同样适用于所有非营利性服务于公众利益出于保存目的收藏文献资料的机构,不管其是否冠以图书馆档案馆的名称。这意味着大部分非营利博物馆、美术馆此后都可以使用图书馆和档案馆的例外。

法案还规定对于版权人为了保护其电子版著作非授权使用所设置的技术保护措施,一些特定的教育机构或文献收藏机构可以在法律认可的权利例外情况下利用特殊的设备逾越技术障碍对作品进行复制或传播。这些规定给予了图书馆档案馆等文献收藏机构在获取传播利用信息方面更大范围的自由度,使它们作为社会知识与文化传播教育机构的职能得到更充分的发挥,因而保障了公众使用者利益在数字环境下的实现。

二、公益性信息保存机构在保存与服务方面的合作

利用长期保存的数字资源提供服务的基础是这种服务符合公共利益,图书馆在提供服务,尤其是利用网络开放资源和缴送资源提供服务时不能以商业营利为目的,不能借提供公共服务来捆绑促销自己商业化的数据产品或服务。合作存档或国家存档系统中的保存馆,必须尽责履行自己对整个合作系统或国家的公共服务义务,不能利用所保存的数据及其服务获取商业利益。

在我国《信息网络传播权保护条例》第七条规定"图书馆、档案馆、纪念馆、博物馆、美术馆等可以不经著作权人许可,通过信息网络向本馆馆舍内服务对象提供本馆收藏的合法出版的数字作品和依法为陈列或者保存版本的需要以数字化形式复制的作品,不向其支付报酬,但不得直接或者间接获得经济利益。当事人另有约定的除外。前款规定的为陈列或者保存版本需要以数字化形式复制的作品,应当是已经损毁或者濒临损毁、丢失或者失窃,或者其存储格式已经过时,并且在市场上无法购买或者只能以明显高于标定的价格购买的作品。"该条例提到图书馆等信息服务机构在一定前提下,可以通过信息网络向本馆馆舍内服务对象提供本馆收藏的合法出版的数字作品和依法为陈列或者保存版本的需要以数字化形式复制的作品。确立了公益性信息保存机构对其保存的数字资源提供服务的权利,然而对于数字化形式的作品有着严格的限制,对于服务权也并没有明确的界定。

对公有领域资源的建设与利用需要建立互利互惠的合作项目机制。跨国数字信息长期保存项目的一个重要特点就是凡合作者不论是属于哪个国家、哪个组织,也不论在合作体中发挥什么样的作用、处于何种地位,都能从合作中收益。相应的服务机构的合作也需要建立平等、互利、互信的关系,使每个责任主体都能行使权利、承担义务。例如,英国数字资源保护联盟(DPC)就在合作章程中明确规定,合作者应共同分享研究成果。在对所有保存资源进行服务的合作与协调方面,我国可以借鉴国外的模式,建立不同层次的合作机制,包括国际的国家合作、不同国家机构之间的合作、国内不同机构之间的合作。尽快建立服务责任体系,并同其他社会机构结为最为广泛的保存联盟,最大限度地保存有价值的数字信息资源,并提供相应服务,为传承人类文明做出贡献。

长期保存数字信息的最终目的是为人们提供更好的服务,传承文明、发展社会,所以信息机构要把提供更加便利高效的服务作为采集资源、开发项目的首要目标,加大对数字信息保存重要性的宣传力度,加强对数字信息服务权利化的意识培养,同时注重平衡版权所有者的合法权利、公共利益和商业利益。

第七章 对公有领域内容中不当因素的限制

在本书中,公有领域是一个中性的表述。事实上,并不是说公有领域的数量越多就一定越好,质量问题也是关键因素之一。对于那些公有领域范围内的不当因素,无论是一个国家的立法与政府或司法机关,还是图书馆之类的公共文化机构,都应各负其责,采用适当的举措,来限制或消除公有领域内容中的不当因素。

第一节 国家立法、司法良性干预

对内容不宜的作品、侵权的演绎作品中有可能归于公有领域范围的,国家有必要进行良性干预。这种干预主要通过立法与司法途径来实现。

一、从美国诉中国的 TRIPS 争端说起

我国1991年著作权法《著作权法》第4(1)条的内容为"依法禁止出版、传播的作品,不受本法保护"。

美国认为《著作权法》第四条第一款"依法禁止出版、传播的作品,不受本法保护"(报告中称为"第4(1)条")的规定违反了 TRIPs 协定第9.1条①,以及由此涉及的伯尔尼公约第5(1)条②。

专家组首先对著作权法相关条文做出关联解释。专家组认为,《著作权法》一方面在第二(2)条规定了"受本法保护"的情况;另一方面,又在第四(1)条规定了"不受本法保护"的情况。这说明第四(1)条否定了第2(2)条所赋予的权利。据此专家组认为《著作权法》第四(1)条否定了该法第十条对一些国家的作品赋予的权利[261]。

专家组分析了最高人民法院1998年"内幕案"(theInside Story case)的复

---

① TRIPs 协定第9.1条:所有 WTO 成员必须遵守伯尔尼公约的第一条至第二十一条的规定(不包括除外条款)。

② 伯尔尼公约第五(1)条规定:受保护作品的外国作者应该享有国内作者所被授予的全部权利,以及特别是伯尔尼公约授予的权利。

函。该案涉及一本书,该书的出版违反了出版法规,但书的内容没有违法。在复函中,最高人民法院写道:"《内幕》作品最早发表在1994年第二期《炎黄春秋》杂志上,同年5月,经四川省委统战部对该书稿进行审查后,批准同意出版。《内幕》一书正文未发现有违反法律的内容。因此,一、二审法院按照著作权法的规定对该作品给予保护,是正确的。"专家组分析说,最高人民法院对内幕案的复函说明了《著作权法》第4(1)条是对著作权保护的否定,明确了该条适用于含有禁止出版传播内容的作品[262]。

针对中国提出的否定著作权保护,但不否定著作权的观点,专家组认定这种区分是不合适的。专家组分析认为,根据中国的观点,享有和行使著作权不需要任何形式要求,而否定著作权保护则需要司法或行政执法机关的正式决定。即使专家组能够接受这样的理论,在人民法院或者国家版权局根据《著作权法》第4(1)条否定某一作品的著作权保护以后,很难确定这样的作品究竟处于什么样的法律状态。很难想象,当一个作品基于其性质被当权机关否定著作权保护,被禁止(出版发行)之后,该作品的著作权还能继续存在,不受任何影响[263]。专家组最终认定中国《著作权法》第4条第一款违反伯尔尼公约第5(1)条和TRIPs协议第9.1条[264]。

以上专家组的裁决无疑直接导致了2010年著作权法的修改。

2010年3月我国全国人大通过了著作权法的第二次修改,修改后的著作权法删除了第4条第1款,修改为:"著作权人行使著作权,不得违反宪法和法律,不得损害公共利益。国家对作品的出版、传播依法进行监督管理。"从此条的修改可以看出,我国修改后的著作权法对作品著作权严格履行自动保护原则,只是明确了著作权人行使著作权的底线:不得违反宪法和法律以及损害公共利益,改变了过去的模糊立法的状态,从而符合TRIPS协议的相关规定。这经历了由原来的直接属于公有领域(不受著作权保护),到现在的对其出版、传播进行监督管理,从原来的放任自流的消极保护到现在的主动或被动的积极监管。

二、对内容不宜作品的处理

其实,在司法实践中,对内容不宜的作品,无论其是否享有著作权,都应基于其导向,以法律与公共利益作为标准,进行干预,防止其不良影响的出现,或者消除其不良影响的程度。

(一)对侵权演绎作品的权利人以适当的方式予以救济

法谚"无救济则无权利"揭示了救济对权利保护的重要性。救济即权利遭受侵害时,对权利人给予的一定补救或补偿。只有有效及时的救济,权利才所谓真正之权利。著作权被视为一种准物权,根据物上请求权的相关理论,当权利遭到侵害时判令行为人停止侵权,具备合法的请求权基础。但由于著作权客体的特殊性及其促进文化传播的立法宗旨,注定了著作权与公共利益的关系更为紧密,而且对权利人的救济必定会对侵权方的利益造成一定影响。不加区别地一概判定侵权人停止侵权,可能会导致非公正的结果,就具体案件而言未必是恰当的。

1. 法官在个案中对停止侵权救济方式进行限制所应考虑的因素

法律救济就是在对被告行为定性的基础上,对原被告的利益进行重新分配。为了使得最终的结果符合公平正义精神,实现社会效益的最大化,所以法官在做出判断时,需要对权利人的利益与侵权人的利益进行平衡,也需要对权利人利益与公共利益进行平衡,不得妨碍公众对知识产品的接近需求。具体而言,认为法院在做出判断的时候需要考量以下因素:

(1)权利人的作品与侵权人在原作品基础上形成的新的客体之间是否具有竞争关系。侵权人可能以原作品为基础,创作出新的作品。如果原作品与新作的表达方式相同,比如都是文字作品,原作品可能构成新作品的一部分,二者的目标人群有重叠,那么判令停止侵权的可能性较大。如果侵权人新作品主要的表达方式与其中所使用的原作品的表达方式不同,比如侵权人的书的封面使用了原权利人所拍摄的照片,对于侵权人的新作品即图书而言,其主要的表达方式是文字,而原权利人照片的主要表达方式是影像,二者给人以不同的感受,体现了作者不同的思想感情。在这种情况下,对停止侵权进行限制的可能性有所提高。此外,在权利冲突案件中,侵权人可能以原作品为基础,通过新的投入产生了诸如商标等其他的知识产权范畴内的客体,由于著作权与商标权的价值基础不同,所以不存在竞争,对停止侵权进行限制故具备一定的基础条件。总体而言,权利人作品与侵权人在原作品基础上所形成的新客体之间一旦存在竞争关系,且新客体的竞争力在很大程度上来源于原作品,那么对停止侵权的救济方式进行限制的可能相对较小。因为在有竞争关系的前提下,不判令停止侵权,意味着在一定程度上赋予了侵权方强制实施许可,不利于营造公平的市场竞争环境。

(2)市场的因素。如果侵权方所使用的权利人的作品数量相对于新作品而言比例相当小,没有实质性地再现作品的完整表达方式和权利人欲表达的思想内容,给权利人造成的损害极小;而侵权方为了新作品投入了较高的成本,一旦判令停止侵害,移除成本巨大,简单地判令停止侵害造成侵权方的损失远远大于权利人所获收益,而且不可避免地会造成社会资源的流失,社会财富的浪费,那么对停止侵权的救济方式进行限制的可能性相对就较大。此外,原作品上著作权发挥的功能对于侵权方另外形成的客体而言,其商业价值很小时,也可能考虑对停止侵权进行限制。

(3)公共利益。有些情况下侵权方虽说使用了权利人的作品,但因为在原作品基础上产生的新客体关系到公共利益,所以不能简单地判令停止侵权。为了防止公共利益概念的随意扩展,以至于公共利益要么高不可攀,要么没有定数,对于公共利益的界定必须明确。可认为著作权中涉及的公共利益主要是与促进科学文化传播的著作权法立法宗旨相关。

(4)其他情况。因为对于个案而言,不可能穷尽案件的一切可能性,所以法官在对利益进行权衡的基础上,针对案件的具体情况,可能对停止侵权的诉讼请求进行限制。比如权利人是否怠于行使权利,侵权方的主观状态等都可能是案件中的考量因素。

2. 不停止侵权时对权利人的救济

侵权人实施了侵权行为,而法院基于某些特殊的考量没有判令停止侵权,在这种情况下,侵权人未经许可所实施的侵权行为将得以继续,这实际上剥夺了权利人对于权利的独占享有,强行减少了权利人的市场机会。

法官在平衡各方利益后,如果认为停止侵权的救济方式不尽合理时,还必须考虑一个因素:不判令停止侵权后,会对在先的权利人产生什么影响,对权利人能否采取停止侵权以外的其他救济方式进行保护。也就是说,必须给权利人予以一定的补偿。类比添附制度,所有权取得人与丧失人之间的平衡通过利得返还来实现。在不判令停止侵权的前提下,有必要辅之以必要的替代补偿金对权利人进行补偿。当然,法官以补偿金替代停止侵权的判决方式,在一定程度上与民事诉讼法上当事人处分原则似乎有所违背。在这种情况下,法官相当于变更了当事人的诉讼请求,即没有判决支持原告停止侵权的诉求,而是责令以支付补偿金的形式代替停止侵权。在中华书局诉国学时代侵犯著作权纠纷案中,法官也是出于对当事人处分原则的尊重,尽管认为直接判令停止侵权有一定的不合理性,但最终还是支持了原告停止侵权的诉讼请求。但是,当事人处分原则并不是绝对的,当事人行使处分权受到不得损害社会利益和其他第三方利益的限制。对停止侵权进行限制原本就是法官在平衡权利人与侵权人利益,权利人与公共利益的基础上做出,所以在程序上对当事人处分原则也做出一定限制是合理的。当然对当事人处分原则的限制只能是一种例外,而并非常态。对停止侵权行为进行限制赋予了法官更大的自由裁量权,同时也对法官提出了更高的要求[265]。

第二节　公益性传播机构的筛查、清理

一些内容不宜,违反宪法和法律或损害公共利益,国家应对其出版、传播依法进行监督管理的作品,可能属于公有领域范围,具备传播条件,但鉴于其违反合法以及公序良俗原则,应阻止其传播。图书馆等公益性文化传播机构应制定制度,采取措施,对疑似作品单独或联合进行筛查、清理,控制揭示范围,在必要的时候切断传播途径,尽量避免这类作品的危害性发生。

一、遵循国家相关法律法规进行筛查、清理

1. 出版管理条例①的相关规定

根据该行政法规第二十五条,任何出版物不得含有下列内容:

"(一)反对宪法确定的基本原则的;

(二)危害国家统一、主权和领土完整的;

(三)泄露国家秘密、危害国家安全或者损害国家荣誉和利益的;

(四)煽动民族仇恨、民族歧视,破坏民族团结,或者侵害民族风俗、习惯的;

(五)宣扬邪教、迷信的;

(六)扰乱社会秩序,破坏社会稳定的;

(七)宣扬淫秽、赌博、暴力或者教唆犯罪的;

(八)侮辱或者诽谤他人,侵害他人合法权益的;

(九)危害社会公德或者民族优秀文化传统的;

(十)有法律、行政法规和国家规定禁止的其他内容的。"

第二十六条:以未成年人为对象的出版物不得含有诱发未成年人模仿违反社会公德的行为和违法犯罪的行为的内容,不得含有恐怖、残酷等妨害未成年人身心健康的内容。

在第六十二条,还规定了相应责任主体的法律责任。

2. 音像制品管理条例②

第三条,音像制品禁止载有下列内容:

---

① 2001 年 12 月 25 日中华人民共和国国务院令第 343 号公布,根据 2011 年 3 月 19 日《国务院关于修改〈出版管理条例〉的决定》修订。

② 2001 年 12 月 25 日中华人民共和国国务院令第 341 号公布,根据 2011 年 3 月 19 日《国务院关于修改〈音像制品管理条例〉的决定》修订。

"(一)反对宪法确定的基本原则的;

(二)危害国家统一、主权和领土完整的;

(三)泄露国家秘密、危害国家安全或者损害国家荣誉和利益的;

(四)煽动民族仇恨、民族歧视,破坏民族团结,或者侵害民族风俗、习惯的;

(五)宣扬邪教、迷信的;

(六)扰乱社会秩序,破坏社会稳定的;

(七)宣扬淫秽、赌博、暴力或者教唆犯罪的;

(八)侮辱或者诽谤他人,侵害他人合法权益的;

(九)危害社会公德或者民族优秀文化传统的;

(十)有法律、行政法规和国家规定禁止的其他内容的。"

3. 互联网出版管理暂行规定[①]

第十七条规定,互联网出版不得载有以下内容:

"(一)反对宪法确定的基本原则的;

(二)危害国家统一、主权和领土完整的;

(三)泄露国家秘密、危害国家安全或者损害国家荣誉和利益的;

(四)煽动民族仇恨、民族歧视,破坏民族团结,或者侵害民族风俗、习惯的;

(五)宣扬邪教、迷信的;

(六)散布谣言,扰乱社会秩序,破坏社会稳定的;

(七)宣扬淫秽、赌博、暴力或者教唆犯罪的;

(八)侮辱或者诽谤他人,侵害他人合法权益的;

(九)危害社会公德或者民族优秀文化传统的;

(十)有法律、行政法规和国家规定禁止的其他内容的。"

第十八条规定:以未成年人为对象的互联网出版内容不得含有诱发未成年人模仿违反社会公德的行为和违法犯罪的行为的内容,以及恐怖、残酷等妨害未成年人身心健康的内容。

二、参照同类机构的采选与利用政策

(一)采选政策

采选政策方面如国家图书馆文献采选条例(国图业发[2010]54号)第二十五条规定,下列类型文献,不予采选:"(九)迷信、荒诞、淫秽文献。"

---

① 2001年12月24日新闻出版总署第20次署务会和2002年6月27日信息产业部第10次部务会审议通过,自2002年8月1日起施行。

（二）利用政策

利用政策如根据国家图书馆文献利用条例（国图业发[2010]57号）第二十七条规定，"内部文献系指因各种因素不宜公开利用，特殊需要时限制使用的文献。包括：（二）新闻出版署等政府部门下发文件或以各种形式通知指定的内部文献和港澳台地区出版的特类报刊。"

第二十八条关于阅览的相关规定为："（三）查阅新闻出版署等政府部门下发文件或以各种形式通知指定的内部文献和港澳台地区出版的特类报刊以及内部文献中的中外文图书，须出具注明查阅人姓名、查阅目的及查阅范围的省部级介绍信（有效期一个月），并经主管馆长批准。"

第二十九条规定，"内部文献不提供外借。"

第三十条是关于复制的规定：

"内部文献原则上不允许复制。特殊需要复制内部文献，执行以下规定：

（一）复制内部文献，须完整填写《文献复制委托单》后办理审批手续。由工作人员代为复制。

（四）仅允许复制有关章节，并以一份为限。

（六）内部文献提供部门须与申请复制者签订保密责任书，避免内部资料泄密。"

三、根据国家执法与司法机关的生效法律文书进行相应处理

国家的有权行政机关与人民法院等司法机关，在执法与司法过程中发出的生效执法通知书与裁判文书，具有法律效力，对涉及某些非法出版物或盗版、侵权制品的处理部分，图书馆等公益性文化传播机构应不折不扣的执行。

第三节 助力社会上的普法教育

作为国家的公益性文化传播单位，应当自身知法守法，同时，利用自身传播中介的角色，配合国家的普法宣传，对各类读者用户进行与利用公有领域资源相关的常识教育。通过张贴物理空间的提醒通知、报刊等平面媒体以及互联网、移动互联网及相应终端，积极进行宣传，使信息使用者了解并主动采取行动，争取把其中违法及不良信息的渠道阻断，或者把其传播散布的负面影响降到最低。

除了上面提到的出版管理条例、音像制品管理条例、互联网出版管理暂行规定等规定外，图书馆类的公共文化机构还要主动了解、积极宣传以下法规、规章及规范性文件：

一、《国家版权局 文化部 教育部 全国"扫黄打非"工作小组办公室关于加强图书馆著作权保护工作的通知》

该通知2009年10月28日以国版联[2009]1号文件的形式下发，要求各省、自治区、直辖市版权局、文化厅（局）、教育厅（教委）、"扫黄打非"办公室做到以下几点：

"一、各地要加强著作权法律法规宣传教育，进一步提高图书馆著作权保护意识。图书馆要严格遵守《中华人民共和国著作权法》《中华人民共和国著作权法实施条例》、《信息网络传播权保护条例》等法律法规，除法律法规明确规定的例外情况，未经著作权人许可，不得擅自复制或通过信息网络传播他人享有著作权的作品。

二、各地文化、教育行政部门要组织所属图书馆开展自查，发现存在未经许可复制传播行为的，要及时予以纠正。同时，图书馆要依照著作权法律法规，按照"先授权、后传播"的作品使用原则，建立完善合法使用作品的工作制度和有效机制，清除侵权盗版隐患，杜绝未经许可复制或通过信息网络传播他人作品的行为。各地要及时将自查自纠情况通过上级主管部门报国家版权局。

三、各地版权、文化、教育行政部门及"扫黄打非"办公室要对当地图书馆的作品使用情况进行联合抽查、检查。对发现存在未经授权复制或通过信息网络传播他人作品违法行为的①，版权行政部门要依法严肃处理。

四、各地文化、教育行政部门要对图书馆著作权保护工作加强日常监管，指导图书馆建立著作权管理行业自律机制，增强守法诚信意识，自觉杜绝未经许可复制或通过信息网络传播他人作品的行为。"

图书馆事业是社会主义文化建设的重要组成部分，是党和政府向人民群众提供公共文化服务，保障人民群众基本文化权益的重要途径。各地版权、文化、教育行政部门及"扫黄打非"办公室要积极配合，密切协作，不断提高图书馆的管理水平和著作权保护水平，进一步推动图书馆事业健康、有序发展。"

二、《全国人民代表大会常务委员会关于维护互联网安全的决定》②

在法律责任方面，该法律规定：

"为了维护国家安全和社会稳定，对有下列行为之一，构成犯罪的，依照刑

---

① 传播内容不宜作品算违法行为，并且有可能涉及刑事犯罪。
② 2000年12月28日第九届全国人民代表大会常务委员会第十九次会议通过。

法有关规定追究刑事责任：

（一）利用互联网造谣、诽谤或者发表、传播其他有害信息[①]，煽动颠覆国家政权、推翻社会主义制度，或者煽动分裂国家、破坏国家统一；

（三）利用互联网煽动民族仇恨、民族歧视，破坏民族团结[②]；

为了维护社会主义市场经济秩序和社会管理秩序，对有下列行为之一，构成犯罪的，依照刑法有关规定追究刑事责任：

在互联网上建立淫秽网站、网页，提供淫秽站点链接服务，或者传播淫秽书刊、影片、音像、图片[③]。

三、《中华人民共和国电信条例》[④]

该条例在第五章电信安全第五十七条规定，任何组织或者个人不得利用电信网络制作、复制、发布、传播含有下列内容的信息：

"（一）反对宪法所确定的基本原则的；

（二）危害国家安全，泄露国家秘密，颠覆国家政权，破坏国家统一的；

（三）损害国家荣誉和利益的；

（四）煽动民族仇恨、民族歧视，破坏民族团结的；

（五）破坏国家宗教政策，宣扬邪教和封建迷信的；

（六）散布谣言，扰乱社会秩序，破坏社会稳定的；

（七）散布淫秽、色情、赌博、暴力、凶杀、恐怖或者教唆犯罪的；

（八）侮辱或者诽谤他人，侵害他人合法权益的；

（九）含有法律、行政法规禁止的其他内容的。"

四、《互联网信息服务管理办法》[⑤]

该办法第十五条规定，互联网信息服务提供者不得制作、复制、发布、传播含有下列内容的信息：

"（一）反对宪法所确定的基本原则的；

（二）危害国家安全，泄露国家秘密，颠覆国家政权，破坏国家统一的；

---

① 可能构成公有领域作品的一部分。
② 传播主题不良作品，如被查禁过的小说。
③ 其中可能含有公有领域之内容。
④ 2000年9月20日国务院第三十次常务会议通过。
⑤ 国务院令第292号，2000年9月20日国务院第三十一次常务会议通过。

(三)损害国家荣誉和利益的;

(四)煽动民族仇恨、民族歧视,破坏民族团结的;

(五)破坏国家宗教政策,宣扬邪教和封建迷信的;

(六)散布谣言,扰乱社会秩序,破坏社会稳定的;

(七)散布淫秽、色情、赌博、暴力、凶杀、恐怖或者教唆犯罪的;

(八)侮辱或者诽谤他人,侵害他人合法权益的;

(九)含有法律、行政法规禁止的其他内容的。"

五、《中华人民共和国计算机信息网络国际联网管理暂行规定》[①]

第十三条规定,从事国际联网业务的单位和个人,应当遵守国家有关法律、行政法规,严格执行安全保密制度,不得利用国际联网从事危害国家安全、泄露国家秘密等违法犯罪活动,不得制作、查阅、复制和传播妨碍社会治安的信息和淫秽色情等信息。

第二十条规定,互联单位、接入单位和用户应当遵守国家有关法律、行政法规,严格执行国家安全保密制度;不得利用国际联网从事危害国家安全、泄露国家秘密等违法犯罪活动,不得制作、查阅、复制和传播妨碍社会治安和淫秽色情等有害信息;发现有害信息应当及时向有关主管部门报告,并采取有效措施,不得使其扩散。

六、《中华人民共和国保守国家秘密法》[②]

该法第二十七条规定,报刊、图书、音像制品、电子出版物的编辑、出版、印制、发行,广播节目、电视节目、电影的制作和播放,互联网、移动通信网等公共信息网络及其他传媒的信息编辑、发布,应当遵守有关保密规定。

综上,即使某些作品或内容已经属于公有领域,但若其中含有违反以上法律法规在内的国家强制性文件规定之内容,仍应有效阻止,即限制属于公有领域内容中的不良因素。

---

① 1996 年 2 月 1 日中华人民共和国国务院令第 195 号发布,根据 1997 年 5 月 20 日《国务院关于修改〈中华人民共和国计算机信息网络国际联网管理暂行规定〉的决定》修正。

② 1988 年 9 月 5 日第七届全国人民代表大会常务委员会第三次会议通过 2010 年 4 月 29 日第十一届全国人民代表大会常务委员会第十四次会议修订。

附录 十六个国家或地区著作权法中关于公有领域的条款

一、意大利

法源及出处	条文内容
意大利著作权法第一编第三章第三节"作品的经济使用权期限"第25条、第26条、第27条、第29条、第30条、第31条、第32条、第32条第2附条、第32条第3附条	第25条 作品的经济使用权期限为作者终身及其死亡后70年，截至于第70年的年底。 第26条 本法第10条所述的作品以及音乐剧、舞蹈、哑剧作品，合作作者的经济使用权期限以合作作者中最后死亡者的终身为限。 集合作品中属于各作者的经济使用权期限以该作者的终身为限。无论作品发表的方式，集合作品的整体的经济使用权期限均为首次发表之日起的70年。但是，期刊、报纸和其他期刊作品适用于本法第30条的规定。 第27条 在本法第8条规定之外以匿名或者笔名发表的作品的经济使用权期限，无论作品发表的形式，均为首次发表之日起的70年。 在前款所述期限届满之前，作者本人或者本法第23条规定的主体或者作者授权之人依本法第28条规定的方式披露了作者身份的，作品的经济使用权期限按照本法第25条的规定计算。 第29条 依本法第11条规定属于国家、法西斯党、省、城市、学术团体和其他公共文化机构或者非营利私法团体的排他性经济使用权的期限，无论作品的发表形式，均为首次发表之日起20年。学术团体或者其他公共文化机构发表的通讯和备忘录，其排他性经济使用权期限减为2年。该期限届满后，作者本人有权自由支配其文稿。 第30条 分部或者分册陆续发表的作品，其经济使用权期限自各部分或者各册发表之年起单独计算。作者对作品的各部分或者各册分别享有收益。 期刊或者报纸等定期出版的集合作品，经济使用权期限同样自各部分或者各期出版之年的年底起算。 第31条 本法第85条第3附条规定情形之外的作者死亡后首次发表的作品，其排他性经济使用权期限为70年，自作者死亡之时起算。

续表

法源及出处	条文内容
意大利著作权法第一编第三章第三节"作品的经济使用权期限"第25条、第26条、第27条、第29条、第30条、第31条、第32条、第32条第2附条、第32条第3附条	第32条 在适用本法第44条规定的同时,电影作品或者以类似摄制电影的方式创作的作品,其经济使用权的期限为70年,自下列人员中最后死亡者死亡之时起算:艺术导演、包括专门为该电影作品或者以类似摄制电影的方式创作的作品进行编剧、作曲之人在内的作者。 第32条第2附条 摄影作品的经济使用权期限截至于作者死亡后第70年的年底。 第32条第3附条 本节规定的各种情形的经济使用权的期限,自作者死亡或者法律规定的其他事件发生之年的次年1月1日起算。
第二编第三章第三附章"与对进入公有领域的作品进行评论和学术研究的版本相关的权利"第85条第4附条、第85条第5附条	第85条第4附条 1. 在不损害作者人格权利的前提下,以任何形式或者发表对进入公有领域的作品进行评论和学术研究的人,享有该版本排他性经济使用权。 2. 当本条第1款规定的经济使用权人与主编之间存在合同关系时,评论和学术研究版本的主编享有署名权。 3. 无论以任何形式或者方式发表,本条第1款规定的排他性权利的期限为20年,自首次正当发表时起算。 (该章第85条第4附条的增加来自于1997年5月26日第154号立法令第15条第1款) 第85条第5附条 本法第二遍第一章、第一章第二副章、第二章、第三章、第三章第二副章和本章规定的期限自分别规定的情形发生的次年的1月1日起算。
第二编第三章第二附章第85条第3附条	第85条第3附条 1. 在不损害作者人格权的前提下,著作权的保护期限届满后,正当地首先发表或向公众传播尚未发表作品的人,在法律规定范围内享有本法第一编第三章第一节规定的对作品进行经济性使用的权利。 2. 本条第1款规定的排他性经济性使用权的期限为25年,自首次正当发表或向公众传播时起算。
第一编第一章第5条	第5条 国家或者公共管理机构的正式文件,无论是意大利的或者是外国的,均不适用本法的规定。

二、日本

法源及出处	条文内容
日本著作权法第二章第一节，第13条"不成为权利客体的作品"	第13条 符合下列情形之一的作品，不得成为本章规定的权利客体， （一）宪法和其他法令。 （二）国家或者地方公共团体机关、独立行政法人（指1999年法律第103号颁布的《独立行政法人通则法》第二条第一款规定的独立行政法人。以下同）或者地方独立行政法人（指2003年法律第108号颁布的《地方独立行政法人法》第二条第一款规定的地方行政法人。以下同）发布的告示、指示、通知等。 （三）法院的判决、决定、命令以及行政厅按照准司法程序做出的裁决、决定。 （四）国家或者地方公共团体机关、独立行政法人或者地方行政法人对前三项所列作品的翻译或者汇编。
第二章第四节"保护期限"第51条、第52条、第53条、第54条、第56条、第57条、第58条	第51条 保护期限的一般规定 第一款 著作权的保护期限，自作品创作时开始计算。 第二款 本节有特别规定的除外，著作权存续到作者死亡后（如果是合作作品，则指最后一个作者死亡后。下一条第一款中的规定相同）50年。 第52条 匿名或者假名作品的保护期限 第三款 匿名或者假名作品的著作权，存续到该作品发表后50年。 但是，存续期间届满之前，确认已过作者死亡后50年的，则该匿名或者假名作品的著作权自作者死亡后50年起消灭。 第四款 有下列情形之一的，前款规定不适用。 （一）众所周知假名作品上作者的假名就是该作者时。 （二）在前款规定的期限内，进行了第七十五条第一款规定的真名登记时。 （三）在前款规定的期限内，作者将其真名或者众所周知的假名作为作者名发表其作品时。 第53条 以团体名义发表的作品的保护期限 第一款 以法人或者其他团体名义发表的作品的著作权，存续到该作品发表后（该作品创作后50年内未发表的，自创作后50年）50年。 第二款 以法人或者其他团体名义发表的作品的作者个人在同款规定的保护期限内、以真名或者众所周知的假名作为作者名发表了该作品时，前款规定不适用。 第三款 关于第十五条第二款规定的法人或者其他团体作为作者的作品著作权保护期限，即使是该条第一款规定的作品以外的作品，仍然视为以该团体名义发表的作品，适用同款的规定。

续表

法源及出处	条文内容
第二章第四节"保护期限"第51条、第52条、第53条、第54条、第56条、第57条、第58条	第54条 电影作品的保护期限 　　第一款 电影作品的著作权,存续到该作品发表后(该作品创作后70年之内未发表的,自创作后70年)70年。 　　第二款 电影作品著作权保护期限届满而消灭时,该电影作品中利用的原作品的著作权也一同消灭。 　　第三款 前两条的规定,不适用于电影作品。 第56条 连续出版物等的发表时间 　　第一款 第五十二条第一款、第五十三条第一款以及第五十四条第一款的发表时间,如果是分册、分期、分回发表的作品,则以每册、每期、每回发表的时间为准。如果是分部分逐次发表完成的作品,则以最终部分发表的时间为准。 　　第二款 分部分逐次发表完成的作品,最近发表的部分经过3年,应该继续的部分仍然没有发表的,则已经发表的最终部分视为前款规定的最终部分。 第57条 保护期限的计算方法 　　在第五十一条第二款、第五十二条第一款、第五十三条第一款或者第五十四条第一款的情况下,关于作者死亡后50年,作品发表后50年、创作后50年、发表后70年或者创作后70年的结束期间的计算,都从作者死亡之日或者作品发表或者创作之日的第二年开始计算。 第58条 保护期限的特例 　　根据保护文学艺术作品的伯尔尼公约、建立世界知识产权组织公约或者建立世界贸易组织的马拉喀什协议,如果需将伯尔尼公约成员国国民的作品、世界知识产权组织缔约国国民的作品或者世界贸易组织成员民众的作品作为本国作品加以保护(符合第六条第一项的作品除外),而该同盟国国内规定的著作权保护期限短于第五十一条至第五十四条规定的著作权保护期限时,则以该同盟国国内规定的著作权保护期限为准。
第二章第六节"著作权的转让和消灭"第62条	第62条 没有继承人时著作权的消灭 　　第1款 在下列情况下,著作权消灭 　　(一)著作权人死亡后,其著作权根据民法第九百五十九条(归国库的剩余财产)的规定应该归属国库时。 　　(二)作为著作权人的法人解散后,根据关于一般社团法人以及一般财团法人的法律第二百三十九条第三款(归国库的剩余财产)和其他相应法律的规定,其著作权应归国库时。 　　第2款 电影作品著作权根据前款规定消灭时,准用于第五十四条第二款的规定。

三、美国

法源及出处	条文内容
美国版权法第一章第 102 条"版权客体：一般规定"b 款、第 105 条"版权客体：合众国政府作品"	第 102 条 版权客体：一般规定 　　(b)在任何情形下，对作者独创作品的版权保护，不得扩大到思想、程序、方法、系统、运算方式、概念、原理或发现，无论作品以何种形式对其加以描述、解释、说明或者体现。 第 105 条 版权客体：合众国政府作品 　　合众国政府作品不受本篇保护，但不妨碍合众国政府接受及持有因转让、赠予或者以其他方式移转给它的版权。
美国版权法第三章"版权期限"第 302 条第(a)、(b)、(c)款、第 303 条、第 305 条	第 302 条 版权期限　1978 年 1 月 1 日或以后创作的作品 　　(a)一般规定——1978 年 1 月 1 日或以后创作的作品自创作完成时起受版权保护，其期限为作者终生加死后 70 年。 　　(b)合作作品——涉及两名或两名以上的作者非在工作中完成的非雇用合作作品时，版权期限为最后一位活着的作者终身加死后 70 年。 　　(c)匿名作品、假名作品和雇用作品——涉及匿名作品、假名作品或雇用作品时，版权期限为自作品首次发表年起 95 年，或者自作品创作完成年起 120 年，以在先届满者为准。 第 303 条 版权期限　1978 年 1 月 1 日前创作的，但未发表或者不受版权保护的作品 　　(a)1978 年 1 月 1 日前创作但并未因此而进入公有领域或者受版权保护的作品，自 1978 年 1 月 1 日起受版权保护，其期限与第 302 条规定的 1 日前创作、但未发表或者不受有版权保护的期限相同。在任何情形下，此类作品的版权期限不得在 2002 年 12 月 31 日前届满；作品在 2002 年 12 月 31 日前发表的，其版权期限不得在 2047 年前届满。 　　(b)录音制品于 1978 年 1 月 1 日前发行的，在任何意义上均不构成其所含音乐作品的发表。 第 305 条 版权期限：终止日期

四、韩国

法源及出处	条文内容
韩国著作权法第二章第一节第 7 条"不受保护的作品"	第 7 条 本法不保护下列作品： 1. 宪法、法律、条约、法令、市政条例和市政规则； 2. 由国家或地方政府发布的通知、公告、说明书以及其他类似文件；

续表

法源及出处	条文内容
韩国著作权法第二章第一节第7条"不受保护的作品"	3. 判决、决定、命令、法院裁决,以及由行政复议程序或其他类似程序做出的裁决和决定; 4. 国家或者地方政府就第1项至第3项所制作的编辑物或者翻译物; 5. 单纯传播简单事实的时事新闻报道。
韩国著作权法第二章第四节第三分节"著作财产权的期限"第39条、第40条、第41条、第42条、第43条、第44条	第39条 保护期的原则 ①除本分节另有规定,著作财产权期限为作者终身及死后五十年。但是,作品自作者死后四十年但没有超过五十年发表的,则保护期限为自作品发表后的十年。 ②合作作品的著作财产权期限为最后一位作者死后的五十年。 第40条 匿名和假名作品的保护期 ①除非假名被广泛知晓,匿名或假名作品的保护期为作品发表后五十年。但是,如果有正当的理由认定作者死亡已经超过五十年,则著作财产权为作者死后五十年。 ②第①款的规定不适用于下列情况之一: 1. 第①款规定的期间内,作者的真名或者知名的假名公诸于世的; 2. 第①款规定的期间内,根据第53条第①款的规定对作者真名进行登记的。 第41条 职务作品的保护期 职务作品的保护期为自发表之日起五十年。如果自创作完成之日起五十年内没有发表的,则著作财产权保护期截至作品创作完成之日起五十年。 第42条 电影作品和计算机程序的保护期 不拘第39条及第40条的规定,电影作品和计算机程序的保护期限为自发表之日起五十年。如果自创作之日起五十年内没有发表的,则著作财产权保护期截至作品创作完成之日起五十年。 第43条 连续性刊物的发表时期 ①如果是以卷、号、分期发表的作品,则依照第39条第①款、第40条第①款或者是第41条的规定,认定每卷、号、分期的发表时期。如果是连续性发表而形成的作品,则将最后一部分的发表日期作为其作品的最终发表日期。 ②如果是连续性发表而形成的作品,其应连续发表的部分超过最近的一部分发表三年内还没有发表的,则根据第①款的规定,将已发表部分中最后一次的发表时间作为其发表时间。 第44条 保护期的起算日 此分节所规定的著作财产权的保护期限,从作者死亡或者创作、发表作品的第二年开始计算。

续表

法源及出处	条文内容
韩国著作权法第二章第四节第四分节第49条"著作财产权的终止"	第49条 著作财产权因下列情形之一而终止： 1. 当作者死亡且没有继承人时，著作财产权根据民法及其他法律条款，属于国家所有。 2. 当作为著作财产权人的法人或其他组织解散后，著作财产权根据民法及其他法律条款，属于国家所有。

五、印度

法源及出处	条文内容
印度著作权法（1957年）第三章第13条第（3）款	第13条 （1）以下作品不享有著作权—— （a）任何电影，如果其实质部分侵害其他作品的著作权； （b）任何文学、戏剧或音乐作品的录音，如果录音的制作侵害该作品的著作权。
印度著作权法（1957年）第五章"著作权期限"第22条、第23条、第24条、第25条、第26条、第27条、第28条、第29条	第22条 已发表的文学、戏剧、音乐和美术作品的著作权期限 除下文中另有规定以外，已发表的文学、戏剧、音乐和美术作品（不包括摄影作品）在作者有生之年及自作者死亡之年下一个日历年初起的六十年内享有著作权。 说明：就合作作品而言，本条中提到的作者应理解为最后死亡的作者。 第23条 匿名作品和化名作品的著作权期限 （1）就匿名或化名发表的文学、戏剧、音乐或美术作品（不包括摄影）而言，该作品在自首次出版之年下一个日历年初起的六十年内享有著作权； 但如果作者的身份在该期间届满之前披露，该作品在自作者死亡之年下一个日历年初起的六十年内享有著作权。 （2）就匿名发表的合作作品而言，第（1）款中提到的作者应理解为—— （a）在其中一个作者的身份已披露的情况下，指该作者； （b）在多个作者的身份已披露的情况下，指这些作者中最后一个死亡的作者。 （3）就化名发表的合作作品而言，第（1）款中提到的作者应理解为——

续表

法源及出处	条文内容
印度著作权法(1957年)第五章"著作权期限" 第22条、第23条、第24条、第25条、第26条、第27条、第28条、第29条	（a）在一个或更多（但非全部）作者的姓名是化名，并且其身份没有披露的情况下，指其姓名不是化名的作者；如果两个或更多作者的姓名不是化名，则指这些作者中最后一个死亡的作者； （b）在一个或多个（但非全部）作者的姓名是化名，并且其中一个或多个作者的身份已披露的情况下，指在其姓名不是化名的作者和其姓名是化名但已披露的作者中最后一个死亡的作者；以及 （c）在所有作者的姓名均是化名，其中一个作者的身份已披露的情况下，指其身份已披露的作者；如果两个或更多作者的身份已披露，指这些作者中最后一个死亡的作者。 说明：就本条而言，如果作者的身份已由作者本人和出版者两方披露，或作者的身份已由作者本人以其他方式使著作权委员会确认，则作者的身份应视为已经披露。 第24条 作者死亡后发表的作品的著作权期限 （1）在作者死亡之日享有著作权的文学、戏剧、音乐作品或版刻，或在最后死亡的作者死亡之日或死亡之前享有著作权的此类合作作品，如果该作品或其改编作品在该日期之前尚未发表，则该作品在自该作品首次出版之年下一个日历年初起的六十年内享有著作权；如果该作品的改编作品已在此前任何一年发表，则该作品在自该年份下一个日历年初起的六十年内享有著作权。 （2）就本条而言，如果文学、戏剧或音乐作品，或任何此种作品的改编作品已经公开表演，或者该作品的录音已经向公众销售或已经向公众允诺销售，则该作品视为已经发表。 第25条 摄影作品的著作权期限 就摄影而言，该作品在自发表之年下一个日历年初起的六十年内享有著作权。 第26条 电影作品的著作权期限 就电影而言，该作品在自发表之年下一个日历年初起的六十年内享有著作权。 第27条 录音作品的著作权期限 就录音而言，该作品在自发表之年下一个日历年初起的六十年内享有著作权。 第28条 政府作品的著作权期限 就政府是原始著作权所有人的政府作品而言，该作品在自首次出版之年下一个日历年初起的六十年内享有著作权。 第28A条 公共事业单位的作品的著作权期限 就公共事业单位是原始著作权所有人的作品而言，该作品在自首次出版之年下一个日历年初起的六十年内享有著作权。 第29条 国际组织的作品的著作权期限 就适用第41条规定的国际组织的作品而言，该作品在自首次出版之年下一个日历年初起的六十年内享有著作权。

六、德国

法源及出处	条文内容
德国著作权法第一部分第二节第 5 条第 1 款	第 5 条 官方著作 1. 法律、法令、官方公告和通告,以及判决和官方撰写的判决要旨不受著作权保护。
德国著作权法第一部分第七节"著作权保护期限"第 64 条、第 65 条、第 66 条、第 67 条、第 69 条	第 64 条 一般规定 著作人死亡七十年后著作权归于消灭。 第 65 条 共同著作人,电影著作 1. 著作权属于数名共同著作人(第 8 条)的,自共同著作人中最后死亡者死亡起七十年后归于消灭。 2. 电影著作、以类似摄制电影方式制作的著作的著作权自下列人员中最后死亡者死亡起七十年后归于消灭:主导演、剧本著作人、对话著作人、为相关电影著作配乐的作曲家。 第 66 条 匿名和假名著作 1. 匿名和假名著作的著作权自著作发表起七十年后归于消灭;著作在此期限内未发表的,自著作创作起七十年后归于消灭。 2. 著作人在本条第 1 款第 1 句所述期限内揭示其身份,或者准许其采用的假名与其身份不生疑问的,按照本法第 64 条和第 65 条计算著作权保护期。在本条第 1 款第 1 句所述期限内,登记匿名和假名著作(第 138 条)时申报著作人真实姓名的,同样适用上句规定。 3. 著作人、其死后为其继承人(第 30 条),或者遗嘱执行人(第 28 条第 2 款),有权从事本条第 2 款规定的行为。 第 67 条 连载著作 内容上没有完结、以多部分(连载)形式发表的著作,在本法第 66 条第 1 款第 1 句规定的情况下,其保护期自发表最后一期连载起计算。 第 69 条 保护期的计算 本节之期限自决定性事件发生之年年底开始计算。

七、英国

法源及出处	条文内容
英国版权法第一编第一章"版权之期限"第12条、第13条A、第13条B、第14条、第15条、第15条A	第12条——文字、戏剧、音乐或者艺术作品的版权期限 (1)以下条款对文字、戏剧、音乐或艺术作品的版权期限具有效力。 (2)版权终止于自作者死亡当年年末起算的第70年年末,并受下列规定之约束。 (3)若作品的作者身份不明,则其版权终止于—— (a)自作品创作完成当年年末起算的第70年年末,或者 (b)若在该期间内该作品可为公众获取,则为自作品首次可为公众获取当年年末起算的第70年年末,并受下列规定之约束。 (4)第(2)款适用于第(3)款之(a)项或(b)项所指明的期限届满前作者身份被确定的情况。 (5)为第(3)款之目的,可为公众获取包括—— (a)在作品为文字、戏剧或者音乐作品的情况下—— (ⅰ)公开表演,或者, (ⅱ)向公众传播; (a)在作品为艺术作品的情况下—— (ⅰ)公开展览, (ⅱ)对电影作品之公开放映,或者 (ⅲ)向公众传播; 为该款之目的,在确定一项作品是否属于可为公众获取时,一般不应考虑任何未经授权的行为。 (6)若作品的来源国非欧洲经济区国家,且作品之作者并非欧洲经济区国家之国民,该作品之版权存续期依其来源国法律而定,若该存续期不超过第(2)至第(5)项所规定的期间。 (7)对基于计算机自动生成的作品,则不适用上述规定,其版权终止于自创作完成当年年末起算的第50年年末。 (8)本条款之规定适用于合作作品时作如下调整—— (a)第(2)款所涉及之"作者死亡"应解释为—— (ⅰ)若所有作者的身份均明确,则以最后一人之死亡时间为准,以及 (ⅱ)若其中一人或多人身份明确,而另有一人或多人身份不明确,则是指身份确定的最后一人之死亡时间; (a)第(4)款所涉及之"作者身份确定"应解释为作者中的任何一人身份被确定;

续表

法源及出处	条文内容
英国版权法第一编第一章"版权之期限"第12条、第13条A、第13条B、第14条、第15条、第15条A	(b)第(6)款所涉及之作者不属于欧洲经济区国家之国民,应被解释为全部作者均不属于欧洲经济区国家之公民。 (9)本条款不适用于皇室版权或者议会版权(见第163条~第166D条)或者依第168条而产生的版权(特定国际机构的版权)。 13——【已被13A及13B替换】 13A——录音制品的版权期限 (1)录音制品的版权期限适用于以下规定。 (2)在第(4)款与第(5)款规定情形外,版权终止于—— (a)自录音制品制作完成当年年末起算的第50年年末,或者 (b)若录音制品在该期间内发行,则为自首次发行当年年末起算的第50年年末。 (c)若该期间内录音制品未发行但通过公开播放或传输使得公众可以获取该录音制品的,则为自首次可为公众获取当年年末起算的第50年年末,但在确定录音制品是否被发行、公开播放或传输时,不考虑任何未经授权的行为。 (3)【已删除】 (4)若录音制品的作者不是欧洲经济区国家之国民时,若该存续期不超过第(2)款所规定的期间,版权存续期由作者之国籍国法律所确定。 (5)若第(4)款之适用会导致或一定程度上导致与1993年10月29日前大不列颠联合王国所承担的国际义务不符,则该版权期限应依第(2)款所确定。 13B——电影的版权期限 (1)电影的版权期限适用以下规定。 (2)版权终止于自以下人员之最后死亡者死亡当年年末起算的第70年年末—— (a)总导演, (b)剧本的作者, (c)对白的作者,或者 (d)专为电影而创作并使用的音乐之作曲家; 此款适用受下列规范的约束。 (3)若第(2)款(a)项至(d)项所涉及的人员中的一人或多人的身份明确且另外的一人或多人身份不明确,则该款中所涉及之最后死亡者应解释为最后一个身份确定者的死亡时间。

续表

法源及出处	条文内容
英国版权法第一编第一章"版权之期限"第12条、第13条A、第13条B、第14条、第15条、第15条A	(4)若第(2)款(a)项至(d)项所涉及之人员的身份不明确,则版权终止于—— (a)自电影制作完成当年年末起算的第70年年末,或者 (b)若在此期间电影可为公众所获取,则为自首次可为公众所获取当年年末起算的第70年年末。 (5)若上述人员中的任何人在第(a)项或(b)项所规定的期间内身份被确定,则适用第(2)款和第(3)款之规定。 (6)第(4)款所称的"可为公众获取"包括—— (a)公开放映,或者 (b)向公众传播; 但为该款之目的,在确定电影是否可为公众所获取时不应考虑任何未经授权的行为。 (7)若电影作品的来源国非欧洲经济区国家且电影作者亦非欧洲经济区国家之国民时,则版权期限由该作品来源国法律所确定,前提为该期限不超过第(2)至(6)款所规定的期间。 (8)关于合作作者之电影,第(7)款所涉及之"作者非欧洲经济区国家之国民"应解释为"所有作者均非欧洲经济区国家之国民"。 (9)在任何情况下,如果无人属于第(2)款之(a)项至(d)项规定的范围,则上述规定不适用,且版权终止于自电影制作完成当年年末起算的第50年年末。 (10)为本条款之目的,若通过合理调查不能确定第(2)款(a)项至(d)项的所涉及之人员的身份,则其应被视为身份不明;而一旦此类人员中的任何一人身份被确认,则不应再被视为身份不明。 14——广播的版权期限 (1)广播的版权期限适用以下规定。 (2)广播的版权于自广播制作完成当年年末起算的第50年年末届满,并受下列规定之约束。 (3)若广播的作者非欧洲经济区国家之国民,广播的版权期限由该作品来源国法律所确定,前提为该期限不超过第(2)款规定的期间。 (4)若第(3)款的使用会或在一定程度上会导致与1993年10月29日之前联合王国所承担的国际义务不符,则版权期限应根据第(2)款的规定进行计算。

续表

法源及出处	条文内容
英国版权法第一编第一章"版权之期限"第12条、第13条A、第13条B、第14条、第15条、第15条A	(5)重播的广播之版权与原始广播同时终止；因此原始广播的版权期限届满后，重播的广播不再享有版权。 (6)"重播的广播"是指对在先制作的广播的重复播放。 15——出版物的版式设计之版权期限 出版物的版式设计之版权终止于自该版本首次出版当年年末起算的第25年年末。 15A——"来源国"之含义 (1)为本编规定之目的，与版权期限有关之作品的来源国应按以下情形确定。 (2)若作品首次出版于伯尔尼公约成员且未同时在其他国家出版，则该国为来源国。 (3)若作品在两个或两个以上国家同时首次出版，且其中仅有一国为伯尔尼公约成员，则该国为来源国。 (4)若作品同时在两个或以上国家首次出版，且其中有两个或以上国家为伯尔尼公约成员—— (a)若其中有欧洲经济区成员，则该国为来源国；以及 (b)若其中无国家为欧洲经济区国家，则来源国为伯尔尼公约成员中给予较短或最短版权保护期间的国家。 (5)若作品未出版或首次出版在非伯尔尼公约成员（且未同时在伯尔尼公约成员中出版），则"来源国"是指—— (a)若作品是电影且电影制作者的总部、住所或居所位于伯尔尼公约成员，则来源国为该国家； (b)若作品是—— (ⅰ)伯尔尼公约成员内的建筑作品，或者 (ⅱ)包含在伯尔尼公约成员内的房屋或其他建筑物中的艺术作品，则来源国为该国家； (c)在任何其他情况下，来源国为作品作者之国籍国。 (6)本条款中—— (a)"伯尔尼公约成员"是指1886年9月9日在伯尔尼签署的文学艺术作品保护国际公约及相关文本之成员；以及 (b)"同时出版"是指在首次出版后的30日内的出版。

八、俄罗斯

法源及出处	条文内容
俄罗斯联邦民法典（著作权部分）第四部分第七编第七十章第1259条"著作权客体"第五款和第六款	第1259条 著作权客体 五、著作权不适用于思想、概念、原则、方法、程序、体系、方法、技术和组织及其他任务的解决方案、发现、事实、程序设计语言。 六、不属于著作权客体的有： （一）国家机关和市政机构、地方自治机关的官方文件，包括法律、其他法规、法院判决书，其他具有立法、行政及司法性质的资料、国际组织的官方文件及其正式译文； （二）国家象征和标志（旗帜、徽章、勋章、钞票之类）及市政机构的象征和标志； （三）没有具体作者的民间创作作品（民间文学）； （四）关于事件和事实的纯新闻性质的报道（今日新闻报道、电视节目、运输车辆时刻表等方面的新闻报道）。
俄罗斯联邦民法典（著作权部分）第四部分第七编第七十章第1281条"作品专有权的保护期"	第1281条 作品专有权的保护期 一、作品专有权的保护期为作者终生及自作者死亡之年的下一年1月1日起算的七十年。 合作创作的作品专有权的保护期为最后死亡作者终生及自其死亡之年的下一年1月1日起算的七十年。 二、匿名或以假名发表的作品专有权保护期七十年后届满，自该作品正当发表之年的下一年1月1日起算。在上述期限内，匿名或以假名发表作品的作者披露自己身份，或者其身份不再存有疑点的，专有权的保护期则为本条第一款所规定期限。 三、作者死亡之后所发表作品的专有权保护期为该作品发表之后的七十年，自该作品发表之年的下一年1月1日起算，其前提是该作品是在作者死亡后的七十年期限以内发表的。 四、作品的作者受到镇压并于死后恢复名誉的，专有权保护期认定为延长的期限，即是自作品的作者恢复名誉之年的下一年1月1日起算的七十年。 五、作品的作者在卫国战争期间工作或者参加战争的，本条规定的专有权保护期延长四年。

续表

法源及出处	条文内容
俄罗斯联邦民法典（著作权部分）第四部分第七编第七十章 第1282条"作品转变为公共财产"	第1282条 作品转变为公共财产 一、无论是发表的，还是未发表的科学、文学或者艺术作品，其专有权保护期届满后，都会转变为公共财产。 二、已经转变为公共财产的作品，可以不征得任何人的同意和不支付著作权报酬，为任何人自由使用。在这样的情形下，作者身份、作者署名和作品不可侵犯性受到保护。 三、任何人都可以发表已经转变为公共财产的未曾发表的作品，而作品的发表不得同作者以书面形式（遗嘱、书信、日记等）所明确表达的意志相矛盾。 合理发表此种作品的公民权利依据本法典第七十一章予以确定。
俄罗斯联邦民法典（著作权部分）第四部分第七编第七十章 第1283条"作品专有权的继承转移"	第1283条 作品专有权的继承转移 一、作品专有权可以继承转移。 二、在本法典第1251条规定的情形下，作为遗产组成部分的作品专有权终止，并且作品将变为公共财产。

九、巴西

法源及出处	条文内容
巴西著作权法第一编"总则"第6条	第6条 联邦、州、联邦大区或市政府对仅由其资助创作的作品，不享有著作权。
巴西著作权法第二编第一章"受保护的作品"第7条第(3)款、第8条	第7条 (3)在科学领域，本法提供的保护应延及作品的文学或艺术形式，而不延及作品的科学或技术内容；其他法律对无形财产权提供的保护不受损害。 第8条 在本法中，下列事项不受著作权保护： Ⅰ.思想、标准化程序、系统、方法或数学方程或概念等；保护期延长四年。

续表

法源及出处	条文内容
巴西著作权法第二编第一章"受保护的作品"第7条第(3)款、第8条	Ⅱ.用于智力活动、游戏、商业活动的表格、计划或规划； Ⅲ.用于填写各种科学或非科学信息的空白表格及其使用说明书； Ⅳ.国际条约或公约、法律、法令、法规、司法判决以及其他官方文件的文本； Ⅴ.诸如日历、日记簿、登记簿或传说所包含的通用信息； Ⅵ.单独的姓名和名称； Ⅶ.对作品所包含的思想进行的工商业利用。
巴西著作权法第三编第三章"著作财产权及其保护期"第41条、第42条、第43条、第44条、第45条	第41条 作者享有的著作财产权的保护期为作者终生及自死亡后的次年1月1日起七十年。且遵守民法有关继承的规定。 　单立款 本条规定的保护期适用于遗作。 第42条 合作创作的文学、艺术或科学作品不可以分割使用的，上一条规定的保护期，应自最后死亡的合作作者的死亡开始计算。 　单立款 合作作者之一死亡后，其享有的著作权无人继承的，由其他合作作者享有。 第43条 匿名作品、假名作品的保护期为自作品首次发表后的次年1月1日起七十年。 　单立款 作者在本条规定的期限届满之前表明其作者身份的，作品的保护期应适用第41条及其单立款的规定。 第44条 视听作品和摄影作品的著作财产权的保护期为自作品发表后的次年1月1日起七十年。 第45条 作品的著作财产权的保护期届满后，符合下列情况之一的作品将进入公有领域： Ⅰ.该作品的作者死亡后，无继承人的； Ⅱ.该作品的作者身份无法确定的；但如该作品属于民间传统文学，应受民间传统文学的法律保护。

十、南非

法源及出处	条文内容
南非版权法第1章第2条第(2)款、第3条	2. 具备取得版权资格的作品 （2）除广播和载有节目的信号以外，除非该作品已经被书写、记录、以数字化资料或信号的方式再现，抑或已转化为某种物质形式，否则不可取得版权。

续表

法源及出处	条文内容
南非版权法第1章第2条第(2)款、第3条	3. 因国籍、定居地或居住地取得的版权和版权的期限 (1)依照本节规定版权应被授予每一部具备资格取得版权的作品,其作者,如果是合作作品的话,其中任何一位作者在作品或作品的实质部分完成之时即为具备取得版权资格的人,即—— (a)在作者是个人的情形下,南非公民或定居抑或居住于本国;或者 (b)在作者是法人的情形下,依据本国法律设立的机构; 在本国建造的建筑作品或者是包含在本国的建筑物或其他永久性结构之内的美术作品可取的版权,不论作者是否具备资格。 (2)本法规定的版权保护期应为,如果是—— (a)除照片之外的文学、音乐或者美术作品,版权保护期为作者终生及其死亡之年末起算的五十年;如果作者生前就上述作品或其改编有如下行为尚未完成,即—— (ⅰ)出版; (ⅱ)在公开场合表演; (ⅲ)以出售的方式向公众提供复制品; (ⅳ)广播; 版权保护期在自上述行为之首次完成之年末起算的五十年中继续有效。 (b)电影、照片和计算机程序,其版权保护期为自下列情形发生之年末起算的五十年; (ⅰ)作品经版权人同意向公众公开;或者 (ⅱ)作品首次出版, 两者之间取时间较长者为版权保护期,或者在制作作品后五十年中未发生上述情形,则版权保护期为自该作品完成之年末起算的五十年; (c)录音制品的版权保护期为自该制品首次出版之年末起算的五十年; (d)广播的版权保护期为自该广播首次播放之年末起算的五十年; (e)载有节目的信号的版权保护期为自该信号被发射至卫星之年末起算的五十年; (f)已出版作品的版式的版权保护期为自该版式首次出版之年末起算的五十年。

续表

法源及出处	条文内容
南非版权法第1章第2条第(2)款、第3条	(3) (a)匿名或者署名为笔名的作品,其版权保护期为自该作品经版权人同意向公众公开之年末起算的五十年,或者为自合理推定作者死亡之年末起算的五十年,两者取时间较短者为版权保护期。 (b)在上述(a)段所规定的版权保护期到期之前获知作者身份的情形下,版权保护期限依照之前的第(2)小节之规定计算。 (4)若为合作作品,前款论及的作者的死亡日期应为最后死亡作者的日期,不论其是否具备资格。

十一、埃及

法源及出处	条文内容
埃及知识产权保护法(著作权部分)第三编第138条第8款"公共领域"、第141条、第142条、第160条、第161条、第162条、第163条、第164条、第165条、第166条、第167条、第168条、第171条第八款	第138条第8款 8.公共领域 根据本章规定,主要被排除在保护范围之外的作品,或者法律所授予的财产权保护期限已经届满的作品,应当落入该领域。 第141条 著作权保护不包括纯粹的思想、程序、方法、操作手段、概念、原理、探测发现以及数据;即使其被表达、描述、说明或者包含在某一作品之中。 著作权保护不包括: 第一、官方文件、不论为原文或者译文,包括法律、法规、决定、国际协定、司法判决、仲裁裁决、行政或者司法当局的裁判。 第二、具备纯粹新闻信息特征的时事新闻。 但是,前述新闻如果在编排顺序、呈现方式上存在创新性或者任何其他经由个人加工而合乎保护条件的,则应当受到保护。 第142条 国家的民间传说属于公共领域。主管部门行使在民间传说上的著作人身权与财产权;并因此承担保护与资助的责任。 第160条 本法所规定的作者的财产权保护期限,为作者终生加上作者死亡后起算的五十年。

续表

法源及出处	条文内容
埃及知识产权保护法（著作权部分）第三编第 138 条第 8 款"公共领域"、第 141 条、第 142 条、第 160 条、第 161 条、第 162 条、第 163 条、第 164 条、第 165 条、第 166 条、第 167 条、第 168 条、第 171 条第八款	第 161 条　合作作品的作者的财产权保护期限，为作者终生加上最后一位合作作者死亡后起算的五十年。 第 162 条　集合作品的作者（实用艺术作品作者除外）的财产权保护期限，为作品发表之日或者首次向公众提供之日起算的五十年，以较后届满者为准。权利人为法人的，适用本条规定；但是，权利人为自然人的，其保护期限相应适用本法第 160 条和第 161 条的规定。 在作者死亡后首次发表的作品，其财产权在首次发表之日或者首次向公众提供之日起算的五十年后终止，以较后届满者为准。 第 163 条　匿名作品与假名作品的财产权保护期限，为首次发表之日或者首次向公众提供之日起算的五十年后终止，以较后届满者为准。该作品的作者被确定并为公众所知的，或者其身份被披露的，则保护期限适用本法第 160 条。 第 164 条　实用艺术作品的财产权保护期限，从首次发表之日或者首次向公众提供之日起算的二十五年后终止，以较后届满者为准。 第 165 条　计算保护期限从作品首次发表之日或者首次向公众提供之日起算的，关于作品首次发表之日或者首次向公众提供之日应以较迟者为准，应当作为计算期限的基准。重复发表或者重复向公众提供作品的，不应予以考虑；除非作者对该作品进行了实质性修改，从而该作品可以被认定为新的作品。 如果作品由若干篇章或者卷册构成，且每一篇章或者卷册分隔时间单独发表，则每一篇章或者卷册在计算保护期限时将被单独计算。 第 166 条　表演者根据本法第 156 条规定方式对其表演享有的专有财产权，保护期限为表演之日或者在必要情况下自登记之日起算的五十年。 第 167 条　录音制品的制作者根据本法第 157 条规定对其录音制品的使用享有的专有财产权，在本法所规定的范围内，其保护期限为自登记之日或者发表之日起算的五十年，以较后届满者为准。 第 168 条　广播组织的专有财产权，自广播首次播送之日起算的二十年内对该广播享有使用权。

十二、法国

法源及出处	条文内容
法国知识产权法典（法律部分）第一部分第一卷第一编第一章"著作权性质"L.111-4条	L.111-4条　在符合法国参加的国际公约规定的情况下，经咨询外交部后查明某国对在法国首次发表的作品，无论以何种方式未给予充分有效保护的，在该国首次发表的作品不得享有法国著作权立法之保护。 但作品的完整和身份不得受到任何损害。 在第一款规定的情况下，应向行政法规指定的公益机构支付著作权报酬。
法国知识产权法典（法律部分）第一部分第一卷第二编第三章"保护期限"L.123-1条、L.123-2条、L.123-3条、L.123-4条、L.123-6条、L.123-7条、L.123-8条、L.123-9条、L.123-10条、L.123-11条、L.123-12条	L.123-1条　（1997年3月27日97-283号法律） 作者对其作品终身享有一切形式的独占使用权及获得报酬权。 作者死亡后，该权利由其权利继受人在当年及其后七十年内享有。 L.123-2条　（1997年3月27日97-283号法律） 合作作品的起算年份，为最后一个合作作者去世之年。 视听作品的起算年份，以下列各个合作作者中最后去世的当年为准：剧本作者、对白作者、专门为该作品创作的配词或未配词的乐曲作者、主要导演。 L.123-3条　（1997年3月27日97-283号法律） 假名、匿名或集体作品的独占权保护期为作品发表之次年1月1日起七十年。发表日可以一般法律规定的任何证据方式，尤其可通过依法缴送的样本确定。 假名、匿名或集体作品如果分期发表，期限起算的时间为每一部分发表的次年1月1日。 匿名或假名作品的一个或数个作者为人所知的，其独占权保护期限为L.123-1条或L.123-2条款所规定的期限。 第一、二款的规定仅适用于创作后七十年内发表的假名、匿名或集体作品。 但假名、匿名或集体作品如在前款所述期限期满后披露，因继承或其他名义而成为作品的所有人，出版或请人出版该作品的，自出版之次年1月1日起二十五年内，可享有独占权。 L.123-4条　（1997年3月27日97-283号法律） 遗著独占权的保护期为L.123-1条所规定的期限。超过该期限发表的遗著的独占权保护期，为出版之次年1月1日起二十五年。

续表

法源及出处	条文内容
法国知识产权法典（法律部分）第一部分第一卷第二编第三章"保护期限"L.123－1条、L.123－2条、L.123－3条、L.123－4条、L.123－6条、L.123－7条、L.123－8条、L.123－9条、L.123－10条、L.123－11条、L.123－12条	作品在L.123－1条所规定的期间内发表的，遗著的使用权属作者的权利继受人。 　　作品在该期限届满后披露的，应由因继承或其他名义成为作品所有人出版或请人出版。 　　遗著应独立发表，除非其构成已发表作品的一部分。只有在作者的权利继受人对已发表作品还拥有独占权时，遗著才可与同一作者的其他作品一同出版。 L.123－6条　（2001年12月3日2001－1135法律） 　　（2006年6月23日2006－728法律） 　　在L.123－1条规定期间内，未受分居终局判决的在世配偶，无论订有何种婚约，并在其依民法典第756至757－3条和第764至766条就其他遗产所享有的权利之外，可就作者尚未处分的使用权享有用益权。但作者指定有后备继承人的，该用益权应依民法典第913条及以后各条所确定的比例和区别扣减给此人。 　　该用益权于配偶再婚时丧失。 L.123－7条　（1997年3月27日97－283号法律） 　　作者死亡后的当年及其后七十年，除去任何受遗赠人及权利继受人，L.122－8条所指追续权由其继承人享有，L.123－6条规定的用益权由配偶享有。 L.123－8条　关于作者继承人和权利继受人权利的1866年7月14日法律赋予作者、作曲者或艺术家的继承人及其他权利继受人的权利，延长一段与1914年8月2日至和平条约签订之日后的年末等长时间的保护。延长保护适用于一切在上述期间终止之日前出版，并在1919年2月3日尚未进入公有领域的作品。 L.123－9条　上述1866年7月14日法律及L.123－8条赋予作者、作曲者或艺术家的继承人及其他权利继受人的权利，延长一段与1939年9月3日至1948年1月1日等长时间的保护。延长保护适用于一切在1948年1月1日前出版，并在1941年8月13日尚未进入公有领域的作品。

续表

法源及出处	条文内容
法国知识产权法典(法律部分)第一部分第一卷第二编第三章"保护期限"L.123-1条、L.123-2条、L.123-3条、L.123-4条、L.123-6条、L.123-7条、L.123-8条、L.123-9条、L.123-10条、L.123-11条、L.123-12条	L.123-10条 作者、作曲者或艺术家根据死亡证明系为法国捐躯的,前条所指权利可再延长三十年。 不能在法国开立或登录死亡证明的,负责文化的部长可做出决定,由捐躯者的继承人及其他权利继受人享有三十年的追加保护;只有在征询1945年11月2日45-2717号法令第1条所指机关的意见后,如在法国开立死亡证明时会注明"为法国捐躯",才可以做出该决定。 L.123-11条 因L.123-10条而得以延长的权利已有偿转让的,转让人或其权利继受人在1951年9月25日起三年内,可要求受让人或其权利继受人修改转让条件,以补偿延长保护期所生利益。 L.123-12条 (1997年3月27日97-283号法律增补)伯尔尼公约巴黎文本意义上的来源国是欧洲共同体以外的国家,且作者非欧洲共同体成员国民的,作品保护期为来源国规定的保护期,且最长不得超过L.123-1条所规定的期限。

十三、新加坡

法源及出处	条文内容
新加坡知识产权法第十二章第一节第4款"著作权的保护期"	12.1.4 大体上说,对于文学作品、戏剧或音乐作品、或除摄影作品以外的艺术作品,著作权的保护期是作者终生及其死亡后70年。对于录音制品或电影,著作权的保护期是从该录音制品或电影首次发表的那年之后一年开始计算的70年。对于广播或有线电视节目,著作权的保护期是从广播发表或该节目被首次包含在有线电视节目中的那年之后一年开始计算的50年;对于作品已发表的版本,著作权的保护期是从该版本首次发表的那年之后一年开始计算的25年。

十四、中国香港特别行政区

法源及出处	条文内容
香港地区版权条例第Ⅱ部版权第Ⅰ分部 版权的存在、拥有权及期限	(1)以下条文就文学作品、戏剧作品、音乐作品或艺术作品的版权期限而具有效力。 (2)除以下条文另有规定外,如有关作者于某公历年死亡,版权在自该年年终起计的50年期间完结时届满。 (3)除以下条文另有规定外,如属作者不为人知的作品,则— (a)凡作品于某公历年首次制作,其版权自该年年终起计的50年期间完结时届满;或 (b)如该作品在该期间内某公历年首次向公众提供,其版权在自该年年终起计的50年期间完结时届满。 (4)如第(3)(a)或(b)款段所指明的期间完结前,作者的身份变成为人所知,则第(2)款适用。 (5)为施行第(3)款,"向公众提供"(making available to the public)— (a)就文学作品、戏剧作品或音乐作品而言,包括— (i)公开表演;或 (ii)将作品广播或将其包括在有线传播节目服务内; (b)就艺术作品而言,包括— (i)公开陈列;(由2007年第15号第4条修订) (ii)公开放映包括该作品的影片;或 (iii)将该作品包括在广播或有线传播节目服务内; (c)作品的复制品如第26条所指而向公众提供,但在为施行该款而就一般情况决定作品是否已向公众提供时,不得考虑任何未经授权的作为。 (6)如作品是由计算机产生而于某公历年制作的,则上述条文并不适用,而版权在自该年年终起计的50年期间完结时届满。 (7)就合作的作品而言,本条条文须如以下般予以修改— (a)在第(2)款中,凡提述作者死亡须按以下规定解释— (i)如所有作者的身份均为人所知,该提述即提述他们当中最后死亡的人的死亡;及 (ii)如其中一名或多于一名作者的身份为人所知,但其他的一名或多于一名作者的身份不为人知,该提述即指为人所知的作者中最后死亡的人的死亡;及

续表

法源及出处	条文内容
香港地区版权条例第Ⅱ部版权第Ⅰ分部 版权的存在、拥有权及期限	(b)在第(4)款中,凡提述作者的身份变成为人所知,须解释为提述任何一个作者的身份变成为人所知。 (8)本条不适用于政府版权或立法会版权(参看第182至184条)或凭借第188条而存在的版权(某些国际组织的版权)。〈＊注—详列交互参照:第182,183,184条 ＊〉 (由1999年第22号第3条修订) [比照1988 c. 48 s. 12 U.K.] 条: 18　声音纪录的版权期限　　30/06/1997 (1)以下条文就声音纪录的版权期限而具有效力。 (2)除以下条文另有规定外—— (a)凡声音纪录于某公历年制作,该声音纪录的版权在自该年年终起计的50年期间完结时届满;或 (b)如声音纪录在该期间内于某公历年发行,则该纪录的版权在自该年年终起计的50年期间完结时届满。 (3)为施行第(2)款,当声音纪录首次发表、公开播放、广播或包括在有线传播节目服务内时,即属"发行",但在决定任何声音纪录是否属已发行时,不得考虑任何未经授权的作为。 [比照1988 c. 48 s. 13A U.K.] 条: 19　影片的版权期限　　30/06/1997 (1)以下条文就影片的版权期限而具有效力。 (2)除以下条文另有规定外,如以下人士中最后死亡的人的死亡在某公历年发生,版权在自该年年终起计的50年期间完结时届满—— (a)主要导演; (b)剧本的作者; (c)对白的作者;或 (d)特别为影片创作并用于影片中的音乐的创作人。 (3)如一名或多于一名第(2)(a)至(d)款所提述的人士的身份为人所知,但其余的一名或多于一名该等人士的身份不为人知,则在该款中提述该等人士中最后死亡的人的死亡,须解释为提述身份为人所知的人士中最后死亡的人的死亡。 (4)倘若第(2)(a)至(d)款所提述的人士的身份不为人知—— (a)如影片于某公历年制作,该影片的版权自该年年终起计的50年期间完结时届满;或

续表

法源及出处	条文内容
香港地区版权条例第Ⅱ部版权第Ⅰ分部 版权的存在、拥有权及期限	（b）如影片在该期间于某公历年首次向公众提供，则该影片的版权在自该年年终起计的50年期间完结时届满。 （5）如在第（4）（a）或（b）款所指明的期间完结前上述人士的身份变成为人所知，则第（2）及（3）款适用。 （6）为施行第（4）款，"向公众提供"）包括—— （a）公开放映； （b）作品的复制品如第26条所指而向公众提供；或 （c）广播或包括在有线传播节目服务内，但在为施行该款而就一般情况决定影片是否已向公众提供时，不得考虑任何未经授权的作为。 （7）如在任何个案中，无人属第（2）（a）至（d）段所指的人士，则上述条文并不适用，而如影片于某公历年制作，该影片的版权在自该年年终起计的50年期间完结时届满。 （8）就本条而言，如不能藉合理查究而确定第（2）（a）至（d）款所提述的人士的身份，则该等人士的身份须视为不为人知；但如任何该等人士的身份一旦为人所知，则该人的身份此后即不得视为不为人知。 ［比照 1988 c. 48 s. 13B U. K.］ 条：20　广播及有线传播节目的版权期限　30/06/1997 （1）以下条文就广播或有线传播节目的版权期限而具有效力。 （2）除以下条文另有规定外，于某公历年做出的广播的版权，在自该年年终起计的50年期间完结时届满；于某公历年包括在有线传播节目服务内的有线传播节目的版权，在自该年年终起计的50年期间完结时届满。 （3）回放的广播或有线传播节目的版权与原本的广播或有线传播节目的版权同时届满，因此，在原本的广播或有线传播节目的版权届满后，广播某回放的广播或将回放的有线传播节目包括在有线传播节目服务内，版权不会就该回放的广播或有线传播节目而产生。 （4）回放的广播或有线传播节目指回放以前做出的广播或以前包括在有线传播节目服务内的线传播节目。 ［比照 1988 c. 48 s. 14 U. K.］ 条：21　已发表版本的排印编排的版权期限　30/06/1997 于某公历年首次发表的已发表版本的排印编排的版权，在自该年年终起计的25年期间完结时届满。 ［比照 1988 c. 48 s. 15 U. K.］

十五、中国澳门特别行政区

法源及出处	条文内容
澳门著作权法第一编第一章"受保护的作品"第五条、第六条	第五条　保护之排除 一、下列者非为保护之标的，但不影响下款规定之适用： a) 日常新闻及以任何形式就不同事件做出之纯资讯性报导； b) 以书面或口头方式向当局或公共机关做出之申请、陈述、投诉及其他言论； c) 向聚集之群众或其他合议机关、政治机关及行政机关做出之言论及演说，又或在涉及共同利益事宜之公开讨论中做出之言论及演说； d) 政治演说。 二、对于上款 b 项、c 项及 d 项所指之言论，其作者享有以丛书或单行本之形式出版该等言论、又或许可他人以该等形式出版该等言论之专属权。 三、第一款所指之作品由第三人合法使用时，其使用应限制在达到发表作品目的所需之范围内。 四、如第一款 b 项所指之言论属机密性，又或公开泄露该等言论可导致作者或第三人之名誉或声誉受损，则禁止公开泄露该等言论。 五、经名誉或声誉可能受损之作者或第三人同意，或因证实存在较上款所指禁止所保护之利益更为重要之正当利益而做出不予禁止之司法裁判时，即排除该禁止。 第六条　官方作品 一、官方作品不受保护。 二、官方作品尤其指协约文本、法律及规章之文本、各当局所作之报告或决定之文本，以及该等文本之译本。 三、如在上款所指之文本中包括受保护作品，则有关之公共机关得在其职责范围内使用该受保护作品，而无须经作者同意，且不因该使用而给予作者任何权利。
澳门著作权法第四章"失效"第二十一条、第二十二条、第二十三条、第二十四条、第二十五条	第二十一条　一般规则 一、如无特别规定，著作权在作品之创作人死亡后满五十年失效，即使属死后发表或出版之作品亦然。 二、如导致著作权失效之期间系自作品被出版或发表之日起计，但作品自创作完成时起计之相同期间内并无出版或发表者，则该导致著作权失效之期间自创作完成时起计。

续表

法源及出处	条文内容
澳门著作权法第四章"失效"第二十一条、第二十二条、第二十三条、第二十四条、第二十五条	三、导致著作权失效之期间仅自用作计算失效之事实发生之翌年首日起计。 第二十二条　合作作品、集体作品及以他人之计算而创作之作品 　　一、合作作品之著作权，其整体系在最后去世之共同作者死亡后满五十年失效。 　　二、为着产生上款规定之效力，按照第十四条第四款之规定曾以自己名义出版或发表作品之人，方被视为共同作者之人。 　　三、集体作品之著作权，或作品系以某实体之计算而创作时该实体之著作权，均在作品首次发表或出版后满五十年失效，但有特别规定者除外。 　　四、对于合作作品及集体作品之智力创作人，因其可被区分之个人贡献而获个别给予之著作权之失效期，与上条第一款所规定者相同。 第二十三条　匿名作品及等同者 　　一、匿名作品之著作权，又或无表露作者真正身份之已发表或出版之作品之著作权，均在作品发表或出版后满五十年失效。 　　二、如所采用之姓名虽有别于作者本人之姓名，但不使人对作者之身份存疑，又或如作者在上款所指之期间内表露其身份，则作品之保护期与作者以本人姓名发表或出版之作品而获给予之保护期相同。 第二十四条　对组成作品之部分、卷或片段之保护 　　一、如组成作品之不同部分、卷或片段并非同时被出版或发表，则导致各部分、各卷或各片段之著作权失效之期间均分别计算。 　　二、上款之规定亦适用于属定期出版物之集体作品之各期册，例如报章及杂志。 第二十五条　公产　导致著作权失效之期间届满后，有关作品即归入公产范围。
澳门著作权法第二章第六十一条"自由使用"	第六十一条　自由使用　下列情况属合法使用，无须经作者同意： 　　a) 为提供资讯之目的，由大众传播媒介以摘录或摘要方式复制不属第五条第一款所指类别之公开进行之演说、简短演说及专题研讨； 　　b) 定期选辑定期刊物之内容，将之撮要成集； 　　c) 以任何方式固定、复制及向公众传播某些作品的若干部分，只要为达到时事报道的目的而将有关部分加插在时事报道内属合理者； 　　d) 全部或部分复制某一已出版或发表的作品，只要此复制是由图书馆、博物馆、文献中心或学术机构进行，且并非为公众而进行复制，而仅限于为有关机构本身活动所需者；

续表

法源及出处	条文内容
澳门著作权法第二章第六十一条"自由使用"	e) 部分复制某一已出版或发表的作品,只要此复制是由教学场所进行,并在无营利目的下专为该等教学场所的教学用途而进行复制; f) 在无营利目的的情况下,由图书馆、博物馆、文献中心、科学机构或教学场所藉安装于有关设施内的电脑终端机或进入受限制的电脑网络,将其收藏的作品提供予公众; g) 在作品本身内引述或加插他人任何类别之作品或作品摘要,以支持本人之理论或作为批评、讨论或教学目的之用; h) 在本身供教学用之作品内加插他人之简短作品或他人作品之若干部分; i) 在澳门特别行政区之官方活动中及在宗教活动中演奏音乐作品或文学音乐作品,只要演奏者之演奏属无偿且如公众可欣赏该演奏亦属免费欣赏者; j) 对时事文章,以及对讨论经济、政治或宗教之文章进行复制,但仅以有关复制未被明确保留者为限; l) 以摄影、录像、拍摄电影或其他类似之方式将安放在公众地方之艺术作品进行固定; m) 专以科学、教育或人文之利益为目的而使用非供交易之作品; n) 法院及澳门特别行政区其他官方机关在对执行其公共职务属切实必要之限度内所进行之使用。

十六、中国台湾地区

法源及出处	条文内容
台湾地区"著作权法"第二章"著作"第九条	第九条 下列各款不得为著作权之标的: 一、"宪法"、法律、命令或公文。 二、"中央"或地方机关就前款著作做成之翻译物或编辑物。 三、标语及通用之符号、名词、公式、数表、表格、簿册或时历。 四、单纯为传达事实之新闻报道所作成之语文著作。 五、依法令举行之各类考试试题及其备用试题。 前项第一款所称公文,包括公务员于职务上草拟之文告、讲稿、新闻稿及其他文书。

续表

法源及出处	条文内容
台湾地区"著作权法"第三章第四节第二款"著作财产权之存续期间"第三十条、第三十一条、第三十二条、第三十三条、第三十四条、第三十五条	第三十条　著作财产权,除本法另有规定外,存续于著作人之生存期间及其死亡后五十年。 　　著作于著作人死亡后四十年至五十年间首次公开发表者,著作财产权之期间,自公开发表时起存续十年。 第三十一条　共同著作之著作财产权,存续至最后死亡之著作人死亡后五十年。 第三十二条　别名著作或不具名著作之著作财产权,存续至著作公开发表后五十年。但可证明其著作人死亡已逾五十年者,其著作财产权消灭。 　　前项规定,于著作人之别名为众所周知者,不适用之。 第三十三条　法人为著作人之著作,其著作财产权存续至其著作公开发表后五十年。但著作在创作完成时起算五十年内未公开发表者,其著作财产权存续至创作完成时起五十年。 第三十四条　摄影、视听、录音及表演之著作财产权存续至著作公开发表后五十年。 　　前条但书规定,于前项准用之。 第三十五条　第三十条至第三十四条所定存续期间,以该期间届满当年之末日为期间之终止。 　　继续或逐次公开发表之著作,依公开发表日计算著作财产权存续期间时,如各次公开发表能独立成一著作者,著作财产权存续期间自各别公开发表日起算。如各次公开发表不能独立成一著作者,以能独立成一著作时之公开发表日起算。 　　前项情形,如继续部分未于前次公开发表日后三年内公开发表者,其著作财产权存续期间自前次公开发表日起算。
台湾地区"著作权法"第三章第四节第三款"著作财产权之让与、行使及消灭"第四十二条、第四十三条	第四十二条　著作财产权因存续期间届满而消灭。于存续期间内,有下列情形之一者,亦同: 　　一、著作财产权人死亡,其著作财产权依法应归属"国库"者。 　　二、著作财产权人为法人,于其消灭后,其著作财产权依法应归属于地方自治团体者。 第四十三条　著作财产权消灭之著作,除本法另有规定外,任何人均得自由利用。

参考文献

[1] MERTON R K. On the shoulders of giants: A Shandean Postscript[J]. Harcourt Brace Jovannovich, 31, 1965

[2] 周玲玲,译. 欧洲数字图书馆公共领域. Europeana[EB/OL]. [2010-08-28]. http://copyright.las.ac.cn/6cd55f8b65875e93/Europeana_516c5171988657df5baa7ae0.pdf

[3] BRANDEIS J, YOCHAI BENKLER. International News Service v. Associated Press Free as the Air to Common Use: First Amendment Constraints on Enclosure of the Public Domain [J]. New York University Law Review, 74(1999): 354-446.

[4] PARKER HIGGINS. 为何《了不起的盖茨比》还未进入公有领域?[EB/OL]. 魏咩也,译. [2013-07-26]. http://article.yeeyan.org/view/375217/360674.

[5] Shuimuaixhy,译. 公共领域日:2013?01?01——生活中最好的东西不免费[EB/OL]. [2013-09-10]. http://article.yeeyan.org/view/377350/345793.

[6] JANUS K. Defending the public domain in copyright law: A tactical approach[J]. 14 Intellectual Property Journal, 1999, 10: Part I.

[7] LITMAN J. The public domain[J]. Emory Law Journal, 1990(39): 965-995.

[8] LITMAN J. The public domain[J]. Emory Law Journal, 1990(39): 966-967.

[9] SAMUELS E. The public domain in copyright law[J]. 41 Journal of the Copyright Society of the USA, 1993, 137(1993):137

[10] SAMUELS E. The public domain in copyright law[J]. 41 Journal of the Copyright Society of the USA, 1993, 137(1993):137

[11] (澳)彼得·德霍斯. 知识财产法哲学[M]. 周林,译. 北京:商务印书馆,2008.

[12] 刘春霖. 无主知识产权范畴的理论构造[J]. 法律科学:西北政法学院学报. 2011(1): 84-92.

[13] 李雨峰. 版权法上公有领域的概念[J]. 知识产权. 2007(5):3-8.

[14] PATTEMON L R. Super note 31, at 196.

[15] DAVIS M H. Extending copyright and the constitution:"Have I Stayed Too Long?"[C]. 52 Florida Law, Review 1016(2000).

[16] HAGGERTY P H. The Constitutionality of the sonny bono copyright team extension act of 1998[C]. 70 University of Cincinnati Law, Review 676(2002).

[17] GINSBURG J C. A tale of copyrights. 64 Tulane Law[C], Review 1023(1990).

[18] 冯晓青,谢蓉. 著作权法中"合理使用"与公共利益研究[J]. 河北法学,2009(3):68.

[19] JANUS K. Defending the public domain in copyright law: A tactical approach[J]. 14 Intellectual Property Journal, 1999 ,10: Part I .

[20] LITMAN J. The public domain[J]. Emory Law Journal, 1990(39): 965

[21] SAMUELS E . The public domain in copyright law[J]. 41 Journal of the Copyright Society of the USA, 1993, 137(1993):187

[22] SAMUELS E . The public domain in copyright law[J]. 41 Journal of the Copyright Society of the USA, 1993, 137(1993):187

[23] 唐广良主编. 知识产权研究(第十五卷)[M]. 北京:中国方正出版社,2003.

[24] YEN A C . Restoring the natural law: copyright as labor and possession [J]. 51 Ohio State Law Journal, 517(1990):517.

[25] YEN A C . Restoring the natural law: copyright as labor and possession [J]. 51 Ohio State Law Journal, 517(1990):517.

[26] 孙静. 澳大利亚版权修订:对公众利益的最大维护[J]. 数字图书馆论坛. 2006,(11):54-59.

[27] MORE T. UTOPIA[M]. New York: W J BLACK,1947,32.

[28] POLANYI K. The great transformation: the political and economic origins of our time [M]. Boston: Beacon Press, 1957, 35.

[29] ERNLE G L. English farming past and present, 6th ed[M]. Chicago: Quadrangle Books, 1961.

[30] ALLEN R C. The efficiency and distributional consequences of eighteenth century enclosures. The Economic Journal ,92 (1982): 937-953.

[31] ELLICKSON R C. Order without law: how neighbors settle disputes[M]. Cambridge, Mass: Harvard University Press, 1991. 页码不详

[32] HASELTINE W A. The Case for Gene Patents[C]. Technology Review (September 2000): 59.

[33] HASELTINE W A. The Case for Gene Patents[C]. Technology Review.

[34] MARKEL H. Patents Could Block the Way to a Cure. New York Times[J], August 24, 2001: A19.

[35] Directive 96/9/EC of the European parliament and of the council of 11 march 1996 on the Legal Protection of Databases [OL]. 1996 Official Journal of the European Union, L77: 20. http://europa.eu.int/ISPO/infosoc/legreg/docs/969ec.html.

[36] HARDIN G. The Tragedy of the Commons[M]. Science, 1968:1243 - 1248.

[37] BOYLE J. Shamans, software, and spleens: law and the construction of the information society [M]. Cambridge, Mass: Harvard University Press, 1996:29.

[38] GROSSMAN S J, STIGLITZ J E. On the impossibility of informational efficient markets [J]. American Economic Review 70 (1980):404.

[39] HELLER M A, EISENBERG R S. Can patents deter innovation? The anti - commons in biomedical research[J]. Science, 280 (1998):698 - 701.

[40] BRANDEIS J. Int'l News Serv v[J]. Associated Press: 248 U. S 215, 250 (1918).

[41] BENKLER Y. Free as the air to common use: first amendment constraints on enclosure of the public domain[J]. New York: University Law Review, 74 (1999):354, 361,424.

[42] Database investment and intellectual property antipiracy act of 1996[J], HR 3531, 104th Cong. (1996). Collections of Information Antipiracy Act: S2291, 105th , Cong(1998).

[43] FEIST Publications v[J]. Rural Tel. Serv. Co, 499 U. S340, 350 (1991).

[44] LITMAN J. Digital copyright: protecting intellectual property on the Internet[M]. Amherst, N. Y: Prometheus Books, 2001. 页码不详

[45] GINSBURG J. A tale of two copyrights : literary property in revolutionary France and America. R. I. D. A[M], January 1991,144.

[46] BENKLER Y. Free as the air to common use: first amendment constraint on enclosure of the public domain[J]. 74 N. Y. U. REV:354,360 - 63 (1999).

[47] 版权之害. 清远(译). [EB/OL]. [2013 - 8 - 28]. http://app. fortunechina. com/mobile/article/165495_e. html.

[48] 冯晓青. 知识产权法律制度中的公共领域理论探析(上)[EB/OL]. [2013 - 07 - 26]. http://ip. people. com. cn/GB/11873704. html.

[49] BOYLE J. The Opposite of Property? [C]. 66 Law & Contemp:Prob. 31.

[50] LANGE D. Recognizing the Public Domain[M]. Law and Contemporary Problems:1981, Vol 44, 47.

[51] TGI Lyon. 4 April 2001, RIDA, October 2001, note S. CHOISY.

[52] LYON. Communications - Commerce Electronique[EB/OL]. 3. 2003 // The Court of Cassation has confirmed the ruling on a very different justification, not making any mention of the public domain status of the underlying work. See Cass, 15. 3.2005, note C. Caron, 20. 9. 2003. http://www. courdecassation. fr/jurisprudence_2/premiere_chambre_civile_568/arret_no_632. html.

[53] Cass. 30 . 1. 2007, Jcp G, 2007, 29, note C. Caron.

[54] 冯晓青. 著作权法中的公共领域理论. 湘潭大学学报(哲学社会科学版)[J],2006(1):143-148.

[55] 冯晓青. 著作权保护期限制之理论思考. 北京科技大学学报(社会科学版)[J],2006(9):63-69.

[56] 冯晓青. 试论著作权限制之正当性. 湘潭大学学报(哲学社会科学版)[J],2007(5):14-21.

[57] 冯晓青. 著作权法与公有领域研究. 法学论坛[J],2008(9):29-35.

[58] 黄汇. 版权法上公共领域的衰落与兴起. 现代法学[J],2010(7):30-40.

[59] 周美华. 作品本质的再认识——以结合理论的客观化为视角[D]. 北京:中国政法大学,2010.

[60] 李雨峰. 为什么著作权法不保护思想. 电子知识产权[J],2007(5):57-58.

[61] 章忠信. 世界图书馆的大未来. 智慧财产权月刊(台北)[J],2009(124).

[62] 董皓. 多元视角下的著作权法公共领域问题研究[D]. 北京:中国政法大学,2008.

[63] 慎理. 著作权法公有领域问题研究. [硕士论文]. 上海大学,2009.

[64] 黄敏. 著作权法的公共领域研究[硕士论文]. 西南财经大学,2010.

[65] 陈小玲. 著作权法上的公共领域研究[硕士论文]. 西南大学,2011.

[66] 乔新亮. 著作权法公有领域研究[硕士论文]. 北京化工大学,2012.

[67] 李蕾. 知识产权公有领域的保护研究[硕士论文]. 湖南师范大学,2014.

[68] 陈传夫. 信息资源公共获取与知识产权保护[M]. 北京:北京图书馆出版社,2007.

[69] 宋慧献. 版权保护与表达自由[M]. 北京:知识产权出版社,2011.

[70] 卢海军. 版权客体论[M]. 北京:知识产权出版社,2011.

[71] 韦景竹. 版权制度中的公共利益研究[M]. 广州:中山大学出版社,2011.

[72] 朱理. 著作权的边界——信息社会著作权的限制与例外研究[M]. 北京:北京大学出版社,2011.

[73] 冯文瑞. 著作权法公有领域的法律保护. 山西省政法管理干部学院学报[J],2008(9):38-40.

[74] 董慧娟. 孤儿作品的利用困境与现行规则评析. 中国出版[J],2010(9):36-39.

[75] 周艳敏,宋慧献. 关于孤儿作品著作权问题的立法设想[J]. 电子知识产权,2011(3):71-75.

[76] 刘春霖. 无主知识产权范畴的理论构造. 法律科学(西北政法大学学报)[J],2011(1):84-92.

[77] 李先波 何文桃. 论无人继承且无人受遗赠的著作权归属——由《我的前半生》著作权

纠纷引发的思考.政治与法律[J],2008(6):101-104.
[78] 李琛.论无人继承之著作财产权的处理.电子知识产权[J],2008(1):10-11.
[79] 孙彩虹.基于知识产权保护的民间文学艺术公益诉讼制度.中国浦东干部学院学报[J].2009(4):34-39.
[80] 米岚,王晓川.民间文学艺术及其法律保护.时代文学(下半月)[J],2009年(10):219.
[81] 江忠英.民间文学艺术作品著作权问题研究——民间文学艺术作品著作权保护方式研究.电影评介[J],2007(5):102-104.
[82] 吴婧倩.民间文艺知识产权保护模式探析.法制与社会[J],2009(8):99-100.
[83] 李静.民间音乐作品著作权保护分析.四川文理学院学报(社会科学)[J],2007(5):83-85.
[84] 李静.浅析民间文学艺术作品的法律保护.重庆邮电学院学报(社会科学版)[J],2006(4):560-562.
[85] 卫绪华.论著作权法上公有领域的创新观——以民间文学艺术作品为研究模型[J].广西社会科学,2013(9):105-109.
[86] 张李军.民间文学艺术作品的著作权[D].北京:中国政法大学,2011.
[87] 管育鹰.《著作权法》在调整民间文艺相关利益关系方面的缺漏[J].北方法学,2010(22):25-30.
[88] 夏燕平.手机内置图片的版权风险分析[J].法制博览,2014(10):96-97.
[89] 黄汇,郑家红.论计算机字体单字著作权保护中的公共领域保留——以方正诉宝洁侵犯计算机倩体字"飘柔"案为例展开[J].法律适用,2014(4):108-110.
[90] 刘翻.从案例看公有领域内容汇编作品的著作权问题[J].科技与出版,2013(11):69-71.
[91] 杜颖.我国邮品设计中的著作权问题[N].中国艺术报,2008-5-9(3).
[92] 袁博.失效外观设计进入公有领域的权利限制[J].河南司法警官职业学院学报,2011(3):81-83.
[93] 吉宇宽.试论图书馆与著作权法价值目标的契合.图书馆工作与研究[J],2009(10):3-6
[94] 吉宇宽.图书馆维护著作权法公有领域的策略研究[J].图书馆理论与实践,2013(3):1-4.
[95] 吉宇宽.图书馆平衡著作权私权利益与公共利益的职能审视.图书馆学研究[J],2010(2):79-82
[96] 李华伟.民国文献数字化利用及其著作权问题——以国家图书馆馆藏为例.图书馆建

设[J],2010(10):16-19.

[97] 刘志芳.著作权公共领域资源在图书馆自建数据库中的应用[J].情报科学,2011 (2):199-201.

[98] 刘勤,刘青.著作权公共领域理论及其在图书馆信息服务中的应用[J].图书馆建设, 2009(8):8-12.

[99] 甘清瑛.网络环境下图书馆业务涉及的著作权问题[J].图书馆学研究,2004(6):92-94.

[100] 甘清瑛.网络环境下图书馆业务建设中若干问题之我见[J].图书馆论坛,2004(4): 64-65.

[101] 卢海君.评"死海卷宗案".西南政法大学学报[J],2008(10):57-61.

[102] 中国知识产权报.迪士尼如何保护"过期"米老鼠.中国外资[J],2008(1):44-45.

[103] 游云庭.著作权已进入公有领域的米老鼠仍护身有法[N].中国知识产权报,2007-12-5(4).

[104] 王太平.美国Dastar案_区分商标与著作权法_捍卫公共领域,电子知识产权,2006年 (2):47-51.

[105] 孙冲.剖析文字作品中的公有领域——由"蒲松龄作品被侵权案"引发的思考[J]. 科技与出版,2004(5):37-39.

[106] 刘蒙之.论美国出版业对公有领域作品资源的商业使用[J].深圳大学学报,2012 (6):155-160.

[107] 杨巧.汇编作品,抑或民间文学艺术作品?——"仿古迎宾入城式"著作权纠纷一案 的评析[J].知识产权,2005(5):42-44.

[108] BOYLE J. The second enclosure movement and the construction of the public domain[J]. 66 Law& contemp:Probs 33,58(2003).

[109] OCHOA T T. Origins and meanings of the public domain[J]. 28 Dayton L Rev:215, 222(2002).

[110] SINGER Manufacturing Co. v. June Manufacturing Co. 163 U. S. 169 (1896).

[111] OCHOA T T. Origins and meanings of the public domain[J]. 28 Dayton L Rev:215, 224(2002)..

[112] CONG Ch. 60-320, § 24, 35 Stat. 1075, 1077 (1909).

[113] NICHOLS v. Universal Pictures Corp.45 F.2d 119 (2d Cir. 1930).

[114] OCHOA T T. Origins and meanings of the public domain[J]. 28 Dayton L Rev:215, 224(2002)//See Miriam Bitton, Trends in protection for informational works under copyright law during the 19th and 20th centuries. 13 Mich Telecomm& Tech L Rev. 115(Fall

2006).

[115] OCHOA T T. Origins and meanings of the public domain[J]. 28 Dayton L Rev: 215, 224(2002)//See Miriam Bitton, Trends in protection for informational works under copyright law during the 19th and 20th centuries. 13 Mich Telecomm& Tech L Rev. 115(Fall 2006).

[116] OCHOA T T. Origins and meanings of the public domain[J]. 28 Dayton L Rev: 215, 221(2002).

[117] WIPO/GRTKF/IC/5 /3 Annex,2,9,para 29.

[118] RONAN Deazley. Rethinking Copyright Theory: History, Theory, Language[M]. UK: Edward Elgar Publishing, 2006, 104 - 105.

[119] 庄庭瑞.公有领域在哪里[EB/OL].[2014 - 02 - 26]. http://creativecommons.tw/newsletter/ep65.

[120] BENABOU V L. Pourquoi une oeuvre de l'esprit est immatérielle. Revue Lamy Droit de l'Immatériel: January 2005, 53.

[121] JOYCE C, LEAFFER M, Jaszi P, Ochoa T T. Copyright Law[M/DB]//Lexis Nexis. 7th edition, 2006, 106.

[122] REINBOTHE J, LEWINSKI S V. The WIPO Treaties 1996[M/DB]//Butterworths Lexis Nexis. London, 2002, 47.

[123] MACAULAY T B. 麦卡利的演讲与诗歌.1874 年,第 285 页。

[124] 1 Eng. Rep. 837(H.L. 1774).

[125] http://copyright.cornell.edu/resources/publicdomain.cfm[EB/OL].[2013 - 08 - 06].

[126] LUCAS A, Lucas H J. Traité de la propriété littéraire et Artistique, Litec. 3d ed, 2006, 513.

[127] Cass. 27 February 2007. D:2007, 807.

[128] 537 U.S. 186(2003).

[129] Copyright law review committee's crown copyright[EB/OL].[2014 - 12 - 18]report. http://www.austlii.edu.au/au/other/clrc/18.pdf.

[130] 欧洲法院(ECJ), 5 March 2009, Apis - Hristovich EOOD c. Lakorda AD, C - 545/07.

[131] RICKETSON S. op. cit, 13.

[132] http://wiki.creativecommons.org/CC0_FAQ[EB/OL].[2014 - 10 - 08].

[133] 799 F. Supp. 1006 , 1022(N. D. Cal. 1992).

[134] Pub. L. No 94 - 533 , 90 Stat. 2541(1976).

[135] REYHER V. Children's Television Workshop [M]. 533 F. 2d 87(2d Cir.)(scenes a

[136] 773 F. 2d 411,418(2d Cir. 1985).

[137] 632 F. 2d 989,992 (2d Cir. 1980).

[138] 45 F. 2d 119 (2d Cir. 1930).

[139] DENICOLA. Copyright and free speech:constitutional limitations on the protection of expression[J]. 67 Calif:Rev 283,1979.

[140] HOEHLING V. Universal city studios[M]. Inc. 618F. 2d 972,979(2d Cir. 1980).

[141] 167 F. Supp. 416(D. Mass. 1958).

[142] 100 F. 2d 533(2d Cir. 1938).

[143] 132 F. Supp. 758 (D. D. C. 1955).

[144] 18 F. 2d 126 (S. D. Cal. 1927)

[145] 155 U. S. P. Q. (BNA)413(Cal. App. 1967).

[146] 司法院解释:司法院快邮代电:院字第五三〇号(二十年八月七日):著作物以著作权法注册者为有著作权故著作权之被侵害必须注册后方能提起著作权侵害之诉,此在著作权法二十三条有明文规定……法律评论(北京)[J].1931,8(49):25-26.

[147] 司法院快邮代电:院字第五三〇号(二十年八月七日):著作物在注册前被人翻印仿造其诉请赔偿不适用著作权法之规定,法令月刊[J],1931(21):43.

[148] 王世威.美国版权法立法策略的历史变迁对我国的启示[J].法制与社会.2011(5):11-12.

[149] 国家版权局办公室.国家版权局关于作品标题是否受著作权保护的答复(1996年7月17日).权办[1996]59号.

[150] 晁晖.欧洲法院裁定编程语言不受版权法保护[EB/OL].[2012-12-17].http://tech.qq.com/a/20120503/000044.htm.

[151] 合同"写得好"被克隆法院最终改判不侵权[EB/OL].[2013-12-17].http://www.ycwb.com/ePaper/ycwb/html/2013-12/11/content_321678.htm?div=1.

[152] 祁勇.美国电影产业背景下关于剧本素材版权与公有领域问题的研究——以电影制片人角度[EB/OL].[2013-5-27].http://www.doc88com/p-7035996009228.html.

[153] 徐学银.伯尔尼公约与《世界版权公约》之比较[J].徐州师范学院学报,1995(3):142-143,147.

[154] REINBOTHE J, LEWINSKI S V, CHIOSY S. Le domaine public en droit d'auteur. Litec:2002,117.

[155] Budapest Open Access Initiative[EB/OL].[2014-05-20].http://www.budapestope-

naccessinitiative. org/boai – 10 – recommendations.

[156] http://cfl. eifl. net/cn/单元六:创新方式与另类安排[EB/OL]. [2014 – 10 – 08].

[157] Open content license[EB/OL]. [2012 – 01 – 15]. http://en. wikipedia. org/wiki/Open_Content_License.

[158] GNU free documentation license[EB/OL]. [2012 – 01 – 15]. http://en. wikipedia. org/wiki/GNU_Free_Documentation_License#cite_note – 0.

[159] Open publication license[EB/OL]. [2012 – 01 – 15]. http://opencontent. org/openpub.

[160] The full licence[EB/OL]. [2012 – 01 – 15]. http://www. bbc. co. uk/creativearchive/licence/full_licence. shtml.

[161] 秦珂. 开放存取版权管理的特点分析[J]. 情报理论与实践,2006(4):409 – 412,502.

[162] 作品创作者的问题[EB/OL]. [2012 – 01 – 15]. http://cn. creativecommons. org/faq/faq – creator/#What_if_I_change_my_mind?.

[163] Category:Queensland Museum(Collections)[EB/OL]. [2012 – 09 – 16]. http://commons. wikimedia. org/wiki/Category:Queensland_Museum_(Collections).

[164] Play at powerhouse[EB/OL]. [2012 – 09 – 16]. http://play. powerhousemuseum. com/.

[165] Powerhouse museum collection[EB/OL]. [2012 – 09 – 16]. http://www. flickr. com/photos/powerhouse_museum/.

[166] Aged care queensland's e mentoring handbook launch[EB/OL]. [2012 – 09 – 16]. http://creativecommons. org. au/weblog/entry/247

[167] NSW department of education and training creative commons teaching resources[EB/OL]. [2012 – 09 – 16]. http://www. smartcopying. edu. au/scw/go/pid/921

[168] Pool[EB/OL]. [2012 – 09 – 16]. http://pool. abc. net. au/

[169] 悉尼词典网站[EB/OL]. [2012 – 09 – 16]. http://home. dic tionaryofsydney. org/^NU1

[170] 许可政策、原则和资源——美国政府解决开放许可问题的案例. [EB/OL]. [2015 – 02 – 06]. http://project – open – data. github. io/licensing – resources/.

[171] 亚行开放存取知识库. https://openaccess. adb. org[EB/OL]. [2015 – 02 – 20].

[172] 全球研究理事会2014年全体大会将于5月下旬在京举行[EB/OL]. [2014 – 08 – 27]. http://www. nsfc. gov. cn/publish/portal0/tab88/info44456. htm.

[173] 国家自然科学基金委员会关于受资助项目科研论文实行开放获取的政策声明[EB/OL]. [2014 – 08 – 27]. http://www. nsfc. gov. cn/publish/portal0/tab38/info44471.

htm.

[174] 中国科学院.中国科学院关于公共资助科研项目发表的论文实行开放获取的政策声明(2014年5月9日)[EB/OL].[2014-10-18]. http://www.scal.edu.cn/zxdt/201405190942.

[175] 杨明方.北大清华等103所高校免费开放数字化学习资源[EB/OL].[2011-12-28]. http://news.xinhuanet.com/edu/2011-12/26/c_111300764.htm.

[176] 教育部.教育部关于加强高等学校在线开放课程建设应用与管理的意见(教高[2015]3号)[EB/OL].[2014-04-28]. http://www.moe.edu.cn/publicfiles/business/htmlfiles/moe/s7056/201504/186490.html

[177] 文化部 财政部.文化部财政部关于进一步推进全国文化信息资源共享工程的实施意见(文社图发[2007]14号)[EB/OL].[2012-06-02]. http://www.ccnt.gov.cn/sjzz/shwhs/flfg/201102/t20110224_87287.html.

[178] 国家清史纂修工程项目招标及申报指南[EB/OL].[2015-03-01]. http://www.doc88.com/p-1733035174167.html.

[179] 刘春霖.无主知识产权范畴的理论构造[J].法律科学,2011(1):84-92

[180] 何炼红,陈吉灿.中国版"拜杜法案"的失灵与高校知识产权转化出路[J].知识产权,2013(3):84-88.

[181] H. R. REP. NO. 94-1476 [M]. at 56(1976),reprinted in 1976 U. S. C. C. A. N. 5659,5670.

[182] 刘银良.论版权法中的功能原则:以美国的立法和司法实践为视角[J].电子知识产权,2010(12):68-73.

[183] 中英版权部门召开2015年视频会议[EB/OL].[2014-12-03]. http://news.ccibs.cn/html/news/newsinfor_1430985281329200001_1.html.

[184] 江国青.国际法与国际条约的几个问题[J].外交学院学报,2000(3):14.

[185] 何隽.知识产权公约中国民待遇的"例外"[J].清华法学,2013(2):151.

[186] 参见伯尔尼公约(1971年文本)第2条第七款。

[187] 参见《罗马公约》第5条第三款。

[188] 参见《罗马公约》第6条第二款。

[189] 参见伯尔尼公约(1971年文本)第30条第二款、附件第5条。

[190] 参见伯尔尼公约(1971年文本)第14条之3规定。

[191] 参见《罗马公约》第16条。

[192] 张广良,芮松艳.TRIPS协议及相关国际公约在我国的适用[J].知识产权,2007(5):57.

[193] 李琛.著作权法关键词[M].北京:法律出版社,2006.

[194] 黄汇.非法演绎作品保护模式论考[J].法学论坛,2008(1):129-135.

[195] 国家版权局.国家版权局关于《民间文学艺术作品著作权保护条例(征求意见稿)》公开征求意见的通知(2014年9月2日)[EB/OL].[2014-09-23]. http://www.ncac.gov.cn/chinacopyright/contents/483/225066.html.

[196] 最高人民法院关于贯彻执行《中华人民共和国继承法》若干问题的意见[EB/OL].[2014-05-28]. http://china.findlaw.cn/info/hy/hunyinfagui/sifajieshi/213016.html.

[197] 孙新强.论著作权的起源、演变与发展[J].学术界,2000(3):67-80.

[198] 免费版权空间缩小网络著作权保护对象不断扩大[EB/OL].[2013-10-26]. http://news.xinhuanet.com/zgjx/2010-09/08/c_13484036.htm.

[199] 张嘉.中国出版社首获《大变革》全球全语种版权[EB/OL].[2015-01-27]. http://www.ce.cn/culture/gd/201501/16/t20150116_4363603.shtml.

[200] 王娟.中国图书版权贸易问题研究[J].现代传播(中国传媒大学学报),2010,(1):156-158.

[201] 王清.印度《版权法》:一个理念和三个制度值得借鉴[EB/OL].[2014-02-27]. http://news.xinhuanet.com/zgjx/2013-07/18/c_132552292.htm.

[202] 史楠.德国著作权法修改及实施研究[D].北京.中国政法大学,2011.

[203] 王峰.应对互联网冲击《著作权法》第三次修订.21世纪经济报道[EB/OL].[2014-09-29]. http://jingji.21cbh.com/2014/9-26/zNMDA2NTFfMTMxMjAzNA.html.

[204] 张有义.《著作权法》大修全面回应网络技术变革[EB/OL].[2014-02-28]. http://www.yicai.com/news/2013/12/3266332.html.

[205] GOLDSTEIN P. Copyright and Its Substitutes. Wis L Rev, 1997, 869. 对同样的观点,见 Gordon W. Intellectual Property as Price Discrimination: Implications for Contract. Chi. - Kent L. Rev, 1998,1480, note 50.

[206] DUSOLLIER S. Exceptions and Technological Measures in the European Copyright Directive of 2001. International Review of Industrial Property and Copyright Law: 2003, 62 - 83.

[207] GINSBURG J. Access to copyrighted works in the digital millennium. in Dusollier S. (ed.), Copyright - a Right to control the access to Works? Cahiers du CRID, n° 18, Bruylant, Brussels: 2000, 63.

[208] KOELMAN K. The public domain commodified: technological measures and productive information use in the future of the public domain. op. Cit: 105 - 119.

[209] BENKLER Y.《公共使用之自由:美国宪法第一修正案对于圈定公有领域之限制》,第 354-446 页;BOYLE J.《公有领域的第二次圈地运行和建构》,载于《法律与当地问题》,2003 年,第 66 卷,第 33 页;SAMUELSON P.《数字化公有领域的建构》,载于《法律与当地问题》,2003 年,第 66 卷,第 147-171 页.

[210] ProCD v. Zeidenberg, 86 F. 3d 1447(7th Cir. 1996).

[211] SEATTLEG F. lilywizardry,译.公有领域象牙塔打开了藏宝箱[EB/OL]. [2013-08-15]. http://www.ecocn.org/article-1138-1.html.

[212] DAVIDSON M. Database Protection : The Commodification of Information. The future of the Public Domain, op. cit., 167-190; J. BOYLE, The public domain, op. cit., 207-213.

[213] 欧洲法院(ECJ)案例,Case 444/02 Fixtures Marketing,§ 19 to 21; or, more recently in a case concerning a database of legislative acts, ECJ, 5 March 2009, Apis-Hristovich, C-545/07, § 69-70.

[214] The British Horseracing Board and Others, cited above, 71(数据库中在数量微小的部分可能事实上在获取、核对或展示(数据)方面体现了大量人力、技术或财务的投资).

[215] 张伟君.警惕知识产权侵占公有领域[EB/OL]. [2013-07-26]. http://www.sipo.gov.cn/yl/2011/201105/t20110511_603923.html.

[216] The German Federal Patent Court, 25 November 1997, GRUR, 1998, 1021(关于蒙娜丽莎注册为商标);Benelux Court of Justice, 27 May. 1999, BIE, 1999, 248(将贝多芬的《致爱丽丝》的初始音符注册为商标).

[217] KUR A. General report - Does/should trademark law prohibit conduct to which copyright exceptions apply? Adjuncts and Alternatives to Copyright, Proceedings of the ALAI 2001, New York:600.

[218] GERECHTSHOF Amsterdam, 2001 年 7 月 26 日和 2003 年 11 月 6 日,在 V. VANOVERMEIRE,"关于将公有领域的作品作为商标注册的问题",A. CRUQUENAIRE 和 S. DUSOLLIER(eds.),《知识产权之并合》,Larcier,2009 年,第 185 页中引用和讨论.

[219] German Supreme Court, GRUR,1952,516,将流行瓷器雕像的外形排除在可注册范围之外,因为缺乏显著性。

[220] GAIDE A V. Copyright, trademark and trade dress:Overlap or conflict for cartoon characters, in adjuncts and alternatives to copyright, proceedings of the ALAI 2001. New York:557.

[221] 欧洲法院. LINDE AG, Winward Industries Inc. and Radio Uhren AG：2003年4月8日, C-53/01 to C-55/01, 总法律顾问 Ruiz-Jarabo Colomer 于2002年10月24日提交的意见, 第29页.

[222] 刘诚. 略论无主知识产品的权利问题. 福建江夏学院, 2012(2):84-89.

[223] 吴汉东. 关于知识产权本体、主体及客体的重新认识——以财产所有权为比较研究对象[J]. 法学评论, 2000(5):3-13.

[224] 郑成思. 版权法[M]. 中国人民大学出版社, 1990.

[225] [日]半田正夫, 纹谷畅男. 著作权法50讲[M]. 魏启学, 译. 北京：法律出版社, 1990:170.

[226] 文化部 财政部关于进一步推进全国文化信息资源共享工程的实施意见[EB/OL]. [2012-02-20]. http://www.ndcnc.gov.cn/gongcheng/zhengce/201309/t20130925_766134.htm.

[227] http://www.sipo.gov.cn/sipo2008/wqyz/gwdt/201101/t20110127_571962.html. [2011-02-26]

[228] 赖名芳. 全国将建立统一作品著作权登记体系[EB/OL]. [2011-11-18]. http://www.chinaipmagazine.com/news-show.asp?id=5371.

[229] 2013年度中国版权十大事件发布[EB/OL]. [2014-03-28]. http://www.ccopyright.com.cn/cms/ArticleServlet?articleID=16994.

[230] 李苑、杜羽. 2014年全国著作权登记120余万件[EB/OL]. [2015-03-10]. http://www.china.com.cn/legal/2015-03/10/content_35006913.htm.

[231] 国家版权局. 关于规范网络转载版权秩序的通知[EB/OL]. [2015-04-22]. http://www.ncac.gov.cn/chinacopyright/contents/483/249606.html.

[232] 程松亮. 版权保护期发展趋势及对策研究. 科技与法律, 2011(6):81-86.

[233] 梅术文. 信息网络传播权默示许可制度的不足与完善[EB/OL]. [2010-07-16] http://www.privatelaw.net.cn/new2004/shtml/20100401-165009.htm.

[234] 谢在全. 民法物权论（上）. 北京：中国政法大学出版社, 1999:38.

[235] 陈敏. 著作权案件中法院判令停止侵权的限制——以法律救济方式的公正合理性为视角. 电子知识产权, 2014(5):94-97.

[236] PEITTA Wang. 公共领域标志——促进公共领域之近用[EB/OL]. [2014-02-27]. http://creativecommons.tw/blog/20101024.

[237] 王珮仪. 扩张公有领域的CC0[EB/OL]. [2014-02-27]. http://creativecommons.tw/blog/20090325.

[238] http://wiki.okfn.org/PublicDomainCalculators[EB/OL]. [2014-05-28].

[239] 建设信息社会：新千年的全球性挑战//原则宣言（草案）.第26条,WSIS-03/GEVEVA/D)C/4-C.

[240] 吉宇宽.图书馆维护著作权法公有领域的策略研究.图书馆理论与实践,2013(3):1-4,18.

[241] 卢海燕,白云峰译,孙利平校.国际图联为世界知识产权组织国际发展计划提出的有关图书馆的几项原则[J].中国图书馆学报,2006(3):87,92.

[242] 周玲玲,译.欧洲数字图书馆公共领域.Europeana[EB/OL].[2010-08-28].http://copyright.las.ac.cn/6cd55f8b65875e93/Europeana_516c5171988657df5baa7ae0.pdf

[243] SEATTLEG F. Lilywizardry,译.公有领域象牙塔打开了藏宝箱[EB/OL].[2013-08-15].http://www.ecocn.org/article-1138-1.html.

[244] 忘れえぬ風景.美国数字公共图书馆相约2013开启世界电子图书资源免费新时代[EB/OL].[2012-04-30].http://article.yeeyan.org/view/292161/264503.

[245] HARMON E.刘芊影.美国数字图书馆（DPLA）将所有元数据以公众领域宣言（CC0）释出公众领域[EB/OL].[2013-04-24].http://creativecommons.org/weblog/entry/37866.

[246] 欧洲数字图书馆和美国数字公共图书馆宣布合作[EB/OL].[2014-03-11].http://iat.nlc.gov.cn/yjzx_nr_9.htm.

[247] ted. http://libraryview.me/2013/12/16/8963/[EB/OL].[2014-02-10].

[248] http://www.gmw.cn/01ds/2009-11/25/content_1013800.htm[EB/OL].[2011-12-03].

[249] http://www.nlc.gov.cn/newtsgj/yjdt/2014n/8y_10177/201408/t20140815_88654.htm[EB/OL].[2014-08-18].

[250] http://zh.wikipedia.org/wiki/古腾堡计划#.E6.94.B6.E5.BD.95.E8.8C.83.E5.9B.B4[EB/OL].[2014-07-15].

[251] http://news.china9986.com/NewsPaper/InfoArticle/42502.shtml[EB/OL].[2012-03-29].

[252] Winter Is Coming.互联网档案馆将百万版权过期的图片上传到Flickr[EB/OL].[2014-09-01].http://www.solidot.org/story?sid=40948.

[253] 美国史密森学会4万件亚洲艺术藏品将上线[EB/OL].[2015-01-09].http://culture.people.com.cn/n/2015/0105/c172318-26323374.html.

[254] 国家图书馆办公室.国家图书馆简报第24期,2013年8月30日

[255] 国家动漫公共素材库亮相第十届中国国际动漫游戏博览会[EB/OL].[2014-07-

[255] 18]. http://www.nlc.gov.cn/dsb_zx/gtxw/201407/t20140711_87159.htm.

[256] http://mylib.nlc.gov.cn/web/guest/zhonghuagujishanbenlianheshumuxitong. [2014-08-18].

[257] "中华古籍善本国际联合书目系统"暨"日本东京大学东洋文化研究所汉籍影像数据库"开通纪要[EB/OL]. [2015-02-02]. http://mylib.nlc.gov.cn/system/application/search/display/zhonghuagujishanben/news_kt1.htm.

[258] 四千余种中文古籍"数字化"回家——中国国家图书馆与日本东京大学东洋文化研究所签署中文古籍数字化文献合作意向书[EB/OL]. [2009-12-04]. http://www.nlc.gov.cn/syzt/2009/1203/article_421.htm.

[259] 国家图书馆办公室,国家图书馆[EB/OL]. [2012-10-08]. http://192.168.180.136/dsb_zx/zxgg/201209/t20120907_65558.htm. 简报第51期,2010年9月9日.

[260] 《国家图书馆新购剑桥期刊电子回溯库2011版为全国开通服务的通知》(国图函[2012]69号),2012年9月18日

[261] WT/DS362/R 第17页第7.50段.

[262] WT/DS362/R 第17页第7.52段.

[263] WT/DS362/R 第20页第7.66段.

[264] WT/DS362/R 第63页第7.297段.

[265] 陈敏.著作权案件中法院判令停止侵权的限制——以法律救济方式的公正合理性为视角.电子知识产权,2014(5):94-97.

后 记

一、背景

数字网络环境下，版权问题已成为制约数字资源建设与服务的瓶颈。版权法的立法宗旨是维护创作者与使用者的利益平衡，从而促进社会文学、艺术与科学事业的发展。可是，纵观版权法的发展史，它正逐渐偏离原来的轨道，出现了异化的趋势，由此影响到人们对信息的有效利用，在数字时代的今天，表现尤为明显，并已经结出了数字鸿沟、信息弱势群体等大小不等的"恶果"。对此，作为图书馆实际工作者与图书馆学专业研究者，作者自觉有责任开展有针对性的研究，以期提出有操作性的解决方案。

我 2000 年自中国政法大学本科毕业到国家图书馆工作，2003 年报考了武汉大学信息管理学院与国家图书馆合办的首届图书馆学专业研究生班，硕士论文《图书馆数字资源建设版权研究——以国家图书馆为例》得到了著名知识产权专家武汉大学陈传夫教授的指导。2008 年起，在职攻读北京大学信息管理系图书馆学专业的博士研究生，研究方向为文献信息资源开发与利用，师从著名图书馆学专家、北京大学资深教授吴慰慈先生。读博期间，吴老师鼓励我结合工作实践进行版权管理方向的研究。恰逢 2008 年 8 月国家图书馆开始策划并实施"国家图书馆公有领域图书目录征集项目"（2012 年更名为"国家图书馆公有领域图书筛查项目"），搜集并制作民国时期以来已进入公有领域的、由国家出版行政管理部门批准成立的出版机构在国内正式出版、公开发行（包括限国内发行）的汉语版图书目录数据。截至 2013 年 12 月，历时 5 年的"国家图书馆公有领域图书筛查项目"共开展 5 期。确认公有领域书目数据累计达到116 447 条，其中，规范数据 7 583 条，书目数据 108 864 条。其直接社会效果是，新增 10 万种确定无版权侵权之虞的电子图书可以通过互联网络向广大读者提供服务。作为数字资源部版权管理组组长，作者有幸得以带领所在团队，具体实施该项目，在过程中发现了问题、积累了经验。

鉴于以上多方因素，便有了后来拟定的《版权制度中的公有领域问题研究》这一博士论文选题。本书即是在该博士论文的基础上修改完成的。

二、动态

就在本书完稿之际,关于知识产权对公有领域的影响方面,有了新的国际发展动态。

2015年5月6日,欧洲研究图书馆协会(Ligue des Bibliothèques Européennes de Recherche ,LIBER)在比利时布鲁塞尔发布了《数字时代知识发现海牙宣言》(The Hague Declaration on Knowledge Discovery in the Digital Age)。该宣言称:"大数据可以重塑世界,拯救生命。通过分析它,我们可以找到应对挑战的答案,如气候变化和全球性流行病等挑战。经济可以被刺激,创新也可以被鼓励。但是首先,知识产权法必须改变,访问技术必须加以改进,让每个人都能平等地了解事实、存取数据和交流观点。"

国际图联(IFLA)是最初签署这一宣言的机构,该宣言的目的是促成关于如何为数字时代的知识发现实现事实消息、数据和观点的最佳存取的协议。相信通过消除障碍,推动对社会所产生的大量数据进行存取和分析,就可以找到应对气候变化、自然资源消耗和全球化等挑战的答案。但是,目前的法律框架,包括版权,并不都在支持将新方法引入研究领域,特别是内容的挖掘方面。

该宣言同意以下原则,以支持具有前瞻性的内容挖掘方法:
(1)知识产权的出现并不是为了控制事实消息、数据和观点的自由传播,其关键目标之一是为了推动研究活动的进展;(2)人们应拥有分析并满足求知欲的自由,而不应让这自由受限于对监控或反响方面的恐惧;(3)许可制度和合同条款不应限制个人利用事实消息、数据和观点;(4)内容挖掘技术使用方面的道德标准需要与时俱进,以应对不断变化的技术;(5)基于利用事实消息、数据和观点的创新和商业研究不应受到知识产权法的限制。

该宣言提出了一个路线图,为支持更好的政策、基础设施和工具而开展宣传。

图书馆有机会抓住信息社会带来的机遇,强化自身对可持续发展的促进作用。但是,图书馆也在不断遭遇内容挖掘受限的挑战。尽管事实消息和数据的传播不受制于知识产权法,但是挖掘文本、文件或数据库却可能会受制于版权及相关权利和/或数据库权利。

另外,附着于内容的技术保护措施也造成了进一步的限制。IFLA主张改革版权,《海牙宣言》呼应了国际图联致力于建立一个定制国际版权框架的承诺,这也体现在国际图联《文本和数据挖掘声明》(Statement on Text and Data Mining)和国际图联在 WIPO 中所做的工作上,这个国际版权框架可在不限制公共利益方面的重要研究和发展的情况下,为创意和信息存取提供充足的保护。

《数字时代知识发现海牙宣言》提出了一个独特的框架,它一方面要求决策者在版权问题方面提供明确的法律支持,另一方面也允许公民以及创业型中小企业(SMEs)和图书馆参与其中并签署同意。国际图联将借此机会敦促各界签署该宣言,以推动各地的信息和数据能开放存取。

可以说,《数字时代知识发现海牙宣言》印证了本书中一贯主张的应消除的那些影响公有领域实现的因素。

三、致谢

其实,最想说的,除了感谢,还是感谢。

首先,最为感谢的,是我的恩师吴慰慈先生与师母武淑芳医生。先生一代大家,儒雅敦厚,对我苦口婆心,悉心教导,在2012年生病期间,仍不忘叮嘱我"要好好写论文",对论文的选题、开题、写作、初稿、预答辩、答辩等,无不倾注大量心血,令我敬重、感动、受益,并日渐进步。师母对我的家庭与生活嘘寒问暖,呵护备至,使我这个游子,常觉长辈在家的舒心与踏实。感谢我当年硕士论文的指导老师陈传夫教授。陈老师是国内知识产权界的著名专家,在2013年中国图书馆学会分会场的间隙仍为我的论文大纲把脉问诊,几多订正。感谢北京大学信息管理系的李国新教授、刘兹恒教授、王子舟教授、王余光教授、王锦贵教授、李常庆教授等诸位老师以及中国社会科学院的杨沛超教授和国家图书馆的李万健研究馆员,为我传道授业解惑,并对博士论文各个阶段的撰写提供了诸多宝贵指导意见。感谢清华大学图书馆肖燕研究馆员长期的鼓励与支持。感谢本系负责研究生教务的赵丽莘老师,无怨无悔、不辞辛苦地为我们这些学生服务,正是她那阳光般的笑脸,消减了我一次又一次办理延期手续时的忐忑不安。感谢张广钦师兄、张久珍师姐、郑清文师兄、唐承秀师姐、谷秀洁师姐、王丽华师姐、蔡箐师姐、茆意宏师兄、杨继贤师兄、左平熙师妹、刘丽芝师妹,王友富师弟、白兴勇师弟、关思思师妹、韩娟娟师妹等"吴门群英"众同门兄弟姐妹,你们的一贯支持使我增加了动力与信心,从未感到寂寞,因为自己不是一个人在战斗。感谢本系其他师门的上届、同届、下届的刘璇、高丹、王波、吴汉华、张丽、朱荀、吕双、李天英、汤珊红、周余娇、冯佳、曹海霞、黄红华、尹培丽、包心萍、王一帆等同学,同窗之情、切磋之乐,甘之如饴。感谢曾在国家图书馆做博士后研究的北京师范大学黄国彬副教授,与他就专业问题开展的探讨和交流让我获益匪浅。

感谢我工作单位国家图书馆对我始终关注、给予支持与教益的富平、汪东波、王志庚、李晓明、曹宁等领导，以及帮忙提供信息或帮助整理资料的张若冰、谢强、方志达、仇欣、沈宁、薛子平、乔洪奎、宋丽荣、赵月平、马宁宁、张克清等同事。

感谢我的爱人陈方女士，她始终支持，从不放弃，对我的学业与工作给予了最大程度的理解与督促，生活上悉心照料，承担了大部分家务。

感谢我的父母，父爱如山，母恩似海。是你们的养育与付出，使我能从河南南阳那个遥远的小山村最终来到北大这底蕴深厚的学府殿堂砥砺深造。在此，也祝我年迈的父亲身体无恙，罹患重病的母亲乐观坚强，日渐好转。

还有其他很多默默支持我的师长与亲友，限于篇幅，不再一一罗列，感谢之情，深铭于心。

你们关注的目光，我一直未敢稍忘。没有你们，便没有这部青涩小书的生根、发芽、开花与结果。

此外，还要尤其感谢我撰写本书过程中，给我提供参考借鉴的众多中外作者们，透过你们的肩膀，我才能看得更远。我每日坐拥的国家总书库——国家图书馆则使我近水楼台，尽得地利之便，避免了"无米之炊"的尴尬。

最后，特别要感谢的是，哈尔滨工业大学出版社编审、硕导田新华老师。与田大姐有幸结识于2010年关于文津图书奖版权授权的一次到社拜晤，那次时间虽短，语多共同，相谈甚欢，之后多年来一直联系未有间断，无论是学业还是生活，都得到了田老师大姐般的关爱与支持。此次博士论文修改成专著，又得到了大姐的鼎力相助，这份浓浓情谊，华伟无以回报，唯有更加努力，向她学习，孜孜矻矻，一路向前。

红尘炼心。这些年经历的风风雨雨，反比我前些年的风和日丽，让我体验更多，感悟更多，也收获更多。珍惜当下，感恩生活！

我深知，本书的完成及出版，只是漫漫学研之途的一个驿站，最美好的风景永远在路上。今后，我将继续启程，探寻版权制度中公有领域新的研究命题与实践走向，为图书馆资源的充分揭示与利用献上砖瓦之力。

是为记。

李华伟
2015年夏于北京国家图书馆雪砺斋